Weltkulturerbe

Weltkulturerbe

150 Orte und Denkmale

Von Günter Baumann

Mit 150 Abbildungen sowie 41 Plänen
und Risszeichnungen

Philipp Reclam jun. Stuttgart

Für Elke

RECLAMS UNIVERSAL-BIBLIOTHEK Nr. 18727
Alle Rechte vorbehalten
© 2010 Philipp Reclam jun. GmbH & Co. KG, Stuttgart
Umschlagabbildung: Moais im Nationalpark Rapa Nui, Osterinsel
(F1 online / Tips Images)
Gesamtherstellung: Reclam, Ditzingen. Printed in Germany 2010
RECLAM, UNIVERSAL-BIBLIOTHEK und
RECLAMS UNIVERSAL-BIBLIOTHEK sind eingetragene Marken
der Philipp Reclam jun. GmbH & Co. KG, Stuttgart
ISBN 978-3-15-018727-2

www.reclam.de

Inhalt

Das Gedächtnis der Menschheit
Weltkultur- und Weltnaturerbe

Das Weltkulturerbe nimmt neben dem Weltnaturerbe und dem Weltdokumentenerbe den größten Teil des von der 1945 gegründeten, friedensstiftenden UNESCO (›United Nations Educational, Scientific and Cultural Organisation‹) bzw. ihrer erfolgreichsten Unterorganisation, dem Welterbe-Komitee, ernannten Welterbes ein. Völkerrechtlich hat es mit der sog. Welterbekonvention von 1972 – dem »Übereinkommen zum Schutze des Kultur- und Naturerbes der Welt« – seine Grundlage gefunden. Auslösendes Moment dieses universalen Kooperationsprojekts war die Rettungsaktion der nubischen Tempel von Abu Simbel und Philae beim Ausbau des Assuan-Staudamms (1960–71), deren drohende Überflutung nur durch ihre Umsetzung auf ein höheres Niveau vermieden werden konnte. Nach einem Hilferuf der UNESCO vom 8. März 1960 fanden sich 50 Staaten bereit, die finanziellen und technischen Mittel bereitzustellen; 1963–68 konnten die Bauten zerlegt, versetzt und wiederaufgebaut werden. Dieser Solidaritätsaktion folgte das Übereinkommen, das 1975 in Kraft trat und bis heute von 186 Mitgliedern ratifiziert wurde – Deutschland war ein Jahr später beigetreten. 1978 wurden dann die ersten zwölf Weltkultur- und Naturerbestätten ernannt, darunter der Aachener Dom, die Innenstadt von Krakau und die Galapagos-Inseln. Heute stehen nahezu 900 Stätten des Menschheitserbes – ohne das Weltdokumentenerbe – auf der Liste. Die UNESCO-Konvention hat jedoch nicht allein das Ziel, diese Liste zu mehren, sondern auch das Ziel, Informationen über den Zustand der Stätten zu sammeln, die Erhaltung der Denkmale finanziell und ideell zu unterstützen und sie in Kriegs- und Katastrophenzeiten sowie vor dem altersbedingten Verfall zu schützen. Als beratende, begutachtende und kontrollierende Gremien stehen der in Paris ansässigen UNESCO für das Weltkulturerbe die internationale, nicht-staatliche Organisation ICOMOS (›International Council on Monuments and Sites‹) – ein Netzwerk von 110 Nationalkomitees mit weltweit rund 7500 Architekten, Kunsthistorikern und Restauratoren – und für das Weltnaturerbe die Organisation IUCN (›International Union for Conservation of Nature and Natural Resources‹) zur Seite. Gemeinsam mit 21 für sechs Jahre gewählten Vertretern der Unterzeichnerstaaten und zahlreichen Beobachtern (auch aus Nichtregierungsinstitutionen, etwa Umweltorganisationen) entscheidet das UNESCO-Welterbekomitee Jahr für Jahr – in der Regel im Juli – über die Neuanträge, die allein von den Mitgliedstaaten gestellt werden können, das heißt, die UNESCO ist nicht befugt, eigene Vorschläge zu machen.

Abgesehen davon, dass die Antragsteller einen Erhaltungsplan entwickeln müssen, sind die wichtigsten Kriterien die Einzigartigkeit und historische Echtheit der Kulturdenkmale sowie die Integrität der Naturdenkmale. Die Tätigkeit der UNESCO entbindet die beteiligten Länder nicht von ihren Pflichten, die innerhalb ihrer Grenzen liegenden Kultur- und Naturgüter des Welterbes durch gesetzliche und technische Maßnahmen zu erhalten und zu schützen. Was letztlich welterbefähig ist, bestimmt erst in letzter Instanz das Welterbekomitee, das nur über die Anträge der Mitgliedstaaten entscheiden kann. Über diese wachen in Deutschland die ›Deutsche UNESCO-Kommission‹ und auf private Initiative die – inhaltlich breiter angelegte – ›Deutsche Stiftung Denkmalschutz‹, die auch die Ideale des Denkmalschutzes und der UNESCO in der Öffentlichkeit zu verbreiten helfen. So finden seit 1993 im September der bundesweite *Tag des offenen Denkmals* (als Teil der *European Heritage Days*, 1991 ff.) und seit 2005 jeweils am ersten Sonntag im Juni der UNESCO-*Welterbetag* in Verbindung mit dem ›UNESCO-Welterbestätten e. V.‹ statt. Ob derartige marketingbetonte Veranstaltungen allerdings das Fehlen eigener nationaler Denkmaleinrichtungen wie etwa den US-amerikanischen ›National Monuments‹ und den französischen ›Monuments historiques‹ oder gar reaktionsschneller, kultureller Eingreifgruppen für Krisenregionen wie dem niederländischen CER (›Cultural Emergency Response‹) aufwiegen, sei dahingestellt.

Zur Verbreitung der Welterbe-Ideale in der Öffentlichkeit dienen nicht zuletzt auch die relativ jungen interdisziplinären Studiengänge zum Welt(kultur)erbe: 2003 wurde der Lehrstuhl für Welterbestudien an der Brandenburgischen Technischen Universität Cottbus eingerichtet, 2008 folgte ein ›Masterstudiengang Kulturerbe‹ mit einer UNESCO-Professur für Materielles und Immaterielles Kulturerbe an der Universität Paderborn, dem ein eigenes Kompetenzzentrum angehört. Fachschulungen und Trainingskurse für Architekten und Denkmalpfleger bieten außerdem die ICCROM (›International Centre for the Study of the Preservation and Restoration of Cultural Property‹, Rom) sowie das Getty Conservation Institute GCI (Los Angeles) an. Vermittelt werden u. a. Methoden der Bestandserfassung, Beschreibung, Inventarisierung und Dokumentation von Kulturdenkmalen unter Einsatz moderner Medien und Techniken (Denkmaltopographie, Photogrammetrie, GPS-Einsatz usw.). Die Fülle der Welterbestätten in verschiedensten kulturellen Kontexten erklären das wissenschaftliche und institutionelle Interesse an einer vergleichenden Auseinandersetzung. Zukünftige Forschungen werden aufgrund wachsender Naturkatastrophen in Folge klimatischer Veränderungen und zunehmender kriegerischer Auseinandersetzungen Fragen der Prävention und der Ethik – mit möglichen Konfrontationen von Menschen- und Denkmalschutz – mit einbeziehen. Seit 2005 ist zudem ein regionales »Zentrum Welterbe Bamberg« im Rathaus von Bamberg angesiedelt, das als vorbildliche Anlauf- und Koordinationsstelle in Sachen Welterbe fungiert.

Die islamische Welt gründete 1969 mit der ISESCO (›Islamic Educational, Scientific and Cultural Organization‹) ein Pendant zur UNESCO mit gegenwärtig 57 Mitgliedsstaaten, die seit 2006 jährlich etwa drei »Islamische Hauptstädte der Weltkultur« küren (u. a. die Weltkulturerbe-Stadt Timbuktu).

Sehnsucht nach der Bestenliste
Vom antiken »Weltwunder« zur Weltkultur

Das Bewusstsein für die Schutzwürdigkeit eines »kulturellen Erbes« stammt aus dem 18. Jh., den Begriff (frz. *héritage*) soll der Bischof von Blois, Henri-Baptiste Grégoire (1750–1831), geprägt haben. Angesichts der Zerstörungswut der revolutionären Jakobiner, der zahllose Kulturdenkmale zum Opfer fielen, veröffentlichte er 1794 seinen *Rapport sur les destructions opérées par le vandalisme* (auch »Vandalismus« war eine Wortprägung Grégoires). Ursprünglich dürfte eher die Größe den Ausschlag gegeben haben bei dem offenkundigen Bedürfnis, eine Liste sehenswerter Bauwerke zu erstellen. Schon Herodot zählte im 5. Jh. v. Chr. »erhabene« Monumente als bewundernswürdig auf, darunter die Pyramiden von Gizeh sowie Bauten in Babylon und auf Samos. Über Jahrhunderte hinweg begnügte man sich mit den hieraus gebildeten Sieben Weltwundern, die jedoch keineswegs auf Dauer festgelegt waren. Die am frühesten benannten Sieben Weltwunder waren neben den Pyramiden von Gise die Stadtmauern und die Hängenden Semiramis-Gärten von Babylon, der Artemistempel von Ephesos, Phidias' Zeusstatue von Olympia, das Grabmal des Königs Mausolos II. von Helikarnassos sowie der Koloss von Rhodos.

Wer die ›Urliste‹ zusammenstellte, ist ungewiss: Der Epigrammdichter Antipatros von Sidon (2. Jh. v. Chr.) oder sein Namensvetter Antipatros von Thessaloniki (1. Jh. v. Chr.) haben darüber geschrieben, bekannt war sie schon Philon von Byzanz (3./2. Jh. v. Chr.), Autor der Schrift *De septem mundi miraculis*. Die Symbolzahl Sieben blieb bis in die Renaissance erhalten, die Bauten aber lösten einander ab – zumal sie im Laufe der Zeit untergingen. Allein die Pyramiden, einst eines der Weltwunder, zählen heute noch zum Weltkulturerbe. Im Siebener-Ranking behaupteten sich wenige als legendäre Großtaten, vergleichbar dem Turm zu Babel – der nie auf der Liste stand –, im Wechsel mit dem Leuchtturm von Pharos (namentlich von Gregor von Tours, 6. Jh., anstatt der babylonischen Mauern benannt), dem kretischen Labyrinth, dem Kolosseum in Rom, dem südenglischen Stonehenge oder der Hagia Sophia in Istanbul (im 13. Jh. erwähnt, die drei Letztgenannten heute Weltkulturerbe) bis hin zur Arche Noah und zum Tempel Salomos. Als man sich in der Renaissance auf die antike Liste inklusive dem seit 1375 auch zerstörten Leuchtturm besann, behalf man sich fortan mit einer beliebigen, mitunter inflationär gesetzten Auszeichnung als variables »achtes« Weltwunder, von der Chinesischen Mauer bis zum Schloss Neuschwanstein.

Das Kriterium der Sehens-Würdigkeit weckte seit der Neuzeit zunehmend touristisches und damit wirtschaftliches Interesse. Entsprechend üppig sind die Weltwunderlisten, die in der Gegenwart – in der Regel allerdings ohne Nachwirkung – kursieren. Auch sachkundige ›Best-ofs‹ sind selten nachhaltig, schon weil sie von der Realität schnell eingeholt werden. Der Berufsverband der US-amerikanischen Bauingenieure erstellte 1995 eine »Liste der Sieben Wunder der modernen Welt«, die u. a. das Empire State Building, die Golden Gate Bridge und den Panamakanal verzeichnete. Die Wochenzeitschrift *Die Zeit* befragte 2007 sieben Architekten nach ihren sieben Lieblingsbauten – ihre sog. »Sieben Weltwunder der Moderne« waren das Guggenheim Museum (New York) von Frank Lloyd Wright, Louis Kahns Salk Institute for Biological Studies (San Diego), Hans Scharouns Philharmonie (Berlin), das Centre Pompidou (Paris) von Piano/Rogers, César Manriques Insel Lanzarote, Shanghais Uferpromenade und das neukaledonische Kulturzentrum Jean Marie Tjibaou. Unter den Mehrfachnennungen bei den nächstplatzierten Favoriten stehen obenan diverse Bauten von Le Corbusier sowie die Weltkulturerbestätten Brasilia und die Oper von Sidney.

Sehr viel breiter und am nächsten zur UNESCO-Idee angelegt, wenn auch thematisch gebunden, ist die leider wenig bekannte nationale ›Liste auszeichnungswürdiger Ingenieursbauwerke‹, die ein Beirat der Bundesingenieurkammer erarbeitet hat: Darin befinden sich rund 70 »Historische Wahrzeichen der Ingenieurbaukunst in Deutschland«, u. a. auch Welterbe-Denkmale (Steinerne Brücke, Regensburg; Stollen am Rammelsberg, Goslar; Völklinger Hütte). Europaweit gibt es hier Überschneidungen mit der ›European Route of Industrial Heritage‹ (ERIH), die bislang ein Netzwerk von sogenannten Ankerpunkten in den Benelux-Staaten, Deutschland, Frankreich, Großbritannien, Spanien, Tschechien und Ungarn festgelegt hat.

Bestenlisten gehen meist einher mit zahllosen Tabellen der höchsten, größten, spektakulärsten Architekturen. Die erwähnte *Zeit*-Umfrage stand im unmittelbaren Zusammenhang mit der bislang aufwendigsten privaten Initiative, die »Neuen Sieben Weltwunder« über ein Millionenpublikum zu ermitteln. Nicht ganz ernst zu nehmen und von der UNESCO argwöhnisch beobachtet, fanden sich im multimedialen Casting Bauten wieder, die großteils bereits dem Weltkulturerbe angehören. Die Finalisten sind Chichén Itzá (Mexiko), die Chinesische Mauer, die Christusfigur über Rio de Janeiro (Brasilien), das Kolosseum (Rom), Machu Picchu (Peru), die Felsenstadt Petra (Jordanien) und das Taj Mahal (Indien). Auf der Verliererseite stehen Stonehenge, Angkor Wat, die Osterinselstatuen und die Akropolis genauso wie der Eiffelturm oder die Oper von Sidney. Ägypten nahm die Pyramiden von Gizeh aus Protest gegen den Medienrummel selbst aus dem Wettbewerb, bei dem der einzige deutsche Beitrag – Schloss Neuschwanstein – keine Chance hatte. Der Schweizer Initiator wollte mit dieser über sechsjährigen Aktion die originalen Weltwunder beerben, erhob aber nicht den Anspruch, der UNESCO oder dem (inter)nationalen Denkmalschutz Konkurrenz machen zu können. Trotz renommierter Juroren, darunter Zaha Hadid, Tadao Ando und César Pelli sowie der ehemalige UNESCO-Generalsekretär Federico Mayar Zaragoza, ließ das fragwürdige Auswahlverfahren mit kaum überraschenden, hochbetagten Kandidaten ein eigenständiges Profil vermissen, und es konnte nicht entfernt die Originalität und Authentizität erreichen wie das stets wachsende Weltkulturerbe, dessen ›Backlist‹ auch die Entwicklung des Kulturgut-Begriffs widerspiegelt. Dass sich die Ägypter mit ihren Pyramiden – dem einzigen erhaltenen Weltwunder – nicht messen lassen wollten und die Gizeh-Monumente daher außer Konkurrenz den Titel »Ewiges Weltwunder« erhielten, verdeutlicht die Problematik eines bloßen Revivals symbolischer Maßstäbe.

Das Welterbe, ein weites Feld
Weltnaturerbe und Weltdokumentenerbe – Werke des mündlichen und immateriellen Erbes der Menschheit – Weltbücher- und Literaturstädte

Das UNESCO-Welterbe ist von Beginn an weit gestreut und potentiell unbegrenzt. Bekanntermaßen teilt es sich seit Bestehen der Liste in das Kultur- und das Naturerbe auf. Angesichts ökologischer Katastrophen und der Bevölkerungsentwicklung mit deren Folgen (Tourismus, Rohstofferschließung u. Ä.) steht die Schutzwürdigkeit beider Welterben gleichermaßen außer Frage; im Fall des Naturerbes spielt die Bedrohung der Arten eine zusätzliche Rolle. Da das Weltnaturerbe massiv in Nord- und Südamerika, Afrika und Asien, weniger aber in Europa vertreten ist, hat sich dort auch das öffentliche Bewusstsein mehr dem Kulturerbe zugewandt, bis zur gelegentlichen, umgangssprachlichen Gleichsetzung von »Welterbe« und »Weltkulturerbe«. In den USA, die unter Berücksichtigung aller Welterbestätten noch unter den zehn Erstplatzierten rangieren, dürfte es gerade umgekehrt sein – beim Weltkulturerbe sind sie recht abgeschlagen (vgl. S. 27) –; ähnlich verhält es sich im Fall Australiens. Zu den berühmtesten Naturerbestätten gehören denn auch vorwiegend außereuropäische Landschaften, Parks oder andere Naturregionen: z. B. das Große Barriere-Riff und der Nationalpark Uluru mit Ayers Rock (Australien), Teile des Amazonas (Brasilien), die Galápagos-Inseln (Ecuador), der Nationalpark in den Rocky Mountains (Kanada), der Nationalpark Sagarmatha mit dem Mount Everest (Nepal), die Victoriafälle (Sambia, Zimbabwe), der Nationalpark Kilimandscharo und Serengeti (Tansania), die Nationalparks Everglades, Grand Canyon und Yellowstone (USA). Die bislang einzigen beiden deutschen Weltnaturerbestätten sind die Fossilienlagerstätte Grube Messel und – gemeinsam mit den Niederlanden – das Wattenmeer. Zum weiteren Naturerbe in Europa gehören, oft in Kombination mit dem Kulturerbe, Athos und Meteora (Griechenland), die Dolomiten und die Liparischen bzw. Äolischen Inseln (Italien), das Donaudelta (Rumänien), der Baikalsee (Russland), Ibiza (Spanien), die Region Jungfrau–Aletsch–Bietschhorn in den Berner Alpen (Schweiz) u. a. m.

Um die Wende zum 21. Jahrhundert begründete die UNESCO zwei Ableger des Weltkulturerbes: 1992 beschlossen, füllte sich ab 1997 die Liste des Weltdokumentenerbes (»Memory of the World«), die sich dem medial überlieferten Gedächtnis der Menschheit widmete: Bild- bzw. Filmdokumente, Bücher, literarische oder musikalische Handschriften usw., über deren Aufnahme ein Beraterkomitee entscheidet. Die Hauptziele sind der weltweite Zugang zu den Dokumenten und deren Sicherung, wobei das Weltregister eine bloße Auszeichnung ist, die die Unterzeichnerstaaten zum Erhalt des Erbes verpflichtet. Hierfür hat Deutschland im Hinblick auf die eigenen Beiträge 2009 ein »Memory of the World«-Forum gegründet. Unter den internationalen Dokumenten seien hier beispielhaft Nikolaus Kopernikus' *De Revolutionibus Orbium Coelestium libri sex* (Krakau), Henrik Ibsens *Nora oder Ein Puppenheim* (Oslo), das Astrid-Lindgren-Archiv (Stockholm), der Teppich von Bayeux (Bayeux), das Werk Frederic Chopins (Warschau), die Logbücher des James Cook (Canberra), die Archive der Niederländischen Ostindienkompagnie (Den Haag, Jakarta, Kapstadt und Colombo) oder das Geschäftsarchiv der Officina Plantiniana (Plantin-Moretus-Museum, Antwerpen) genannt. Das Weltdokumentenerbe im deutschsprachigen Raum umfasst u. a. das Abschlussdokument des Wiener Kongresses (Österreichisches Staatsarchiv, Wien), das Archiv der Internationalen Agentur für Kriegsgefangene 1914–23 (Internationales Rotkreuz- und Rothalbmondmuseum, Genf), Beethovens *9. Sinfonie, d-Moll* (Beethoven-Haus, Bonn), die Brahms-Sammlung (Gesellschaft der Musikfreude, Wien), den Briefwechsel von Gottfried Wilhelm Leibniz (Niedersächsische Landesbibliothek, Hannover), Goethes literarischen Nachlass (Goethe-Schiller-Archiv, Weimar), die Grimmschen Kinder- und Hausmärchen, Handexemplar (Brüder-Grimm-Museum, Kassel), Fritz Langs Stummfilm *Metropolis*, 1927 (Friedrich-Wilhelm-Murnau-Stiftung, Wiesbaden), die Gutenberg-Bibel (Niedersächsische Staats- und Universitätsbibliothek, Göttingen), das Nibelungenlied (Bayerische Staatsbibliothek, München; Badische Landesbibliothek, Karlsruhe; Klosterbibliothek, St. Gallen), die ottonische Buchmalerei aus Reichenau, u.a. mit dem *Codex Egberti* (Staatsbibliothek, Trier), die Sammlung gotischer Architekturzeichnungen (Akademie der bildenden Künste, Wien) und die Schubert-Sammlung (Wiener Staatsbibliothek, Wien).

Mit dem Weltdokumentenerbe eng verbunden war das 2003 in Kraft getretene Übereinkommen zum Erhalt des immateriellen Kulturerbes, d.h., von Epen, Mythen und anderen mündlich überlieferten, teils vorschriftlichen Sprachdokumenten, Volksliedern, Tänzen und Spielen bzw. Bräuchen. Diese Liste reicht vom japanischen Nôgaku-Theater (No, Kyogan) über die »Opera dei Pupi« auf Sizilien bis hin zur *Ramayana*-Aufführung in Indien oder zum Wayang-Marionettentheater Indonesiens, von Ritual- und Maskentänzen in Benin, Bhutan, Estland, Malawi, Mosambik oder Sambia bis zu teils polyphon-experimentellen, teils improvisierten Gesängen in Albanien, Algerien, Aserbaidschan, Bulgarien, Georgien, Kirgisistan oder der Mongolei, vom indonesischen Kris-Dolch bis zur Kreuzschnitzerei in Litauen und Lettland mit ihrer jeweiligen Symbolik.

Noch weitgehend unbeachtet in der Öffentlichkeit sind zwei weitere, jüngere Unterordnungen des Weltkulturerbes: die Weltbücherstadt, die seit 2001 alljährlich nominiert wird, und die hiervon zu unterscheidende, unregelmäßige Auszeichnung von Städten als Literaturstadt, die 2004 erstmals vergeben worden ist. Anders als die von der EU-Kommission ernannte ›Kulturstadt Europas‹ bzw. – seit 1999 – ›Europäische Kulturhauptstadt‹, die von 1985 an, als Athen nominiert wurde, das Zusammengehörigkeitsgefühl auf dem Kontinent stärken will, zielt die von der UNESCO geführte Liste der Weltbücherstädte auf den Kampf gegen den weltweiten Analphabetismus und die freie Meinungsfreiheit ab. Berücksichtigt wird auch die Rolle der Kandidaten als Verlagsstadt. Im Gegensatz zu den anderen Kulturerbestätten gilt diese Nominierung jeweils nur für ein Jahr, beginnend mit dem von der UNESCO initiierten Welttag des Buches und des Urheberrechts am 23. April. Das Literaturstädte-Projekt, das den Kulturbegriff enger fasst und ein Netzwerk von Verlagslandschaft, Buchhandel, Autoren und Literalität anstrebt, ist noch im Aufbau.

Die Weltbücherstädte sind von 2001 an in zeitlicher Folge Madrid, Alexandria, Neu Dehli, Antwerpen, Montreal, Turin, Bogotá, Amsterdam, Beirut und Ljubljana. Als Literaturstädte wurden bisher Edinburgh (2004) sowie Melbourne und Iowa City (beide 2008) gekürt.

Ein Sonderfall kultureller Auszeichnung ist der seit 1999 von der UNESCO und der griechischen Regierung vergebene Internationale Melina-Mercouri-Preis zur Bewahrung von Kulturlandschaften (gelegentlich als »Kulturlandschaft der Menschheit« tituliert), der mit einem teilbaren Preisgeld von rund 20 000 US-Dollar verbunden ist. Gewinner des nach der griechischen Schauspielerin und Kulturpolitikerin M. Mercouri (1920–94) benannten Preises waren u. a. das Siedlungsgebiet von Maymand (Iran), der Park von Koga (Japan), das Freilichtmuseum Pedvale (Lettland), Elishas Park in Jericho (Palästina) und das Schlachtfeld von Borodino (Russland). Deutschland war bisher noch nicht unter den Preisträgern, erhielt aber 1999 gemeinsam mit Polen eine Anerkennung für den Muskauer Park (seit 2004 auch Weltkulturerbe). Schließlich erschließt sich das Weltkulturerbe neue Regionen. 2001 kam die Unterwasserarchäologie auf die Tagesordnung der UNESCO, die in Zukunft auch das Kulturerbe unter Wasser besonderes schützen will. Anfang 2009 trat die verabschiedete Konvention in Kraft.

Einfluss der UNESCO
Bewerber und die Rote Liste –
Der Fall Waldschlösschenbrücke in Dresden

Die symbolische Bedeutung des UNESCO-Welterbes ist enorm.
In die Liste aufgenommen zu werden, ist nicht nur touristisch
relevant, es ist auch eine Frage der Ehre. Meist arbeiten die Kandidaten über Jahre hinweg an ihrem Antrag, entsprechend ent-
täuscht reagieren Bewerber oft auf eine Ablehnung: Heidelberg,
mit seinem malerisch gelegenen Schloss eine der Hochburgen
der deutschen Renaissance und Romantik und kulturell vielsei-
tig präsent, scheiterte mehrfach; die Nominierung historischer
Altstädte steht gegenwärtig weniger im Interesse der UNESCO
als länderübergreifende Monumente oder technikgeschichtli-
che Baugruppen, zudem sollen zukünftig deutlich weniger
Kandidaten zum Zuge kommen als früher. So zog Schwetzingen
seinen fertig ausgearbeiteten Antrag 2009 vorläufig zurück, als
sich abzeichnete, dass der Schlossgarten nicht zu den Favoriten
gehören würde. Doch auch das deutsch-französische Engagement für das architektonische Werk Le Corbusiers – mit Unter-
stützung von Argentinien, Belgien, Japan und der Schweiz sowie indirekter Rückendeckung durch die USA und Indien –,
hatte bislang keinen Erfolg, dies aber wohl auch deshalb, weil
das in jüngster Zeit ausgezeichnete Schweizer Uhrmacherdorf
La Chaux-de-Fonds als dessen Geburtsort einer beiläufigen
Würdigung gleichkommt.

Auch die ideelle oder inhaltliche Nähe zum Weltkulturerbe
erleichtert die Ernennung kaum, zumal die deutsche UNESCO-
Kommission ihre Tentativ-Liste bewusst klein hält: Im Jahr
2010 stehen rund zehn Kandidaten auf der Liste – im Vergleich
dazu führte China 2003 noch rund 100 Stätten in ihrer Vorschlagsliste, die mittlerweile jedoch deutlich reduziert wurde.
Wiesbaden als Musterstadt des Historismus kam trotz Unter-
stützung des Deutschen Denkmalschutzes nicht zum Zug. Und
auch die Bemühungen der Bayerischen Landesregierung, die
Königsschlösser von Ludwig II. auf die Vorschlagsliste zu set-

zen, schlugen fehl. Entsprechend müssen sich auch der Flugha-
fen Tempelhof oder die Pfahlbauten im Alpenraum gedulden,
bis u. a. das gesetzte Opernhaus von Bayreuth, die Wilhelmshö-
he in Kassel, das Hamburger Chile-Haus samt Speicherstadt
oder die Franckeschen Stiftungen zu Halle ihr Ziel erreicht haben. Einer Erweiterung von Rammelsberg / Altstadt Goslar um
die Oberharzer Wasserwirtschaft steht nichts im Weg.

Die Mühlen der Verfahren zur Aufnahme mahlen langsam.
Kaum ernst gemeint war daher der überhastete Versuch einiger
ICOMOS-Mitglieder, 2009/10 den Stuttgarter Hauptbahnhof
von Paul Bonatz (1914–27) in die nationale Vorschlagsliste aufzunehmen, um den im Zuge der Neugestaltung des Bahnhofs
anstehenden Teilabriss zu verhindern. Folgerichtig war dagegen
die geplante länderübergreifende Einbindung in ein Gesamt-
projekt »Bahnhöfe des Orient-Express« gedacht, bei dem sich
der Bonatz-Bau unter Bahnhöfe wie den Pariser Gare de l'Est
oder den Sikeci-Bahnhof von Istanbul hätte einreihen können.

Keine andere kulturtragende Institution erreicht das Prestige
der UNESCO. Dennoch stellt sich die Frage nach Macht und
Ohnmacht der UNESCO im Hinblick auf das Welterbe. Von
sich aus kann die Weltorganisation keine Vorschläge bzw. Anre-
gungen zur Aufnahme ins Welterbe unterbreiten. Der Versuch
seitens ICOMOS, etwa das anatolische Dorf Hasankeyf als
Weltkulturerbe davor zu bewahren, im Zuge eines Staudamm-
baus geflutet zu werden, scheiterte, weil die türkische Regierung
kein Interesse daran hat, die einzig erhaltene antike und mittelalterliche Siedlung in der Tigris-Region zu erhalten. Freilich
kann auch ein Mitgliedstaat nicht auf fremdem Territorium ak-
tiv werden, selbst wenn eigene Interessen berührt werden; so
bemüht sich Deutschland darum, dass die türkische Regierung
ihre größte antike Tempelanlage bei Didyma, deren Freilegung
unter deutscher Federführung erfolgt, zur Aufnahme in die
Welterbeliste vorschlägt – immerhin konnten die Forschungs-
stellen während der Entscheidungsfindung den Bau einer Straße durch die Tempelzone verhindern. Mehr Handlungsspiel-
raum hat die Organisation im bestehenden Welterbe: Neben

der ›Liste des Erbes der Welt‹ führt die UNESCO die ›Liste des gefährdeten Erbes der Welt‹, die als »Rote Liste« gefürchtet ist.

Ihre Aufgabe sieht die UNESCO darin, jährlich über Missstände zu informieren und solche aufzudecken, um zumindest indirekt Druck auf die Staaten auszuüben, die sich mit der Unterzeichnung der Konvention zum Erhalt ihres Welterbes verpflichtet haben. Sanktionen kann das Welterbekomitee nicht verhängen, insofern ist die Aufnahme in die Rote Liste das einzige Druckmittel, das nur noch mit der Aberkennung des Welterbetitels eine konsequente Steigerung erfahren kann. Bisher wurde diese Maßnahme erst zweimal angewandt: beim Wildschutzgebiet in der Wüste von Oman (ernannt 1994 als Weltnaturerbe; 2007 aus der Liste gestrichen) und beim Dresdner Elbtal (ernannt 2004 als Weltkulturerbe; 2009 gestrichen). Entgegen dem Eindruck, es kämen besonders viele von Naturkatastrophen und Kriegen bedrohte Welterbestätten auf die Rote Liste, sind es objektiv gesehen vor allem wirtschaftliche Faktoren, die zur Indexierung führen. Größere Aufmerksamkeit erfuhren beispielsweise Zerstörungen wie die der Zitadelle im iranischen Bam nach einem Erdbeben 2003 oder die von den Taliban 2001 zerschlagenen Buddha-Statuen im afghanischen Bamiyan-Tal. Die internationale Staatengemeinschaft greift bei schweren Beschädigungen allerdings auch finanziell, logistisch und wissenschaftlich ein, wenn keine Aufnahme in die Rote Liste erfolgt, wie beispielsweise nach dem verheerenden Tsunami Ende 2004, bei dem – von den Welterbestätten – die Altstadt von Galle mit ihrer Befestigung (Sri Lanka), die Tempel von Mahabalipuram und Koranak (Indien) genauso betroffen waren wie der Ujung Kulon Nationalpark und der Tropische Regenwald von Sumatra (beides Indonesien). Bei Mahabalipuram hat diese Flutkatastrophe andererseits sogar Teile einer versunkenen Stadt freigespült.

Es sind jedoch hauptsächlich Weltnaturerbestätten, die aufgrund von Umweltverschmutzung, Wilderei und Verwilderung oder aufgrund beeinträchtigender Bautätigkeiten und nicht zuletzt der Begleitumstände eines wachsenden Tourismus (Hotelbau, Müllentsorgung, Grundwasserbefund) beanstandet werden. Oft ist sich ein Staat nicht klar darüber, dass durch die sogenannte Pufferzone auch die Schutzzone einer Kulturstätte weiter reicht als deren eigentliche Umgrenzung. Das Gros der gefährdeten Nationalparks und Naturreservate befindet sich in Afrika, die fragwürdige Spitzenposition insgesamt nimmt die Demokratische Volksrepublik Kongo ein. Europa ist auf der Roten Liste kaum – und dann mit Kulturerbestätten – vertreten. Kommt dort der Eintrag einem extremen Makel gleich, enthält er andernorts auch Chancen, finanzielle Hilfen von der Staatengemeinschaft zu erwirken. Pakistan selbst etwa bat um die Aufnahme der durch einen Straßenbau teilzerstörten Shalimar-Gärten samt Bewässerungssystem in Lahore in die Rote Liste, um sie mittel- oder langfristig zu retten. Die Erfolgsbilanz ist nicht schlecht. Als berühmtestes Beispiel unter den ehemals gefährdeten Kulturerbestätten gilt Angkor Wat in Kambodscha, das nach zwölf Jahren internationaler Fürsorge (1992–2004) von der Roten Liste genommen werden konnte.

Relativ gesehen stehen nicht allzu viele Weltkulturerbestätten auf der Roten Liste (Stand 2009/10): die Ruinen von Abu Mena (Ägypten), die Kulturlandschaft und archäologische Stätten des Bamiyan-Tals (Afghanistan), das Minarett und die Ruinen von Jam (Afghanistan), die Salpeterwerke Humberstone und Santa Laura (Chile), die historischen Kirchen von Mzcheta (Georgien), Assur (Irak), die archäologische Stadt Samarra (Irak), Bam und seine Kulturlandschaft (Iran), Medina von Zabid (Jemen), die Altstadt von Jerusalem mit Stadtmauern, die Festung und die Shalimar-Gärten in Lahore (Pakistan), die Ruinenstadt Chan Chan (Peru), die Reisterrassen in den philippinischen Kordilleren (Philippinen), die mittelalterlichen Denkmale im Kosovo, Serbien und Montenegro, die Ruinen von Kilwa Kisiwani und Songo Mnara (Tansania) sowie das historische Zentrum und der Hafen von Coro (Venezuela).

In Deutschland stand neben dem Dresdner Elbtal auch der Kölner Dom von 2004 bis 2006 auf der Roten Liste, weil geplante Hochhausbauten die Stadtsilhouette gefährdet und die Pufferzone zum Schutz des Doms ignoriert hätten. Erstmals wurde in Deutschland auch tatsächlich eine derartige Einstufung vorgenommen; davor kam es nur zu entsprechenden Androhungen, z. B. gegenüber Potsdam (1997). Der Streit, den die Kölner Stadtverwaltung mit der UNESCO führte, konnte einvernehmlich behoben werden, im Gegensatz zur heftigen Auseinandersetzung zwischen der UNESCO und Dresden.

Die UNESCO sah die 2004 ins Weltkulturerbe aufgenommene Kulturlandschaft durch die nach einer rechtlich bindenden Bürgerbefragung von 1996 ab 2006 gebaute Waldschlösschenbrücke hochgradig bedroht und setzte sie auf die Rote Liste. Einen kurzfristigen Baustopp erwirkten Naturschützer, die nachweisen konnten, dass die vom Aussterben bedrohte sogenannte Kleine Hufeisennase, eine Fledermausart, hier nistet. Planungsänderungen durch alternative Entwürfe, etwa einem Tunnel, wurden dagegen nicht ernsthaft weiterverfolgt. Dabei gab es in Dresden sogar einen Präzedenzfall: Bereits 1900 lehnten die Stadträte eine Fußgängerbrücke über die Elbe aus ästhetischen Gründen ab. Die Stadt und das Land Sachsen ignorierten das mehrfach verschobene Ultimatum, den Bau der vierspurigen Brücke zu überdenken. 2009 stimmte das Welterbekomitee allerdings mit 14 zu 5 Stimmen bei zwei Enthaltungen für die unwiderrufliche Aberkennung des Welterbestatus. Zum enormen Imageschaden kam ein Sinneswandel beim Deutschen Kulturrat: Dieser setzte sich dafür ein, die Zuständigkeiten von den Ländern auf den Bund zu übertragen, um den Denkmalschutz als nationale Aufgabe zu definieren; die seit 2009 vom Bundesbauministerium für die deutschen Welterbestätten bereitgestellten Gelder (Sonderförderprogramm 2009: 50 Mio Euro; 2010–13: je 25 Mio Euro) stehen für Dresden nicht mehr zur Verfügung, das sich Hoffnungen auf die Finanzierung zur Restaurierung seiner Schlösser gemacht hatte.

Andere Stätten, die an der Verantwortlichkeit des Welterbetitels rührten, begannen, während der öffentlichen Diskussion über die Waldschlösschenbrücke ihre Position zu klären und einen Konsens mit der UNESCO zu suchen. Dazu gehören die

Brückenbaupläne in der Region des Oberen Mittelrheintals oder die Umbauvorhaben der Berliner Museumsinsel. Die Windpark- und Seilbahnpläne im Umfeld der Wartburg bei Eisenach wurden auf Betreiben der UNESCO gestoppt – ein Fahrstuhl soll nun den barrierefreien Zugang zur Luther-Burg gewährleisten. Insgesamt steht das Weltkulturerbe vermehrt unter dem wachsamen Auge der Vereinten Nationen: Die Altstädte von London, Wien, Prag und St. Petersburg gefährdeten und gefährden durch Bauprojekte ihren Status – im September 2009 genehmigten die Behörden den Bau eines über 400 m hohen Gazprom-Wolkenkratzers an der Peripherie des historischen Zentrums der russischen Vorzeigestadt –; Bordeaux riss 2007 ohne Ankündigung die historisch bedeutsame Pertius-Hängebrücke ab, was die UNESCO noch nicht ad acta gelegt hat, die Höhlenmalerei im französischen Tal der Vézère sind klimatisch und konservatorisch nur unzureichend zu sichern; italienische Welterbestätten wie San Gimignano oder Herculaneum werden in finanzieller Not vernachlässigt, Palladios Villen drohen durch eine Autobahn vor der Haustür entstellt zu werden. Selbst die Chinesische Mauer ist nicht gefeit davor, dass Bauern deren Steine zum Straßenbau o. Ä. herausbrechen.

Zu Auswahl und Aufbau des vorliegenden Bandes

Das Weltkulturerbe umfasst derzeit 689 Bauten und Objekte, eine Auswahl daraus kann deshalb nicht objektiv sein, sondern nur bestimmten Kriterien folgen. Sobald man sich auf eine beliebige Zahl an Objekten einlässt, steht der Rest der gegenwärtig reinen Weltkulturerbestätten – die 176 ausgezeichneten Naturregionen bleiben unberücksichtigt – sowie der 25 gemischten Natur- und Kulturerben (Stand 2009) mahnend gegenüber: Als Teil des Welterbes erheben sie an sich schon Anspruch darauf, außergewöhnlich oder gar sinnstiftend zu sein. Und wenn es in einer Architekturgeschichte zulässig sein mag, regionale oder kontinentale Maßstäbe zu setzen, verbietet die Betonung des

Welterbes jegliche Einengung. So muss eine Selektion zur Gratwanderung werden. Der vorliegende Band versucht alle Kontinente gebührend zu berücksichtigen – so dominieren Europa, Asien und Südamerika vor Nordamerika, Afrika und Australien, die deutlich mehr zum Weltnaturerbe beitragen und – relativ gesehen – weniger Weltkulturerbestätten aufweisen als die erstgenannten Regionen. Um dennoch möglichst viele Länder in die Auswahl aufzunehmen, mussten fast schmerzliche Abstriche bei den Top-Ten gemacht werden: Italien, Spanien, China, Frankreich und Deutschland – beide gleichauf, wenn Schloss Chambord und das Loiretal zusammengelegt und Dresden nicht mehr mitgezählt würde –, Mexiko, Großbritannien, Indien, Griechenland und die Russische Föderation stellen deutlich über ein Drittel des Weltkulturerbes und würden schon den Rahmen des vorliegenden Buches bei weitem übersteigen. Hinzu kommt die UNESCO-Bewertung, die das rein statistische Ranking relativiert. Sechs Auswahlkriterien stehen für das Weltkulturerbe, vier für das Weltnaturerbe zur Verfügung (zit. nach UNESCO-Handbuch, S. 357 f.), die in mehrfachen Kombinationen, auch übergreifend, oder auch allein zur Aufnahme ins Welterbe führen:

Die Welterbestätte

I   »ist eine einzigartige künstlerische Leistung [...] des schöpferischen Geistes«

II »hat während einer Zeitspanne oder in einem Kulturgebiet der Erde beträchtlichen Einfluss auf die Entwicklung der Architektur, der Großplastik oder des Städtebaus und der Landschaftsgestaltung ausgeübt«

III »stellt ein einzigartiges oder [...] außergewöhnliches Zeugnis einer untergegangenen [...] Kulturtradition dar«

IV »ist ein [...] Beispiel eines Typus von Gebäuden oder architektonischen Ensembles [...], die (einen) bedeutsame(n) Abschnitt(e) in der [...] Geschichte darstellt«

V   »stellt ein hervorragendes Beispiel einer überlieferten menschlichen Siedlungsform [...] dar, die für eine bestimmte Kultur [...] typisch ist, insbesondere wenn sie [...] vom Untergang bedroht wird«

VI »ist [...] mit Ereignissen, lebendigen Traditionen, mit Ideen oder mit Glaubensbekenntnissen, mit künstlerischen oder literarischen Werken von [...] verknüpft ([...] in Verbindung mit anderen Kriterien)«

[*In Verbindung mit dem Weltnaturerbe (bis 2005 in eigener Zählung, s. Klammer):*]

VII (1) »stellt ein außergewöhnliches Beispiel bedeutender Abschnitte der Erdgeschichte dar, eingeschlossen biologische Evolutionen, [...] geologische Prozesse [...]«

VIII (2) »liefert ein [...] Beispiel von im Gang befindlichen ökologischen und biologischen Prozessen in der [...] Entwicklung von [...] Ökosystemen [...]«

IX (3) »stellt eine überragende Naturerscheinung [...] von außergewöhnlicher [...] ästhetischer Bedeutung dar«

X (4) »enthält die [...] typischsten natürlichen Lebensräume für in-situ Schutz von biologischer Diversität [...]«

Legt man die ersten sechs Kriterien zur Bestimmung des Weltkulturerbes zugrunde, schaffen allein China (Berg Taishan, Höhlen von Mogao), Griechenland (Berg Athos) und Italien (Venedig) die Bestmarke, und es ist nicht immer nachvollziehbar, wenn das eine oder andere kulturelle Kleinod gerade mal ein einziges Kriterium erfüllt. Der Not der Beschränkung folgt die Tugend der Entdeckerfreude. Eine internationale Vielfalt wird hier genauso angestrebt, wie in der Auswahl darauf geachtet wurde, Einzelobjekte, Bauensembles und Altstädte, Epochen und Bauaufgaben möglichst abwechslungsreich, in einer breiten Mischung vorzustellen. Im Anhang sind alle Weltkulturerbestätten nach den Jahren ihrer Ernennung aufgeführt.

Im vorliegenden Buch werden über 150 Beispiele – von den Malereien in der nordspanischen Höhle von Altamira bis hin zur Oper von Sydney – behandelt. Mit Aachen ist eines der ersten von der UNESCO ernannten Denkmale vertreten, als eine der jüngstnominierten Welterbestätten wurde die Stadtlandschaft der Uhrenindustrie um La Chaux-de-Fonds und Le Locle in der Schweiz ausgewählt. Einige Weltkulturerbestätten lassen sich naturgemäß zusammenfassen: So führen der römische Limes bzw. der Hadrianswall, der Jakobsweg nach Santiago da Compostela oder der skandinavisch-russische Meridianbogen über mehrere Länder hinweg und an einigen Monumenten vorbei. Bei anderen Welterbestätten lag eine Zusammenlegung nahe: Rom und der Vatikanstaat überschneiden sich historisch wie geografisch, und das Schloss Schönbrunn ist mit der Wiener Altstadt Teil eines Ganzen.

Grundsätzlich liegt hier keine Wertung der Welterbestätten zu Grunde. Niemand kann sich anmaßen, argumentativ zu begründen, warum etwa Bamberg aufzunehmen wäre und Regensburg nicht. Die Auswahl hätte somit auch komplett anders aussehen können. Bewusst verzichtet wurde auf drei Kulturerbestätten: das Konzentrationslager Auschwitz-Birkenau, das Friedensdenkmal in Hiroshima und das Gefängnis für Apartheid-Gegner auf der Insel Robben Island. Diese Orte des Grauens und des Kriegswahnsinns könnten als Fremdkörper in einer Auswahl von vorwiegend ästhetischen Monumenten und außergewöhnlichen Kulturleistungen empfunden werden – gleichwohl sind sie als Zeugen der Menschheitsgeschichte wichtig.

Die ausgewählten Weltkulturerbestätten sind chronologisch orientiert. Im Titelkopf werden das Land des Welterbe-Beispiels und das Ernennungsjahr mit eventuellen Erweiterungen genannt. Zur zeitlichen Einordnung werden je nach Welterbestätte Entstehungs-, Blütezeiten oder andere markante Daten zugrunde gelegt. Der Textteil selbst beginnt mit einer Charakterisierung nach den UNESCO-Kriterien, über deren genaue Verteilung der Anhang informiert. In aller Kürze schließen sich gegebenenfalls Querverweise zu vergleichbaren Stätten an, die das Einzelobjekt wieder in das universelle Projekt einbinden, welches das Weltkulturerbe darstellt.

Weltkulturerbestätten

Darstellung einer Hirschkuh (Gesamtlänge 2,25 m) und eines Bisons in der Höhle von Altamira

Die Höhle von Altamira, Höhlenmalerei in Nordspanien
Spanien – ernannt 1985, erw. 2008 / Entstehung
35 000 –11 000 v. Chr.

Die Höhle von Altamira gilt ästhetisch als »Sixtinische Kapelle der prähistorischen Zeit« und legt Zeugnis von den Wurzeln der menschlichen Zivilisation ab. Die Ausweitung der Welterbeliste auf die Höhlenkunst in Nordspanien reagiert auf die 20 000-jährige kulturelle Blütezeit in einer jüngeren Stufe der Altsteinzeit (Magdalénien), die den sozialen, künstlerischen und spirituellen Wandel des Höhlenmenschen begleitet.

1869 zufällig entdeckt, wurde die Höhle von Altamira sechs Jahre später ergraben (Größe 5500 m², Höhe 2– 6 m), die 1879 gefundenen Malereien jedoch unterschätzt. Erst zu Beginn des 20. Jhs. erkannte man deren hohe Qualität, den durch die Isolation von äußeren klimatischen Einflüssen bewahrten Erhaltungszustand und damit ihren führenden Rang innerhalb der jungpaläolithischen Kunst (Datierung nach der C-14-Methode: um 13 540 v. Chr.): Die mehr als 100 gezeichneten, gemalten und geritzten, z. T. überlebensgroßen Wildtiere (Bison, Hirschkuh, Pferd, Wildschwein) sind – über natürlichen Felsbuckeln auch plastisch-reliefhaft – sehr naturnah aufgefasst. Die mineralischen und organischen Farbträger (Blut, Eisenoxid, Fette, Holzkohle, Kalk, Mangan, Pflanzensaft, Rötel) wurden mit den Händen oder mittels Federn und Knochen aufgetragen. 1979, noch vor der Ernennung zum Weltkulturerbe, wurde die Höhle aus konservatorischen Gründen geschlossen – Nachbildungen entstanden in unmittelbarer Nähe der Höhle und für das Deutsche Museum in München. 2008 vergrößerte die UNESCO die archäologische Zone um 17 weitere Höhlen (von mehr als hundert): neun in Cantabrien (im Gesamtumfang von 40 × 400 km), fünf in Asturien und drei im Baskenland.

Höhlenmalerei im Welterbe: Tal von Vézère / Lascaux (Frankreich, ernannt 1979); Kakadu-Nationalpark (Australien, 1981); Tassili-Gebirge (Algerien, 1982); Tal von Côa (Portugal, Felsritzungen, 1998); Drakensberge (Südafrika, 2000).

Der verwundete Mann ist die einzige Darstellung eines menschlichen Wesens in der Höhle von Lascaux

Grotten des Vézère-Tals

Frankreich – ernannt 1979 / Entstehung
um 15 000–10 000 v. Chr.

Die Höhlenmalereien im Vézère-Tal werden als Meisterwerke prähistorischer Kunst eingestuft; sie sind seltene Zeugen einer uns weitgehend unbekannten Zivilisation.

Das labyrinthisch unterhöhlte Tal von Vézère enthält – verteilt über ein Areal von 30 auf 40 km – 147 prähistorische Stätten aus dem Paläolithikum (auch: Jüngere Altsteinzeit) mit 25 ausgemalten Höhlen, die von ethnologischem, anthropologischem und ästhetischem Interesse sind. Die berühmtesten Malereien stammen aus der Höhle von Lascaux, die 1940 zufällig in einer Tiefe von 140 m entdeckt wurde (Länge der Haupthöhle etwa 30 m); ihre in rund 100 Jagdszenen eingebundenen, teilweise überlebensgroßen Tierdarstellungen (Auerochsen, Bären, Bisons, Hirsche, Pferde, Steinböcke u. a. bis hin zu einhörnigen Fabelwesen) geben Aufschluss über die detailreiche und farbintensive prähistorische Kunst. Allerdings überwiegen die Fragen zur Bedeutung der Darstellungen, zur Datierung und zur gesellschaftlichen Funktion, die seit dem Beginn der systematischen Untersuchungen durch Abbé Henri Breuil (1877–1961) eher noch vermehrt als gelöst worden sind. So ist im Hinblick auf die Zeichnungen unklar, ob es sich um Einzelmotive oder um eine zusammengehörende Komposition handelt. Hinsichtlich der günstigen Topographie bleibt fraglich, weshalb die ohnehin nie bewohnte Höhle um 9000 v. Chr. aufgegeben wurde. Um der Zerstörung durch den CO_2-Ausstoß der Touristen zuvorzukommen, wurde Lascaux 1963 geschlossen; 20 Jahre später begann man mit dem Bau einer originalgetreuen Kopie.

Höhlen im Welterbe: Cueva de las Manos (Argentinien, ernannt 1999), Mogau (China, 1987), die »Höhle der Apokalypse« (Griechenland, 1999), Ellora, Elephanta und Bhimbetka (Indien, 1983, 1987 bzw. 2003), Sassi di Matera (Italien, 1993), Škocjan (Slowenien, 1986), Altamira (Spanien, 1985), Lawra Petschersk (Ukraine, 1990), Aggtelek (Ungarn, 1995).

Stonehenge und Avebury

Großbritannien – ernannt 1986, modifiziert 2008 /
Entstehung 3100–1100 v. Chr.

Die Steinkreis-Ensembles um Stonehenge gehören mit zahlreichen Grabhügeln zu den eindrucksvollsten Megalith-Stätten mit einer kaum zu überschätzenden Wirkung auf die Landschaft, die Folgekulturen und die Künste aller Gattungen.

Innerhalb zweier flacher runder Erdwälle entstanden ab 3100 v. Chr. westl. von Salisbury bzw. Marlborough (im County Wiltshire) die Megalith-Denkmale von Stonehenge (*henge* ›kreisförmige oder ovale Fläche‹) und Avebury. Während der weniger bekannte, jedoch weltweit der größte Steinkreis von Avebury (Durchmesser: 1,3 km) mit rund 270 Steinen und mit einem Zugang um 2400 fertiggestellt wurde, nahm die Anlage von Stonehenge etwa 2100 v. Chr. ihre heutige Gestalt an mit 80 Blausteinen (Dolerit; Gewicht bis 4 t; Gesamtdurchmesser: 110 m) für einen äußeren Kreis und einen inneren Halbkreis. Im folgenden Jahrtausend wurde der Prozessionsweg auf 2,8 km verlängert; außerdem erhielt das Ensemble einen inneren und einen geschlossenen äußeren Kreis aus 30 Sarsenfindlingen (Sandsteinblöcke); der hufeisenförmig angelegte Innenbezirk zwischen den Blausteinkreisen besteht aus »Toren« mit je drei Steinen. Der größte Menhir misst 9 m und wiegt etwa 45 t. Um nachvollziehen zu können, wie man einst derartige Stücke bewegen konnte, simulierte man in den 1990er Jahren Transporte auf Holzrollen. Die zahllosen Steinkreise in England geben zwar noch immer viele Rätsel auf, dennoch hält sich die Tradition, in Stonehenge zur Mittsommerzeit den Sonnenaufgang zu beobachten: So liegt die Vermutung nahe, dass kultisch-religiöse und/oder astronomische Gründe zum Bau der Steinkreise führten – am Tag der Sommersonnenwende treffen die ersten Sonnenstrahlen über den einzeln stehenden »Fersenstein« ins Zentrum des Kreises. Druiden, die als Anhänger des Magiers Merlin Stonehenge als Opferstätte errichtet haben sollen, gab es allerdings zur Zeit der Entstehung noch nicht.

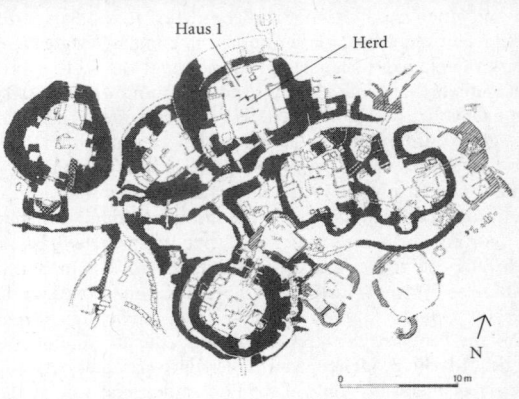

Haus 1 von Skara Brae mit Grundriss der Gesamtanlage

Jungsteinzeitliche Monumente auf den Orkney-Inseln
Großbritannien – ernannt 1999 / Errichtung
um 3000–2500 v. Chr.

Die Orkney-Monumente sind Zeugen des humanen Geistes, da sie den beträchtlichen Werteaustausch in der Geschichte der frühen Zeremonialarchitektur in Britannien mit dem 2000 v. Chr. verschwundenen kulturellen Leben im Zeitraum von anderthalb Jahrtausenden dokumentieren.

Auf der Hauptinsel an der Nordostspitze Schottlands befinden sich die steinzeitlichen Stätten aus der Besiedlungszeit nach 3200 v. Chr., die die Jahrtausende überdauert haben: das Kammergrab Maes Howe, die Steinkreise Standing Stones of Stenness und der Ring of Brodgar sowie die Siedlungsreste von Skara Brae, die erst um 1850 während eines Sturms entdeckt und von Unwettern auch wieder teilweise zerstört wurden, und das 1984 von Colin Richards entdeckte Barnhouse. Skara Brae, das Ende der 1920er Jahre von Vere Gordon Childe (1892–1957) und danach wieder 1972/73 freigelegt wurde, gehört zu den besterhaltenen Dörfern im neolithischen Nordeuropa. Seine einheitliche Baugestalt lässt auf einen bewussten Bauwillen schließen. Eine beachtliche Bauleistung stellt auch die Kuppelkonstruktion (Höhe 7 m, Durchmesser 35 m) von Maes Howe dar, die von Strebepfeilern und einem Kragsteingewölbe unterstützt wird; in den Gängen befindet sich die größte europäische Runensammlung mit zahllosen Graffiti-Sprüchen. Der Ring of Brodgar, von dessen 60 Monolithen (Höhe 2–4,5 m) 36 erhalten sind, ist mit 103,6 m Durchmesser der drittgrößte Steinkreis Großbritanniens nach Avebury und Stanton Drew. 1151 raubten die Normannen auf dem Weg vom Heiligen Land nach Hause Maes Howe aus. Der Dichter Sir Walter Scott (1771–1832) besuchte die Orkneys 1814 und löste mit dem Inselroman *The Pirate* (1822) einen frühen Touristenboom aus.

Weitere prähistorische Welterbe-Monumente auf den britischen Inseln: Stonehenge (England, ernannt 1986), Bend of Boyne (Irland, 1993).

Memphis mit seiner Totenstadt, die Pyramidenfelder von Gizeh, Abusir und Sakkara bis Dahschur

Ägypten – ernannt 1979 / Zeitraum 2670–1780 v. Chr.
(4.–12. Dynastie)

Die Pyramiden von Gizeh sind das einzig erhaltene Monument der »Sieben Weltwunder«. Das Gesamtensemble enthält mit der Pyramide von Djoser den frühesten Monumentalbau aus Stein, die ältesten, in Stein geritzten Religionstexte und – südlich der Cheops-Pyramide – das älteste erhaltene Schiff: Die Beispiele zeigen ist eine der am höchsten entwickelten Zivilisationen.

Mit der Wahl von Memphis als Hauptstadt des neu begründeten Pharaonenreiches um 2900 v. Chr. begann auch der Wille zu machtvollen Staatssymbolen: Aus den herkömmlichen (vergänglichen) Lehmhügelgräbern entwickelten sich die dauerhaften Steinpyramiden, deren erster bekannter (und damals vergöttlichter) Architekt Imhotep hieß. Während der 3. Dynastie (2670–2600) errichtete er im Zentrum des 277 × 544 m großen Djoser-Bezirks (Totenstadt Saqqara) neben Hofanlagen und Gebäuden die sechsstufige Mastaba (123 × 107 m, Höhe 60 m). Als erste echte Pyramiden gelten in der Folgedynastie Snofrus die sogenannte Rote und die Knickpyramide von Dahschur (2590–2551; 230 × 230 bzw. 189 × 189 m, Höhe 104 m bzw. 105 m). Den Höhepunkt der Pyramidenarchitektur erlebte Ägypten zwischen 2500 und 2475 v. Chr. mit den Pyramiden von Gizeh, nach den Königen benannt: Cheops – für 4000 Jahre lang das höchste Gebäude der Welt (230 × 230 m, Höhe 146,6 m, 2,3 Mio Kalksteinquader: durchschnittlich je 2,5 t) –; Chefren (215 × 215 m, Höhe 143,5 m); Mykerinos (103 × 103 m, Höhe 66 m). In Chefrens Zeit fällt wohl auch die Kalksteinskulptur der Großen Sphinx, halb Löwe, halb Mensch (um 20 m hoch, um 73,5 m lang). Die später gebauten Pyramiden von Abusir stammen aus der 5. Dynastie (2475–2345 v. Chr.), in Dahschur wird bis in die 12. Dynastie (1994–1781 v. Chr.) gebaut. Die Präzision, mit der die Steinmassen bewegt und platziert werden konnten, ist bis heute ein Geheimnis.

Altstadt und Stadtmauer von Jerusalem
Israel – ernannt 1981 / Gründung 2. Jt. v. Chr.

Als heilige Stadt des Judentums (Opfer Abrahams), Christentums (Kreuzigung Jesu) und des Islam (Himmelfahrt Mohammeds) hatte Jerusalem von jeher eine große symbolische Bedeutung. Unter den 220 Monumenten in Jerusalem ragt der Dom des Tempelbergs hervor, der von allen Religionen als Heiligtum Abrahams angesehen wird. Die Klagemauer grenzt die verschiedenen religiösen Gemeinden voneinander ab.

Da Jerusalem, eine der ältesten Städte der Welt, politisch einen Sonderstatus in Israel einnimmt, stellte Jordanien (unter dessen Verwaltung die Altstadt 1948–67 stand) 1981 den Welterbe-Antrag an die UNESCO, die sich seit den 1960er Jahren für die ›Heilige Stadt‹ einsetzt. 1982 wurde Jerusalem allerdings wegen der unkalkulierbaren Touristenströme und der mangelnden Denkmalpflege auf die Rote Liste des bedrohten Welterbes gesetzt. Von den Stadtvierteln nimmt der muslimische Teil die größte Fläche ein, gefolgt vom christlichen und jüdischen Viertel, bis hin zum kleinsten armenischen Bereich. Die wichtigsten Gebäude innerhalb der gut erhaltenen, von Türken im 16. Jh. errichteten Stadtmauer sind im christlichen Teil die Grabeskirche (urspr. 4. Jh.) am Ende der Via Dolorosa (legendärer Schmerzensweg Jesu zum Kalvarienberg). Die griechisch-orthodoxe und die römisch-katholische Kirche teilen sich den Bau mit den äthiopischen, koptischen und syrischen Christen. Im muslimischen Teil dominiert – auf ungleichseitiger Esplanade (485 × 470 × 315 × 280 m) gelegen – der oktogonale, mit Tausenden Fayencekacheln verkleidete Felsendom (erbaut 685–691) mit seiner vergoldeten Kuppel (Höhe 31 m, Durchmesser 20 m; bis 1963 in grauer Bleiverkleidung) und die siebenschiffige Al-Aqsa-Moschee (gegründet 638). Das jüdische Viertel wurde einst bestimmt von der 1948 gesprengten Hurva-Synagoge (Bau ab 1700) und den vier Sephardischen Synagogen. Die 400 m lange Klagemauer erhebt sich als verbliebene Stützwand des von den Römern 70 n. Chr. zerstörten Herodes-Tempels.

Der Berg Taishan
China – ernannt 1987 / kultische Bedeutung
17. Jh. v. Chr. – Anfang 20. Jh. n. Chr.

Die auch als Weltnaturerbe anerkannte Kulturlandschaft am
Osthang des Taishan zeigt eine einzigartig künstlerische und
siedlungsgeschichtliche Leistung, nicht zuletzt durch den Modellcharakter einiger Monumente und den Einfluss einer Jahrtausende während Wallfahrt. Hier sind wertvolle Zeugnisse
der verlorenen kaiserlichen Zivilisation bewahrt; selbst welthi-
storische Ereignisse wie der Konfuzianismus gründen hier.

Der seit dem Neolithikum besiedelte Berg Taishan ist der
wichtigste der fünf heiligen Berge Chinas (Höhe 1545 m; Kul-
turzone etwa 25 000 ha), der von der Shang-Dynastie (17.–
11. Jh. v. Chr.) bis zur Qing-Dynastie (1644–1912) die Geschicke des kaiserlichen China mitbestimmt hat – der Gott von Taishan galt als Wächter über das Universum und Garant über die
Harmonie zwischen Himmel und Erde. Den symbolischen Ver-
bindungsweg dazwischen stellen die rund 6300 Treppenstufen
(Länge 9 km) dar, gesäumt von elf Toren, 14 Bogengängen und
über 800 Textstelen sowie vier Pavillons, zahlreiche Pagoden
und 2000 Jahre alte Zypressen. Die Verschmelzung von natürlichen Eindrücken und künstlerischen Monumenten – Schlüssel-
bauten sind die Tempel des Gottes von Taishan (um 1000) und
seiner Tochter Laomu – führt zu den erhabensten Bildern, die
die Erde zu bieten hat. Wurden die Bauformen mustergültig für
den Tempelbau des Reiches, so prägten die Landschaftsmaler
der Region (Song-Dynastie, 960–1127) bald die ganze Gattung
bis hin zu den europäischen Modeströmungen im 18. Jh. (Chi-
nesischer Garten). Die Fülle an buddhistischen, taoistischen,
konfuzianistischen und naturreligiösen Begegnungsmöglich-
keiten zogen Millionen Pilger an wie auch Philosophen und
Dichter, Künstler und Kaiser.

Weitere Welterbestätten mit der »Höchstwertung« aller
UNESCO-Kriterien: die Höhlen von Mogao (China, ernannt
1987); der Berg Athos (Griechenland, ernannt 1988).

45

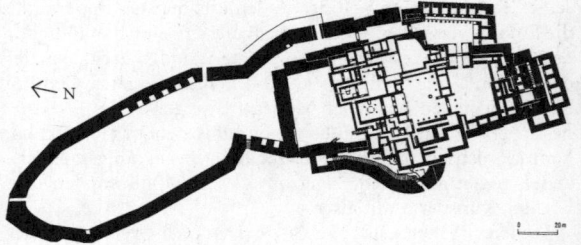

Löwentor von Mykene und Grundriss der Burg von Tiryns

Archäologische Stätten von Mykene und Tiryns
Griechenland – ernannt 1999 / Blütezeit 14.–13. Jh. v. Chr.

Die Tore, Mauern und Bauten von Mykene und Tiryns stehen
für eine Zivilisation, die auf ganz Griechenland, letztlich auch
auf das übrige Europa ausstrahlte. Die Mythologie und die griechische Sprache haben hier ihre Wurzeln, und die Mykener ent-
sprechen Homers Achaiern in den Epen *Ilias* und *Odyssee*.

Nach der Mythologie gründete der Zeus-Sohn Perseus die
Stadt Mykene im Süden von Korinth; historisch gesehen, entwickelte sich die mykenische Zivilisation seit etwa 1600 v. Chr. unter dem Einfluss der bronzezeitlichen, minoisch-kretischen und
ägyptischen Kulturen zur führenden vorklassischen Metropole
in Griechenland, zunächst geprägt durch Schachtgräber, dann
durch Kuppelgräber (ältere Phase, um 1500 v. Chr.). In dieser
Zeit entsteht auch südöstlich von Mykene die Akropolis von Tiryns. Die Blütezeit wurde ab 1420 in der jüngeren Phase der
Kuppelgräber eingeläutet und wird sichtbar mit dem Bau der
zyklopischen, 6–8 m starken Ringmauern (um 1350–1200;
30 000 m², die bis zu 3 m langen Steine sind ohne Mörtel bis zu
einer Höhe von 18 m zusammengefügt). Die Höhepunkte bilden das »Schatzhaus des Atreus« (eine von mindestens neun
Kuppelbauten, um 1300) und das sogenannte Löwentor (um
1250) von Mykene. Das Löwenrelief über einem riesigen Monolithen gehört zu den frühesten großplastischen Arbeiten in Europa. Unter den reichhaltig überlieferten Goldschmuckstücken
ragt die *Goldmaske des Agamemnon* hervor. Das Ende der myke-
nischen Kultur lässt sich etwa 1100 v. Chr. mit der Zerstörung
der Stadt ansetzen, die dennoch bis ins 5. Jh. bewohnt blieb; ab
dem 3. Jh. v. Chr. war Mykene eine verlassene Stadt. Die Oberstadt wurde erst 1876–85 von Heinrich Schliemann (1822–
1890) und – nach 1884 – Wilhelm Dörpfeld (1853–1940) untersucht und ausgegraben. Das Deutsche Archäologische Institut
ist seit den 1970er Jahren in Mykene und Tiryns tätig. 2007 erhielt Mykene ein archäologisches Museum, das Kopien der my-
kenischen Funde zeigt (die Originale sind in Athen).

Zentraler Hauptturm der Festung von Barumini,
umgeben von Hütten

Su Nuraxi von Barumini
Italien – ernannt 1997 / Entstehung um 1450 v. Chr.

Die einmaligen Nuraghe-Türme auf Sardinien, von denen Su Nuraxi das bedeutendste Beispiel ist, bilden ein Verteidigungsnetz über die ganze Insel. Mit dem Bau reagierte die Bevölkerung auf veränderte soziale und politische Lebensbedingungen, wobei sie die in der Inselgemeinschaft verfügbaren Rohstoffe und Techniken phantasievoll und innovativ nutzte.

In der Bronzezeit, an der Wende zur Kupferzeit, entstanden auf Sardinien über fast zwei Jahrtausende hinweg – zwischen dem 15. Jh. v. Chr. und dem 2. Jh. n. Chr. (mit einer Kernzeit zwischen 1500 und 500 v. Chr.) – rund 6500, oft dreigeschossige Turmbauten (Höhe max. 20 m), von denen Su Nuraxi (*nurra* ›Haufen‹), um 1460 v. Chr. in der Inselmitte nahe des Örtchens Barumini erbaut, am besten erhalten ist. Nach der zufälligen Entdeckung in einem vom Regen ausgespülten Hügel begann man 1949 mit der wissenschaftlichen Untersuchung und der Ausgrabung unter Leitung von Giovanni Lilliu (geb. 1914). Die multifunktionalen Festungstürme dienten insbesondere der Verteidigung, aber auch eine kultische Bedeutung wird nicht ausgeschlossen. Sie standen häufig im Ensembleverbund (auf einer Fläche von bis zu 1000 m²) zusammen – zu Su Nuraxi gehörten zwölf Türme innerhalb einer Doppelmauer, unter deren relativem Schutz sich eine Dorfgemeinschaft mit rund 50 Hütten bildete. Der zentrale Turm misst heute noch 15 m (ursprünglich wohl 19 m hoch, Durchmesser unten 10 m); er weist im düsteren Inneren zwei Nischen auf, während die meisten Türme durchschnittlich dreinischig sind. Für diese prähistorischen, mykenisch beeinflussten Nuraghen stapelten die Sarden tonnenschwere Granit- und Basaltblöcke ohne Mörtel zu sich konisch verjüngenden Monumenten auf. Um 600 v. Chr. verdrängten die Punier die Nuraghen-Kultur.

Welterbestätten der Bronzezeit: u. a. Felsritzungen in Tanum (Schweden, ernannt 1994); Troia (Türkei, 1998); Tiryns (Griechenland, 1999); Sammallahdenmäki (Finnland, 1999).

Der Trajan-Kiosk von Philae

Die nubischen Monumente von Abu Simbel bis Philae
Ägypten – ernannt 1979 / Bauphasen 1290–300 v. Chr.

Das heutige Open-Air-Museum von Nubien und Assuan gehört zu den Höhepunkten des menschlichen Schaffens, das hier in kaum unterbrochener Folge von 15. Jh. v. Chr. bis ins 2. Jh. n. Chr. Spuren hinterließ und ein Licht auf die Geschichte der ägyptischen Pharaonen, der Ptolemäer und Römer wirft.

Über die Jahrhunderte hat der Wüstensand die rund 20 Tempel und 14 Festungsanlagen bewahrt, die ausgerechnet vom Wasser beinahe zerstört worden wären: Zu ihnen zählt der aus dem massiven Fels geschlagene Große Tempel von Abu Simbel (Pfeilerhalle 16,4 × 17,7 m; Tiefe 60 m;), dessen Fassade (Höhe 33 m, Breite 35 m) vier monumentale, über 20 m hohe Darstellungen des sitzenden Pharaos Ramses II. zieren; in geringem Abstand befindet sich ein kleinerer, in den Fels gehauener Tempel für Ramses' Hauptfrau Nefertari. Durch die Ostwestausrichtung beleuchtet die Sonne im Februar und Oktober die Innenrückwand des Großen Tempels. Bedeutend sind auch auf Philae das Große Heiligtum der Isis mit 93 m langem Säulengang sowie der sogenannte Kiosk des römischen Kaisers Trajan, ein ägyptisierender Pavillon. Der 1290–1224 skulptural geschaffene Abu-Simbel-Tempel wurde 1813 von Johann Ludwig Burckhardt (1784–1817) entdeckt und vier Jahre später aus dem Sand freigelegt. Nachdem bereits der 1898–1902 gebaute Assuan-Staudamm (erhöht 1907–12, 1929–34 auf eine Länge von 510 km bei einer Breite von 5–35 km) die Tempelanlagen auf der Nilinsel Philae überflutet hatte und der Nasser-Stausee (1960–71) auch Abu Simbel bedrohte, begann man 1964, den Großen Tempel zu zerlegen und innerhalb von vier Jahren an erhöhter Stelle mit einer Stützkonstruktion aus Stahlbeton wiederaufzubauen. Bis 1980 wurden Notgrabungen vorgenommen und auch der Tempel von Philae verlegt: Der trockengelegte Isis-Tempel und der Trajan-Pavillon wurden mit Nebengebäuden auf die nahegelegene Insel Agilika transloziert, Teile gingen an Museen in Leiden, Madrid, New York.

Heiliger Berg Gebel Barkal in der Napata-Region
Sudan – ernannt 2003 / Zeitraum 900 v. Chr. – 350 n. Chr.

Die aus dem Fels gehauenen Begräbnisstätten und Tempel sowie die Pyramiden und Grabkapellen sind ein hervorragendes Architekturensemble, das den Sinn eines Traditionsbewusstseins und der Ortskultur verrät. Der Amun-Tempel von Gebel Barkal ist das Zentrum einer einst fast universalen, dem altägyptischen Denken verpflichteten Religion und stellt ein großartiges Zeugnis der nordsudanesischen Napata- bzw. Meroë- sowie der nordostafrikanischen, kuschitischen Nomadenkultur dar.

Der natürliche Hügel Gebel Barkal (300 × 250 m, Höhe rund 100 m) nimmt eine spezielle Rolle im religiösen Leben der Region ein und wird deshalb als Kulturerbe eingestuft. Die noch nicht ganz erschlossenen archäologischen Stätten erstrecken sich über eine Länge von 60 km im Niltal. Sie gehören der älteren Napata-Kultur (900–270 v. Chr.) und der Meroë-Kultur (270 v. Chr. – 350 n. Chr.) an und umfassen Gräber, Pyramiden und Paläste. Der größte der neun Tempel (46 × 160 m) ist Amun gewidmet und wie die anderen ausgeschmückt und mit Hieroglyphen-Inschriften versehen. Im Gegensatz zu den steinernen Tempeln waren die Paläste meist aus Backstein errichtet. Die Pyramiden waren nicht nur kleiner als ihre ägyptischen Nachbarn (max. Höhe 30 m), sie hatten auch verschiedene Funktionen: Anstatt eine Grabkammer zu umschließen wie ein Gefäß, überbauten die Napata-Architekten hier unterirdische Grabanlagen mit pyramidalen Monumenten, vor denen Opfertempel standen. Erste Ausgrabungen führte Karl Richard Lepsius (1810–1884) 1842–45 durch; der für den Sudan wichtigste Archäologe war George Andrew Reisner (1867–1942).

Welterbe in Staaten der Sahelzone: Insel Gorée, Insel Saint-Louis, Steinkreise von Senegambia (Senegal); Karawanenstädte in Mauretanien; Altstadt von Djenné, Kulturstätten der Dogon, Timbuktu (Mali); Ruinen von Loropéni (Burkina Faso); Felsenkirchen von Lalibela, Festungsstadt Fasil Ghebbi, Ruinen von Aksum, Stelen von Tiya (Äthiopien).

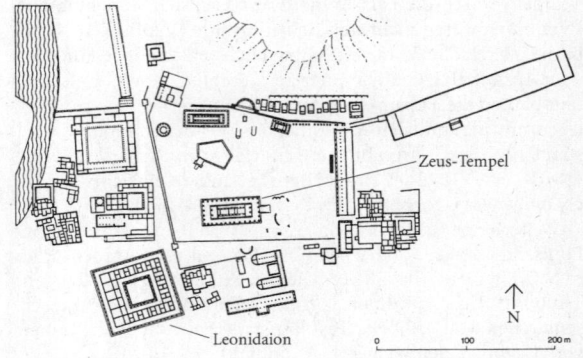

Zeus-Tempel

Leonidaion

0   100   200 m

N

Ruine des Leonidaions (oben), Grundriss des Grabungsfeldes

Ruinenfelder von Olympia
Griechenland – ernannt 1988 / Blütezeit 8. Jh. v. Chr.

Olympia zeigte die größte Dichte an antiken Monumenten in Griechenland, die einen enormen Einfluss auf die Architektur des Landes ausübten. Das panhellenische, religiös, politisch und sozial bedeutsame Heiligtum des Ortes, der für den Beginn der Zeusverehrung steht, bestimmte das Leben auf der Peloponnes, wo im Vierjahresrhythmus 776 v. Chr. – 393 n. Chr. die Olympischen Spiele abgehalten wurden, auf die sich noch heute die gleichnamige, völkerübergreifende Sportveranstaltung bezieht.

Die wichtigsten der rund 70 erhaltenen Bauten sind der aus Muschelkalk gefertigte frühklassische Zeus-Tempel des Baumeisters Libon (457 v. Chr.; Höhe 20 m, 64 × 28 m), der langgezogene frühdorische Hera-Tempel (um 600 v. Chr.) und der »Tempel der Mutter« (Metroon; 6 × 11 dorische Säulen) sowie Sportstätten wie das Gymnasion (Platzgröße: 220 × 120 m). Bedeutend sind auch die Werkstatt des Bildhauers Phidias (um 500 – 432), die später zur byzantinischen Kirche umgebaut wurde, und ein von Leonidas erbautes Gästehaus (4. Jh. v. Chr.) für 150 Menschen. Unter römischer Herrschaft entstanden Thermen sowie eine Villa für Nero (67 n. Chr.). Phidias' kolossales Kultbild des sitzenden Zeus (Höhe 12 m, Sockel 7 × 10 m; eines der Sieben Weltwunder) basierte auf einem Eisen-Gips-Holz-Gerüst und war mit Gold und Elfenbein sowie mit Glas, Edelsteinen und Ebenholz ummantelt bzw. ausgeschmückt. Die Statue wurde 420 nach Konstantinopel verschleppt und dort rund 50 Jahre später zerstört. Ab 1875 fanden erste Ausgrabungen zu den Ruinen Olympias statt. In der Folge erwachte auch das Interesse an der Wiederbelebung der Olympischen Spiele, die erstmals 1896 – ohne Ortsbindung – in Athen (danach auch außerhalb Griechenlands) stattfanden. Das olympische Feuer wird seit den Berliner Spielen 1936 in Olympia entzündet und in einem Fackellauf zum Austragungsort getragen.

Weitere griechische Kultzentren im Welterbe: Athen, Akropolis (ernannt 1987), Delphi (1987), Delos (1990).

Delphi
Griechenland – ernannt 1987 / Blütezeit 8.–5. Jh. v. Chr.

Die Anlage von Delphi, wo die Religion der Griechen ihren legendären Ursprung nahm, übte als panhellenisches Heiligtum großen Einfluss auf die antike Welt aus. Der Omphalos-Stein im Apollo-Tempel, ein kultischer Kreuzungspunkt von Unterwelt und Himmel, wurde als der »Nabel der Welt« angesehen.

Apollo wurde in Delphi bereits im 8. Jh. verehrt. Der Tempel, der ihm 548 v. Chr. errichtet wurde, fiel 373 v. Chr. einem Erdbeben zum Opfer – Alexander d. Gr. ließ ihn 330 v. Chr. wieder aufbauen. In Apollos Gefolge fixierten die Griechen das stets vieldeutige Orakel von Delphi: Die Pythia (in Gestalt einer Schlange oder eines Drachens), Wächterin über das Zentrum der Welt, wurde am 7. März jedes Jahres – an Apollos Geburtstag – angerufen, um die Geschicke des Staates zu bestimmen. Die Macht des Orakels lässt sich daran ablesen, dass nicht nur vier »Heilige Kriege« um das Heiligtum geführt wurden (600–590, 448, 355–346, 339/338 v. Chr.), sondern dass die panhellenische Idee hier ihre Wurzeln hat, wie auch die Kolonisierungspolitik (Sizilien, Byzanz, Nordafrika) unter dem Einfluss von Delphi stand. Als Zeichen der Toleranz standen, mehr oder weniger einträchtig, die Kultbauten einstiger Feinde beieinander, wie das Lysander-Denkmal der Spartaner und der griechische Tempel zu Ehren des Siegs in Marathon. Die Pythischen Spiele, die Musik, Literatur und Theater, später auch Sport umfassten, wurden hier seit 582 v. Chr. alle vier Jahre – bei einer mehrmonatigen Friedenspflicht – abgehalten. Die Römer, die 191 v. Chr. das Heiligtum erobert hatten, griffen die Tradition auf, bis Kaiser Theodosius I. (347–395) die Spiele samt den Kulthandlungen 394 n. Chr. verbot. Die Kultstätte wurde vergessen und erst 1893 wiederentdeckt. 1903–06 bzw. 1938–41 wurden das Schatzhaus der Athener und der Apollon-Tempel (weitgehend) rekonstruiert. Moderne Jugend-Delphiaden und sogenannte Delphische Spiele, die Künste, Medien und Handwerk umfassen, gibt es seit 1997 (u. a. in Tiflis, Moskau, Düsseldorf).

Ruinen von Karthago

Tunesien – ernannt 1979 / Blütezeit 6. Jh. v. Chr. (punisch)

Karthago steht für die einst mächtige, einflussreiche punische sowie die darauf folgende römische Kultur in christlicher Zeit, die in den Ruinenfeldern dokumentiert sind.

Im 9. Jh. v. Chr. wurde die Stadt Karthago gegründet, der Legende nach durch die phönikische Königstocher Elissa; auf dem Hügel Byrsa errichtete man den Göttern Tanit (Fruchtbarkeits-/Mondgöttin, Schutzgöttin Karthagos) und Eshmun (ursprünglich phönikische Heil-, Fruchtbarkeitsgott) einen Tempel, an dessen Stelle 1883–90 die Kathedrale St-Louis (das heutige Kulturzentrum ›Acropolium‹) in byzantinisch-maurischem Stil gebaut wurde. Von hier aus entfalteten die Punier bis ins 6. Jh. v. Chr. ihren Einflussbereich über den ganzen Mittelmeerraum – wovon der Seehafen zeugt – und gründeten Kolonien in Nordafrika (Marokko), auf der Iberischen Halbinsel und auf Sizilien. Konnte Karthago sein Reich noch einige Zeit mit Friedensverträgen und der größten Flotte der damaligen Welt gegenüber Rom sichern, brachen die drei Punischen Kriege (264–241, 218–201, 149–146 v. Chr.) seine Macht. Die letzten Erfolge gegen die Römer verzeichnete der karthagische Feldherr Hannibal (um 247–183) 218/216 v. Chr. In christlicher Zeit wurde Karthago Hauptstadt der römischen Provinz Afrika, im 3. Jh. Bischofssitz (mit seinem berühmtesten Gelehrter: Augustinus, 374–383). Zerstörungen erfuhr Karthago durch die Römer (146 v. Chr.), die Vandalen (429 n. Chr.) und die Araber (698 n. Chr.). Die endgültige Vernichtung der antiken Stätte drohte nach 1945 durch Überbauung, die die UNESCO erst 1975 stoppen konnte. Das Weltkulturerbe umfasst punische Grabfelder, römische Theater, Villen, Zisternen und Thermen (z. B. des Kaisers Antonius Pius: $18\,000\,m^2$) mit zahlreichen Mosaiken sowie zwei christliche Basiliken. 1921 wurde die Opferstätte Tophet in Salambo (nahe des Byrsa-Hügels) entdeckt, dessen Baal-Kult Gustave Flaubert in *Salammbô* (1862) verklärend beschrieben hat.

Blick auf den Burgberg mit dem Parthenon

Akropolis von Athen

Griechenland – ernannt 1987 / Blütezeit 5. Jh. und v. Chr.

Die Akropolis vereint die bedeutendsten Tempel Griechenlands, die bis in die Gegenwart immer wieder zitiert wurden. Als mythisches und kultisches Zentrum wuchs die Akropolis über ein Jahrtausend an und bewahrte die Erinnerung an Platon, Aristoteles, Demosthenes, den hl. Paulus u. a.

Seit dem 7. Jh. wurde der »Heilige Felsen« von Athen (3 ha) und damit die Namenspatronin der Stadt, Athena, verehrt. Nachdem der Kultort im Gefolge der Perserkriege zerstört wurde, bot sich eine Neugestaltung an, die so berühmte Bauten hervorbrachte wie den formvollendeten dorischen Parthenon (von Iktinos und Kallikrates, 447–438; Skulpturenschmuck 432), die Propyläen als repräsentativen Torbau (437–432) sowie das ionische Erechtheion mit der Korenhalle und den Niketempel (beide 431–406). Die Stätte ist verbunden mit den Namen des Staatsmannes Perikles (490–429), der die attische Demokratie mitbegründete, sowie des leitenden Bildhauers Phidias (um 500–430), der mit der 438 geweihten, nicht erhaltenen *Athena Parthenos* aus Gold und Elfenbein eines der größten Bildwerke der Welt (Höhe 11,5 m, Goldanteil etwa 1000 kg) geschaffen hat. In der Umwandlung späterer Jahrhunderte lag die Chance, die Grundsubstanz des Architekturensembles zu bewahren: zwischen 395 und 1205 dienten die Tempel als christliche Kirchen, während der türkischen Besetzung 1456–1831 wurde der Parthenon zur Moschee und als Munitionsdepot zweckentfremdet (1687 verwüstete eine Explosion den Tempel), das Erechtheion verwandelte sich gar in ein Serail. Nach ersten Ausgrabungen 1837 – die Giebelfiguren von Phidias' Parthenonfries (Länge 163 m) hatte Lord Elgin bereits um 1800 eigenmächtig nach London gebracht – folgten ab 1885 bis in die Gegenwart gründliche archäologische Studien. 2009 wurde das Neue Akropolismuseum (Bernard Tschumi, Michalis Fotiadis) eröffnet, das alle verfügbaren Funde des Burgbergs präsentiert und vehement um die Rückkehr der ›Elgin-Marbles‹ kämpft.

Persepolis
Iran – ernannt 1979 / Gründung 518 v. Chr.

Die Treppenterrasse von Persepolis mit ihren Friesen ist eine der bedeutendsten Ruinenstätten und gilt noch immer als grandiose Architektur des Achämeniden-Reiches.

Der altpersische Großkönig Dareios I. (reg. 522–485) ließ Persepolis 518 v. Chr. als Zentrum des ersten hochentwickelten Weltreiches errichten, ein Gesamtkunstwerk, dessen Reliefs in den Mauern die Geschichte von rund 30 Völkern erzählen. Die Bauleute holte Dareios aus vielen Ländern, Ausdruck seines Glaubens an ein multikulturelles Miteinander. Den erhaltenen Ruinen nach war der Baukomplex über einer teils natürlichen, teils künstlichen Terrasse von 15 ha Größe (330×530 m) eine Präzisionsarbeit, denn die Steinblöcke fügten sich exakt aneinander. Der Privatpalast des Königs kulminiert im übergroßen Thronsaal (»Hundert-Säulen-Saal« mit 36 Säulen à 20 m: 110×110 m); die Vollendung dieser Audienzhalle mit üppig reliefierten Treppenaufgängen (s. Abb.) erlebte Dareios nicht mehr. Das Schatzhaus enthielt kostbare Möbel, Stoffe sowie Elfenbein, Silber und Gold aus Ägypten, Indien, Nubien u. a. Unter seinem Sohn Xerxes I. (reg. 485–465 v. Chr.) verlor die Achämeniden-Dynastie ihre Macht, und mit der Schlacht bei Issos (333 v. Chr.) begann die Eroberung des Reiches durch Alexander den Großen: Persepolis wurde von dessen Soldateska gebrandschatzt, wodurch aber auch die beschriebenen 30 000 Tontafeln mit wichtigen Zeitdokumenten bis hin zu Lohntabellen, Rechnungen usw. hitzeversiegelt und für die Nachwelt bewahrt wurden. Die Anlage selbst verkam zum Steinbruch. Ausgrabungen in jüngerer Zeit fanden erstmals ab 1931 durch James H. Breasted (1865–1935) und Ernst Herzfeld (1879–1948) statt; der Schah Reza Pahlevi (1919–80) förderte 1971 die Renovierung der Ruinen. Unweit von Persepolis liegt die erste Hauptstadt des alten Persiens, die Residenz Pasargadae (Welterbe, ernannt 2004), wo der Gründer des Achämenidenreichs Kyros II. (um 590/80–529 v. Chr.) begraben liegt.

Vatikanstadt (Zentrum), im Vordergrund
Hadrians Engelsburg

Historisches Zentrum von Rom / Vatikanstadt
Italien/Vatikan – ernannt 1980, erw. 1990; 1984 /
Blütezeiten seit etwa 500 v. Chr.

Rom war das Zentrum der Römischen Republik, des Römischen Reiches, schließlich Hauptstadt Italiens und im Fall der Enklave des Vatikans Mittelpunkt des Christentums. Obwohl aufs Engste verbunden, werden die (im Wesentlichen antik geprägte und um die Patriarchalbasilika S. Paulo ergänzte) römische Altstadt und der selbständige Vatikanstaat innerhalb dieser Stadt getrennt als Weltkulturerbestätten gelistet.

Zweieinhalbtausend Jahre Geschichte umgeben den Besucher Roms, wenn man nicht die symbolhafte Gründung im Jahr 753 v. Chr. als Basis nimmt, sondern den Beginn der Römischen Republik 510 v. Chr., zwei Jahrtausende sind es noch, wenn man die Kaiserzeit (27. v. Chr. – 14 n. Chr.) zugrunde legt. Stellvertretend für unzählige Monumente innerhalb der 271 n. Chr. erbauten Aurelianischen Mauer seien genannt das Forum Romanum, das Augustus-Mausoleum und das Kolosseum (72–80), in dem sich die antike und christliche Geschichte drastisch begegnen (Verfolgung der Christen bis zum Verbot der Gladiatorenkämpfe im 5. Jh.; 1769 Märtyrerstätte), dann das Pantheon und die Trajansäule sowie die Kirchen (S. Giovanni in Laterano, Basilika S. Paulo fuori le Mura) und Paläste (Palazzo della Cancelleria). Der Vatikan, mit der Basilika von Alt-St. Peter (über dem Grab Petri) seit dem frühen 4. Jh. Mittelpunkt der Christenheit, vom 14. Jh. an päpstlicher Amtssitz und zwischen 1815 und 1870 sogar hoheitlich über Rom gestellt (erst 1871 wird Rom Hauptstadt Italiens), umfasst auf einer Fläche von 0,44 km² den 1626 geweihten Petersdom (1506–1650) und die Sixtinische Kapelle, den päpstlichen Palast – einschließlich der Bauten in Castel Gandolfo – sowie die Vatikanischen Kunstsammlungen, Bibliotheken und Archive. Die wichtigsten Künstler, die der Vatikanstadt ihr Gesicht gaben, waren Donato Bramante (1443–1514), Michelangelo Buonarroti (1475–1564), Raffael (1483–1520) und Gian Lorenzo Bernini (1598–1680).

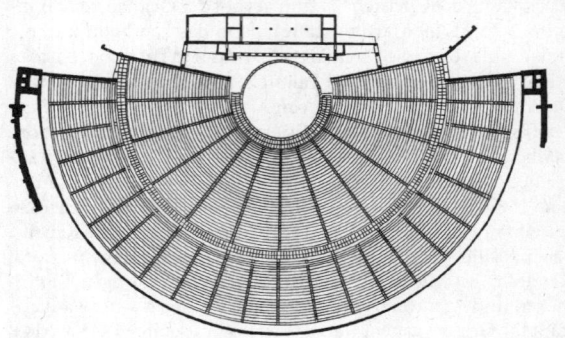

Das Theater von Epidauros

Das Heiligtum des Asklepios, Epidauros
Griechenland – ernannt 1988 / Blütezeit: 4. Jh. v. Chr.

Das Theater von Epidauros zeichnet sich aus durch perfekte Lage, Proportion und Akustik. Es wirkte wie das Heiligtum des Asklepios, dem kultischen Ursprungsort der modernen Medizin, bis in die römische Zeit. Gemeinsam mit den anderen Bauten bildet die Monumentengruppe eines der größten medizinischen, sportlichen und kulturellen Zentren des Hellenismus.

Im 6. Jh. v. Chr. wurde in Epidauros ein Apollon-Heiligtum eingerichtet, das sich zum Heilzentrum zu Ehren des Heilgottes Asklepios und zur Pilgerstätte für heilsuchende Kranke entwickelte, dem die panhellenischen Spiele (Asklepieia) vor Ort nachstanden. Der einzige gut erhaltene Bau, das Theater für rund 6000 Zuschauer (nach Erweiterung um 170 v. Chr. fasste es 12 000 Menschen), das im 3. Jh. v. Chr. gebaut wurde, diente wie die Bäder, Hospitäler oder die Sportstätten dem Gesamtheitsanspruch der Therapie (Sport und Spiel, Ernährung, Heilpflanzenkunde, Chirurgie). Mit dem zweigeschossigen Katagogeion (Gästehaus der Patienten) und dem unzugänglichen Abaton hatten diese Bauten, darunter Gymnasium, Palästra und ein Stadion (196 × 23 m), sowie die Tempel mit dem herausragenden dorischen Asklepios-Tempel (420 v. Chr., 23 × 11 m), eine Ausdehnung in der Größe von Delphi. Von den Zerstörungen und Plünderungen waren die durch die Römer (85 v. Chr.) und durch die Goten (287 n. Chr.) am verheerendsten, die jeweils einsetzenden Wiederaufbaumaßnahmen fanden 426 ihr Ende mit der Schließung der Stätte durch Theodosius II. (reg. 401–450); sein Namensvorgänger Theodosius I. hatte bereits Ende des 4. Jh. die heidnischen Kulte verboten. Nach Grabungen 1881–89 und 1948–51 etablierte sich ab 1955 ein Theaterfestival in Epidauros. Seit 2002 werden Teile der Ruinenanlage (Tholos) rekonstruiert.

Wettkampfstätten im Welterbe: Olympia (ernannt 1988) mit den Olympischen Spielen, 776 v. Chr. – 393 n. Chr.; Delphi (1987) mit den Pythischen Spielen, 582 v. Chr. – 394 n. Chr.

Ruinenstätte Petra

Jordanien – ernannt 1985 / Blütezeit 3. Jh. v. Chr. – 106 n. Chr.

Die nabatäische Karawanenstadt Petra liegt als Kreuzungspunkt arabischer, ägyptischer und syrisch-phönizischer Han-
delsstraßen in einer Felsenregion zwischen dem Roten und dem
Toten Meer. Spektakulär und einzigartig ist die halb erbaute,
halb aus dem Stein geschlagene Architektur, die die östliche
Bautradition mit dem hellenistischen Stil verband.

Unter den Königen Aretas I., II., III. und IV. (um 169 v. Chr.
– 106 n. Chr.) dehnte sich der Wirkungsradius von Petra (arab.
al-Bitrā), das durch Gewürz-, Weihrauch- und Silberhandel
reich geworden war, bis nach Damaskus aus: Man schätzt die
Einwohnerzahl nach der Zeitenwende auf bis zu 40 000. In den
Folgejahrhunderten verlor die Stätte an Bedeutung und geriet
nach dem 4. Jh. n. Chr. in Vergessenheit, bis der Forschungsrei-
sende Jean-Louis Burckhardt (1784–1817) sie wieder ins europäische Bewusstsein brachte. Erhalten hat sich im Wesentlichen
der 23 m hohe Haupttempel Qasr el-Bint. Allerdings haben die
Ausgrabungen (während mehrerer Grabungskampagnen seit
1929, u. a. 1993–2002) Hunderte andere Baudenkmale zu Tage
gefördert; erschlossen ist schätzungsweise erst ein Prozent von
Petra. Wichtige Bauten, die aus dem eisenhaltigen, rötlichen
Sandstein gehauen wurden, sind u. a. das zweigeschossige sog.
Schatzhaus (»Khazne«, s. Abb.; etwa 1. Jh. v. Chr.; Höhe 40 m,
Breite 25 m), der skulptural vollkommen bearbeitete Ed-Deir-
Bau (1. Jh. n. Chr.; Höhe 48 m, Breite 28 m) mit seinem schlich-
ten Innenraum sowie das für rund 6000 Personen errichtete rö-
mische Theater (1. Jh.). Markante Zeichen der Gräber- und
Kultregion sind die etwa 9 m hohen Urnentürme auf der Mit-
telachse der Khazne- und Ed-Deir-Fassade.

In einer 2007 inszenierten inoffiziellen Neuauflage der »Sieben Weltwunder« wurden neben Petra auch folgende Welterbestätten gekürt: Chichén Itzá (Mexiko, ernannt 1988), Machu
Picchu (Peru, 1983), Taj Mahal (Indien, 1983) und das Kolosseum (Rom, 1980) gewählt.

Der ›Große Stupa‹

Buddhistisches Heiligtum bei Sanchi

Indien – ernannt 1989 / Entwicklung
3. Jh. v. Chr. – 12. Jh. n. Chr.

Die Stupas, Tempel und Klöster von Sanchi, die bei der Verbreitung der Kulturen verschiedener indischer Dynastien Einfluss nahmen, gehören zu den ältesten noch bestehenden, schönsten und wichtigsten buddhistischen Monumenten in Indien – an erster Stelle Stupa I wegen seiner perfekten Proportionen und des reichen plastischen Schmucks, zumal er mit Stupa III bautypisch herausragt.

Seinen Ursprung hat der heilige Bezirk nahe des Ortes Sanchi in der monolithischen Säule von Ashoka (nach dem gleichnamigen König, um 273–236 v. Chr.; Höhe 12 m) und im sog. »Großen Stupa« aus Ziegeln (Stupa I, Höhe 16,5 m, Durchmesser 36,6 m; 2./1. Jh. v. Chr.), dessen hölzerner Rundgang (*mehdi*) zwischen 200 v. Chr. und 200 n. Chr. vier prächtige Tore mit seinerzeit konkurrenzlos hochwertigen Reliefdarstellungen zum spirituellen Leben Buddhas erhielt. Dieser idealtypische halbovale Reliquienschrein (*anda*) hat keine Fenster, einen kubischen Überbau (*harmika*) und steht symbolisch wie alle Stupas als steinerner »Richtungsweiser« des Glaubens bzw. als heiliger Baum des Lebens. Unter Kaiser Ashoka (Maurya-Dynastie, um 300–231 v. Chr.), der mit dem Buddhismus einen friedfertigeren Staat herbeiführen wollte, sollen über 80 000 davon errichtet worden sein. Die nennenswertesten Tempel tragen die Nummern 17 (5. Jh.), 18 (um 650), 45 (10./11. Jh.). Mit dem Einzug des Islam in Indien im 13. Jh. und der Verbreitung des Hinduismus geriet der ohnehin ins Abseits geratene Buddhismus ins Aus und Sanchi in Vergessenheit. Nachdem die verwitterte Anlage mit rund 50 Monumenten 1818 von dem britischen Kolonialoffizier Taylor wiederentdeckt worden war, hob Alexander Cunningham (1814–1893) 1853 in Stupa III die Reliquien zweier Meisterschüler von Buddha, Shariputra und Maha Moggallana, die selbst nie die Stätte besucht hatten. Frühe Restaurierungen der Stupas fanden 1881 und 1912–19 statt.

Chinesische Mauer
China – ernannt 1987 / Bauzeit 220 v. Chr. – 1644 n. Chr.

Die »Große Mauer« wurde ausgezeichnet als singuläres Beispiel der Militärarchitektur von prägender und symbolischer Tragweite für das alte China – ein Meisterwerk der Konstruktion für einen perfekten Schutz an der Nordgrenze des Reiches.

Das mit rund 6700 km Länge (Luftlinie 2450 km) größte und einzige Bauwerk, dessen Schatten man von außerhalb der Stratosphäre mit bloßem Auge sehen kann, baut auf kürzere Schutzwälle aus dem 5.–3. Jahrhundert v. Chr. gegen Feinde im Norden auf, die der erste Kaiser Chin Shi Huangdi ab 220 v. Chr. miteinander verbinden ließ. Erhalten sind Teilstücke erst ab der Yuan-Dynastie wie die von Buddhisten erbaute »Wolkenterrasse« (1345). Bis heute ranken sich Legenden um das Bauwerk wie die volkstümliche Erzählung über Meng Jiang-nu, deren Tränen über den Tod ihres Geliebten einen Mauerabschnitt zum Einsturz brachten, sowie Gedichte des Du-Fu (712–770) u. a. Bis zur Ming-Dynastie im 17. Jh. wuchs die von Fronarbeitern, Soldaten und Bauern errichtete Mauer zwischen dem Gelben Meer und der Wüste Gobi zur mächtigsten Verteidigungsanlage der Welt, die Truppenbewegungen in unwegsamen Gebirgsregionen ermöglichten: Fundamentbreite 6 m, Mauerkrone 4,5 m, Höhe 6–16 m, etwa 25 000 zweistöckige Wehr- bzw. Wachtürmen (Höhe 9–12 m), von denen über Feuer- und Rauchsignale Nachrichten (etwa von drohenden Invasionen) rasch weitergegeben werden konnten. Die Endpunkte wurden markiert von einem »Ersten Tor unter dem Himmel« im Osten (Shanhaiguan) und dem »Letzten Tor unter dem Himmel« im Nordosten (Jiayuguan). Gebaut wurde die seit 1961 denkmalgeschützte Mauer aus Stein und Ziegel sowie v. a. im Süden und Westen mit gestampfter Erde (Löss), Holz und Zweigen. Teilrestaurierungen gab es 1957 und wieder ab 1985. Insgesamt verfügte das alte China über Schutzwälle von 50 000 km Länge.

Schutzwälle im Welterbe: Hadrianswall (Großbritannien, ernannt 1987), erweitert um den Limes (Deutschland, 2005).

Grab und Terrakottaarmee des ersten Kaisers von China
China – ernannt 1987 / Entstehung um 220–210 v. Chr.

Die Terrakottaarmee ist in technisch-künstlerischer Hinsicht ein Hauptwerk der realistischen chinesischen Plastik, das aufgrund seines Realismus ein Stück Militärgeschichte dokumentiert. Das Mausoleum, symbolischer Ausdruck des ersten Reiches, spiegelt im Kleinen die Stadt Xianyang wider.

1974 entdeckten Archäologen die Grabanlage des ersten Kaisers von China Chin Shi Huangdi (259–210) und gruben in den folgenden zwei Jahren unter einem Hügel von ursprünglich 115 m Höhe (heute noch rund 50 m) einen Teil des größten Herrschergrabs (Tumulus 345 × 350 m; Gesamtfläche 2,5 km²) aus, das jemals gefunden wurde. Aus Furcht vor dem Tod ließ der tyrannische Kaiser schon zu Lebzeiten von über 8000 Soldaten und Offizieren aus Ton samt schätzungsweise 100 Bronzestreitwagen und 600 lebensgroßen Pferden eine mehrfach ummauerte, palastartige Geisterstadt bewachen. Unter einem aufgemalten Sternenhimmel an der Decke waren – wie der Historiker Sima Qian (um 145–90) berichtet – das vom Kaiser begründete »Reich der Mitte« und mittels Quecksilberströmen der Fluss Jangtse und der Gelbe Fluss symbolisch nachgebildet. Die erst teilweise freigelegten Tonfiguren in Schlachtordnung (parallel verlaufende Grabenreihen mit je 230 m Länge), gegliedert in Vorhut, Hauptarmee und Nachhut, waren bemalt und hatten Normmaße (Höhe 1,75–1,9 m) – ein frühes Beispiel der ›Fließbandproduktion‹ mit Gussformen –, zeigten aber eine individuelle Mimik und stammestypische Merkmale, beispielsweise in der differenzierten Haartracht. Ihre Waffen, die wie die Holzwagen und das Pferdegeschirr »echt« waren, wurden von Grabräubern gestohlen, die tönerne Truppe ging während der Raubzüge zu Bruch, als die Gänge verschüttet wurden. Von den beteiligten Bildhauern, die neben Zwangsarbeitern tätig waren, konnten bisher über 80 namentlich nachgewiesen werden. 2006 mischte sich der deutsche Aktionskünstler Pablo Wendel (geb. 1980) verkleidet unter die Armee.

Felsentempel von Ajanta
Indien – ernannt 1983 / Entstehung
2. Jh. v. Chr. – 6. Jh. n. Chr.

Ajanta gehört mit den frühesten Höhlenmonumenten des Buddhismus zu den künstlerischen Höchstleistungen, die wesentlichen Einfluss auf die Kunst Indiens und des Auslands, insbesondere Indonesien hatten, und die in direkter Verbindung zur Geschichte der Lehren Buddhas stehen.

Ab dem 2. Jh. v. Chr. bewohnten Buddhisten das Flusstal nahe der Stadt Ajanta und trieben mindestens 29 (bekannte), im Grundriss halbrunde Höhlentempel bzw. Klöster in den Fels, deren detailgetreue Wandmalereien und Plastiken die Kunst über Jahrhunderte beeinflussten. Die Mönche mussten für jede Höhle (max. Breite 30 m, Tiefe 15 m, Höhe 4 m) eine Generation lang beschäftigt sein; Aufschlüsse über einzelne Bauphasen geben die unvollendeten Tempel. In einer kurzen zweiten Phase während der Gupta-Dynastie ergruben die Mönche weitere Höhlen im 5. Jh. n. Chr. Mit dem Verlust ihrer Bedeutung in Indien im 5./6. Jh. – zur selben Zeit erstarkte der Hinduismus, politisch litt die Region unter dem Einfluss iranischer Hunnen (Hephthaliten) – gaben die Buddhisten die Anlagen auf, die bis ins 19. Jh. verborgen blieben. 1819 entdeckte man eine der witterungsbedingt, aber auch geographisch schwer zugänglichen Tempelhöhlen per Zufall wieder, während einer Jagd der britischen Besatzer. Die einzelnen Bauten unterschieden sich stark: Tendenziell breiter als tief, hatten manche eine Eingangs- und eine säulengestützte Haupthalle, die von angegrenzten Zellen unterbrochen sein konnten. Selten hatten die Höhlen zwei Geschosse, was außerordentliche technische und statische Kenntnisse voraussetzte. Sowohl die Kapitelle als auch die Malereien und Skulpturen erzählten von Buddhas Leben.

Buddhistische Welterbestätten in Indien: die buddhistischen, hinduistischen und jainistischen Höhlentempel in Ellora (ernannt 1983); das älteste erhaltene buddhistische Heiligtum bei Sanchi (1989); der Mahabodhi-Tempel von Bodh Gaya (2002).

Römischer Aquädukt Pont du Gard, Nîmes

Frankreich – ernannt 1985, modifiziert 2007 / Bauzeit um
19–15 v. Chr. (eventuell später)

Der Pont du Gard ist die reifste technische Leistung der Römer im Brückenbau von hohem ästhetischem Reiz, und er ist die größte erhaltene antike Aquäduktüberführung der Welt.

In Auftrag gab sie der Statthalter in Gallien, Marcus Vipsanius Agrippa (63–12), Schwiegersohn des Augustus. Im Rahmen des Ausbaus des gallischen Straßen- und Versorgungsnetzes entstand der rund 50 km lange Aquädukt von einer Quelle nahe Uzès nach Nemausus (Nîmes), einer der größten Städte der Kolonie: Hier wohnten knapp 50 000 Einwohner, die mit 20 000 m³ Wasser täglich versorgt wurden. Das Gefälle der Trasse betrug exakt 24 cm pro Kilometer, wobei das Wasser teils über Tunnelsysteme mit Längen bis zu 400 m sowie über Täler mit insgesamt sieben Bogenbrücken geführt werden musste – erst im 5. Jh. zeigten sich an manchen Stellen Baufälligkeiten. Am besten ist der Pont du Gard erhalten mit seinen drei Bogenreihen und einer maximalen Länge von 275 m und einer maximalen Höhe von 48,77 m. Die ästhetische Rhythmik entsteht durch die unsymmetrische Reihung der Untergeschosspfeiler und die demgegenüber optisch festigenden, einheitlichen 35 Obergeschossbogen bei harmonisierender Ausrichtung der obersten Pfeiler auf die mittleren und unteren elf bzw. sechs Bogen. Während die unteren Etagen aus aufgeschichteten bossierten Kalksteinblöcken und Keilsteinen (Länge 1,5 m) ohne Verwendung von Mörtel bestehen, ist die obere Reihe ein geschlossenes Mauerwerk aus kleineren Steinen (Gussmauerwerk) mit Zementputz. Mitte des 16. Jhs. wurden die oberen Bogenreihen durchbrochen und als begehbare Brücke eingerichtet, 1743 folgte die Nutzung für den Fahrzeugverkehr. Die Bemühungen Napoleons III. um eine Komplettrestaurierung wurden nach seinem Tod aufgegeben, zugleich wurden jedoch einzelne Streckenabschnitte bis 1844 saniert. 1995–2000 erfolgte eine umfangreiche Restaurierung.

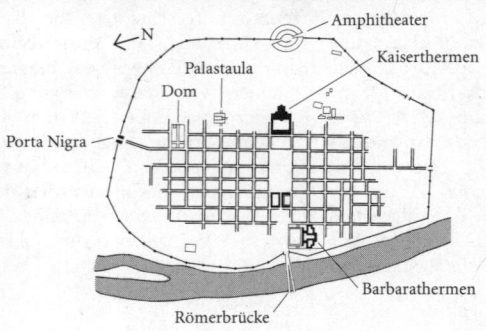

Das römische Trier, Dom und Liebfrauenkirche
Deutschland – ernannt 1986 / Gründung 16 v. Chr.

Trier, älteste Stadt Deutschlands und wichtiger exterritorialer römischer Stützpunkt, legt in der Fülle seiner Monumente das beste Zeugnis der römischen Epoche ab. Insbesondere die Porta Nigra (Abb.) ist ein einzigartiges Werk der römischen Architektur im 2. Jh. Darüber hinaus kam Trier über Konstantins Erhebung des Christentums zur Staatsreligion eine wichtige Rolle zu.

Um 16 v. Chr. gründeten die Römer an der Mosel die Colonia Augusta Treverorum – über 400 Jahre lang prägten ihre Bauten eine der damals größten Städte nördlich der Alpen, die 293–395 Sitz des Weströmischen Kaisers war. Die Bedeutung ist an den Monumenten ablesbar: die Römerbrücke, ursprünglich aus Holz (17 v. Chr.), wurde 45 n. Chr. in Stein gebaut und um 150 erneuert; die Stadtbefestigung mit dem ehemaligen Stadttor Porta Nigra stammt aus der Zeit um 180 n. Chr.; unter den Thermen ragen die Barbarathermen (1./2. Jh.; 42 000 m²) und die Kaiserthermen (um 286) als drittgrößte Einrichtung dieser Art in Europa hervor; dazu kommt ein Amphitheater (1./2. Jh.; 20 000 Sitzplätze) u. a. m. Die kaiserliche Palastaula (»Konstantinsbasilika«), beheizbarer und ursprünglich verputzter Thronsaal Konstantins (310 vollendet; 67 × 27 m, Höhe 30 m), wurde nach 1000 als Burg genutzt und später zur erzbischöflichen Residenz umfunktioniert – dadurch blieb sie als größter antiker Einzelraum erhalten. 1034–42 wurde die Porta Nigra, die ab 1028 als Klause des griechischen Einsiedlermönchs Simeon fungierte, zur zweigeschossigen Doppelkirche St. Simeon umgebaut. Die älteste deutsche Bischofskirche ist jedoch der über quadratischem Kernbau von etwa 340 errichtete, später salischromanisch, gotisch und im Renaissancestil modifizierte Dom St. Peter (Länge 112,5 m, Breite 41 m). Über den Kreuzgang ist er mit der frühgotischen, erstmals direkt auf französischen Einfluss zurückgehenden Liebfrauenkirche (um 1230–60) verbunden. An der Restaurierung des kriegszerstörten Zentralbaus war der Architekt Rudolf Schwarz (1897–1961) beteiligt.

Scheinarchitektur einer Stele in Aksum

Ruinen von Aksum

Äthiopien – ernannt 1980 / wichtige Phase 1.– 4. Jh.

Die gigantischen Stelen von Aksum nördlich von Addis Abeba stellen eine einzigartige Schöpfung dar. Das Gesamtensemble und seine Symbolik bestimmten wesentlich die Geschichte der Kulturregion zwischen dem oströmischen Reich und Persien.

Das Königreich Aksum, das seit dem 1. Jh. selbständig war und im 4. Jh. christianisiert wurde, gilt als Herzstück des antiken Äthiopien. Das Ruinenfeld enthält u. a. Königsgräber, deren Inschriften von den aksumitischen Legenden berichten, Substruktionen dreier Schlösser sowie die das Ensemble prägenden, weltweit größten Stockwerkstelen. Insgesamt gehören 176 kleinere reliefierte Stelen zum archäologischen Feld. Von den sechs erhaltenen, zwischen 15 m und 33 m hohen, obeliskähnlichen Monolithen ragt nur noch der drittgrößte (Höhe 23 m; 170 t) empor. Die größte, dreizehnstöckige Stele mit einer Grundfläche von 3,8 × 2,4 m und einem Gewicht von 500 t zerbrach im 3. oder 4. Jh., falls sie je überhaupt wie die anderen aufgerichtet wurde. Eine 24,6 m hohe Stele (160 t) wurde 1937 in der Folge des Abessinienkriegs nach Rom geholt (2004 stimmte Italien einer Rückführung zu). Stilistisch suchte man für diese symbolisch zu sehenden Bauten Vorbilder in indischen Pagoden, in den Obelisken von Luxor (Höhe bis 32 m) oder in den mehrstöckigen jemenitischen Bauten. Ähnliche Strukturen finden sich auch im nahe gelegenen, ältesten noch intakten – und deshalb nicht zugänglichen – Kloster Debra Damo (6. Jh.). Die genaue Funktion der Granitstelen ist jedoch unbekannt: Sie spiegelten die politische Macht wider, vielleicht verweisen die reich verzierten Sockelzonen zudem auf Opferstätten. Auch wie sie transportiert und aufgerichtet wurden, ist unklar. 1905 führten deutsche Archäologen eine Expedition in Aksum durch. Außerhalb des Kulturerbes nimmt die mehrfach erneuerte Kirche der hl. Maria von Zion eine wichtige Stellung in Aksum ein – hier soll die von einem Mönch bewachte Bundeslade mit den Gesetzestafeln des Moses lagern.

Herkulesturm

(Spanien – ernannt 2009 / Entstehung: um 90/110 n. Chr.)

Der Herkulesturm von A Coruña ist der einzige Leuchtturm der griechisch-römischen Antike, der sich eine strukturelle Einheit und seine Funktionstüchtigkeit bewahrt hat.

Das Wappen der galizischen Provinz A Coruña zeigt neben sieben Pilgermuscheln (Hinweis auf den Jakobsweg und Santiago de Compostela, Weltkulturerbe seit 1985) den römischen Herkulesturm (urspr. Farum Brigantium) als Wahrzeichen. Der Legende nach soll der Turm aus einem Fels geschlagen worden sein, nachdem Herkules den Riesen Geryon besiegt hatte. Errichtet wurde er tatsächlich nicht vor dem späten 1. Jh. Der lateinischen Inschrift im Basisstein zufolge erbaute der aus Aeminia stammende Architekt Gaius Sevius Lupus den dem Kriegsgott Mars gewidmeten, quadratischen Steinturm auf einer Anhöhe von etwa 60 m. Die Turmmaße selbst schwanken in der Überlieferung: Der spätantike Historiker Paulus Orosius lobt den »sehr hohen Leuchtturm unter den wenigen erwähnenswerten Bauwerken«. Ursprünglich etwa 36 m hoch mit einer abschließenden Plattform für ein vermutlich offenes Leuchtfeuer, bei einer unteren Seitenlänge von 18 m, wurde der zweithöchste spanische Leuchtturm nach der von Karl IV. veranlassten Renovierung 1788–91 (Eustaqui Giannini, 1750–1814) aufgestockt auf rund 55 m; durch die neoklassizistische Ummantelung vergrößerte sich die untere Seitenlänge auf 20 m. 1799 besuchte Alexander von Humboldt (1769–1859) den Turm. Die römischen Fundamente des Turms, der bereits 1985 zum spanischen Kulturgut erklärt worden war, legte man in den 1990er Jahren frei. Zum Welterbe gehören noch eisenzeitliche Felsskulpturen (Monte dos Bicos) und ein muslimischer Friedhof im Umfeld des Leuchtturms.

Türme im Weltkulturerbe: Turm von Belém, Lissabon (ernannt 1983); bronzezeitliche Turmbauten von Barumi (Sardinien, 1997); mittelalterliche Glockentürme in Flandern und Wallonien (2005); Dialolou-Türme in Kaiping, China (2007).

Der Hadrianswall in Northumberland; unten die Rekonstruktionszeichnung eines römischen Lagertores an der Deutschen Limes-Straße, Regensburg

Grenzwall des römischen Reiches
Großbritannien – ernannt 1987, erw. 2005*, 2008;
*Deutschland – ernannt 2005 / Entstehung um 90–260

Der landschaftlich einprägsame Hadrianswall bestimmte über 300 Jahre lang die römische Grenze, an deren Verlauf zahlreiche Siedlungen entstanden. Kein anderes Bauensemble im Römischen Reich unterstreicht die Wehrhaftigkeit wie der Limes, weshalb sowohl ein einzigartiges Teilstück in Deutschland (2005) als auch eines in Schottland (2008) nachträglich mit in die Welterbeliste aufgenommen wurden.

Um 122 entstand auf den bestehenden Patrouillenwegen mit Holztürmen in Sichtweitendistanz (seit 90) die ersten Palisaden und Kastelle, Gräben und Wälle in Großbritannien und an der Grenze zum freien Germanien – nach 150 wurde vermehrt Stein verwendet. Der aufwendig gestaltete nordenglische Hadrianswall (Länge 120 km) bestand aus einer doppelten Mauer entlang eines Grabens und hatte 80 Tore und 320 Wachttürme; die zwölf permanent besetzten Lager konnten je bis zu 800 Soldaten aufnehmen. Der schottische Antoniuswall (60 km) wurde 142–144 errichtet. Der Obergermanisch-Raetische Limes (lat. *limes* ›Grenze‹) in Deutschland erstreckte sich im Jahr 260 – Zeit der größten Ausdehnung und Jahr der Zerstörung durch die Germanen – über eine Länge von 550 km, mit rund 900 Türmen und über 60 Kastellen im Hinterland, die in exemplarischen Beispielen rekonstruiert wurden (Saalburg, Aalen u. a.). Als Postenweg konzipiert, wurde er zu einem technisch perfekten, militärischen Überwachungskomplex ausgebaut. Die Binnenlandgrenze des gesamten Reiches umfasst weit über 5000 km und quert rund 20 moderne Staaten. Seit 1892 (Reichs-Limeskommission, Berlin) wird auf Betreiben v. a. des Literaturnobelpreisträgers Theodor Mommsen (1817–1903) der Limes systematisch erforscht. An den Limes schließt der britische Hadrianswall an, der ebenfalls zum Weltkulturerbe gehört.

Längstes archäologisches Bodendenkmal im Welterbe: die Chinesische Mauer (220 v. Chr. – 1644 n. Chr., ern. 1987).

Blick auf die Karawanenstadt

Ruinen der Partherstadt Hatra
Irak – ernannt 1985 / Blütezeit 2.–3. Jh.

Der Zustand der Stadtbefestigung von Hatra lässt Rückschlüsse auf die parthische, sassanidische und hellenistische Kultur zu, die ihrerseits die assyrisch-babylonische Gesellschaft prägte. Die Hallengewölbe des Tempelheiligtums (Temenos) wirkten auf die regionale Architektur; politisch beeindruckt der Widerstand gegen das römische Reich.

Die Königsstadt Hatra wurde im 3. Jh. v. Chr. von den Parthern im Grenzgebiet zum römischen Reich gegründet und entwickelte sich durch die wichtigen Karawanenstraßen im nördlichen Mesopotamien zu einer Metropole auf dem Niveau von Rom, mit rund 50 000 Einwohnern. Die Blütezeit der Stadt liegt zwischen den Herrschaftszeiten der Könige Mannuq (reg. 115–116/117) und Sanatrug II. (reg. 200–240). Der Sicherheit diente sowohl die unwirtliche Lage – auch wenn dadurch das Wasser von weither nach Hatra geleitet werden musste – als auch die 6 km lange Festungsmauer mit einem äußeren Erdwall und einem inneren, fast kreisrunden Stadtmauerring aus Lehmziegeln (Durchmesser 2 km), getrennt durch einen 6 m tiefen und 10 m breiten Graben; sie umschließen einen rechteckigen Tempelbezirk mit charakteristischen Hallenbauten. Die Römer versuchten mehrfach vergebens (Trajan, 116, und Septimus Severus, 198 n. Chr.), das wehrhafte Hatra einzunehmen. Um 240 besetzten und zerstörten schließlich die Sassaniden die Stadt. Vor der Islamisierung waltete ein heidnischer Götterkult (Venus neben einigen Mondgöttinnen, Babylons Sonnengott Schamasch, Tiergottheiten wie der Wächterhund Nergal). Kulturell rechnet man Hatra zum »Hellenistischen Orient«, der seine Wurzeln in den Kriegszügen Alexanders des Großen hat und dem Osten mehr als Griechenland verbunden ist, wie man an den ergrabenen Statuen aus Bronze, Kalkstein und Marmor sehen kann. Die neuere Forschung (Deutsche Orient-Gesellschaft) sieht in Hatra eine Mittlerin zwischen Nomadentum und Staat.

Das römische Theater von Leptis Magna

Ruinen von Leptis Magna
Libyen – ernannt 1982 / Blütezeit: 193–217

Leptis Magna ist die kunstvolle Verwirklichung einer römischen Stadtplanung, deren baulichen Glanzstücke (Forum, Basilika, Bogen des Septimius Severus) afrikanische sowie östliche Einflüsse zeigen und deren Wiederentdeckung sich im 17. Jh. auf die neoklassizistische Ästhetik auswirkte. Als eine der größten Ruinenstädte gibt Leptis Einblicke in eine untergegangene Zivilisation und die Technologie der Römer.

Die Gründungszeit der Stadt als nordafrikanischer Handelsplatz in der Nähe mehrerer Karawanenstraßen reicht bis zu den Phönikern zurück (um 800 v. Chr.); sie bildete mit den im 7. Jh. v. Chr. gegründeten Orten Sabratha und Oea eine Einheit (später Tripolis, d. i. »drei Städte«), doch erst unter den römischen Kaisern Hadrian (reg. 117–138), in besonderem Maße dem 146 in Leptis geborenen Septimius Severus (reg. 193–211) sowie Caracalla (reg. 211–217) blühte das sog. »afrikanische Rom« auf. Unter deren Regierungszeiten entstanden die vielen Vorzeigebauten von Hadrians Thermenanlagen (123–127), den größten außerhalb Roms, die über eine säulengesäumte, 20 m breite Prachtstraße mit dem Hafen verbunden waren, bis zur Severischen Basilika (Repräsentationsbau, 90×40 m), dem viertorigen Triumphbogen von 203, sowie der Curia (Versammlungsort des Magistrats), verschiedenen Tempeln und Foren. Die Stadt wurde so eine der reichsten Provinzmetropolen im römischen Imperium – mit rund 100 000 Einwohnern. Der Niedergang begann mit dem Einfall der Vandalen im Jahr 455. Justinian gab dem neu befestigten Ort 100 Jahre später ein christliches Gepräge, so wurde die dreischiffige Basilika umgewidmet; doch die Araber verwüsteten die Stadt 642, worauf die Bewohner die Stadt aufgaben und im 11. Jh. dem Wüstensand endgültig überließen. Als man Leptis Magna im 17. Jh. wiederentdeckte, lag es unter einer meterhohen Sandschicht. Dem folgenden Raubbau boten erst die archäologischen Ausgrabungen ab 1921 Einhalt, die den teilweisen Wiederaufbau nach 1951 vorbereiteten.

Blick auf die Altstadt von Split

Das historische Split mit dem Diokletianspalast
Kroatien – ernannt 1979 / Blütezeit 3./4. Jh.

Der Palast des Diokletian ist das am besten erschlossene Baumonument Dalmatiens bzw. der gesamten östlichen Adriaküste, das Einblicke in die römische wie auch die romanische bis hin zur barocken Architektur gewährt. Zudem ein einzigartiges Beispiel für die Transformation einer antiken Baustruktur in eine mittelalterliche Stadt.

Zwischen 295 und 305, dem Jahr seiner Abdankung, ließ Kaiser Diokletian (gest. nach 312) seinen Altersruhesitz in der Nähe seines Geburtsortes Salona errichten, der städtische Ausmaße einnahm und mit einer Längs- und einer Querstraße auch städteplanerische Strukturen aufwies. Das Areal umfasste neben dem eigentlichen Palast (Spalatum ist nach dem »Palatium Diocletiani« benannt; Höhe 20 m; 215 × 180 m) u. a. das kaiserliche, von 24 Granitsäulen umstandene achteckige Mausoleum, das im 13. Jh. zum Dom des hl. Domnius (kroatisch Sveti Duje) umgebaut, sowie einen Jupitertempel, der bereits im 7. Jh. in eine Johannes-Kapelle umgewidmet wurde. Dazu kamen etliche Paläste und Kirchen. Die 2 m dicken Palastmauern, die einer Befestigungsanlage gleichkamen, reichten aus, um in späteren Jahrhunderten die riesige Anlage tatsächlich in eine Stadt umzuwandeln, die nicht mehr viel von der ursprünglichen Palastsubstanz übrig ließ. Als Zeichen der ungebrochenen Verehrung für den Herrscher blieb allerdings das stattliche Bronzetor (Porta Aenea) mit Huldigungsgiebel erhalten. Seit 1420 stand Split unter dem Einfluss Venedigs, das der Stadt eine Burg hinzufügte. Die Paläste – darunter auch ein Rathaus – stammen aus dieser spätgotischen Zeit wie auch aus der Renaissance und dem barocken Zeitalter. 1815 fiel Split an Österreich, das es nach dem Ende des Kaiserreichs 1918 wieder an den Staatenbund der Slowenen, Serben und Kroaten verlor. Nach verschiedenen politischen Abhängigkeiten – etwa von Italien 1941–43 oder als Teilrepublik Jugoslawiens nach 1945 – wurde Split/Spalato 1991 Teil der unabhängigen Republik Kroatien.

Der große Buddha von Bamian

Archäologische Stätten des Bamian-Tals

Afghanistan – ernannt 2003 / Blütezeit 3.–7. Jh.

Die Bamian-Kultur ist als große Leistung des westl. Buddhismus ein Hauptwerk der buddhistischen Höhlenkunst, die mit ihren Kapellen und Ausmalungen einen wichtigen Austausch gesamtasiatischer religiöser Werte und untergegangener kultureller Traditionen dokumentiert.

Im Bergmassiv des Hindukusch, etwa 250 km nordwestl. von Kabul, befindet sich die mit 53 m größte antike, ursprünglich goldverzierte Buddhafigur aus dem 3.–5. Jh. Sie steht auf einem 2 m hohen Sockel in einer aus dem Fels gehauenen Nische (Höhe 58 m, Breite unten 24 m, oben 16 m) und ist umgeben von einer weiteren, kleineren Buddhagestalt (Höhe 38 m) sowie von tausenden Höhlen-Sanktuarien, die Pilger und vermögende Kaufleute an der Seidenstraße stifteten. Die grobe Hochreliefform des Riesen-Buddha war aufgelockert durch aufgesetzte, gipsummantelte Taue, die den Faltenwurf nachahmten. Bamian war die Hauptstadt eines Königreichs, das im 7. Jh. seinen Höhepunkt erreichte. Mit der Einflussnahme des bildnisfeindlichen Islam in der Region (10.–17. Jh.) begann der Bildersturm, dem die Gesichter der Kolossalfiguren zum Opfer fielen; sie vollständig zum Einsturz zu bringen, misslang. Erst die fanatischen Ikonoklasten der kurzfristig herrschenden Taliban beschossen 1998 den Schambereich des kleineren, mutmaßlich weiblichen Buddha und ließen beide Figuren im Frühjahr 2001 weitgehend zerstören. Die UNESCO, die die Welterbestätte daraufhin auf die Rote Liste setzte und – nach 20-jähriger Verzögerung – zum Weltkulturerbe ernannte, unterstützt deren Wiederaufbau mithilfe digitaler 3D-Technik. Archäologen stießen 2004 auf Überreste eines liegenden Buddha von schätzungsweise 300 m Länge und einer Höhe von 25 m.

Kolossalplastiken im Welterbe: Großer Buddha von Leshan, 8. Jh. (71 m; China, ernannt 1996); Osterinsel-Kopfskulpturen der Rapa-Nui, nach dem 10. Jh. (bis 20 m; Chile, 1995); Freiheitsstatue von New York, 1886 (47 m; USA, 1984).

Die Villa von Casale und ihre Mosaiken
Italien – ernannt 1997 / Entstehung um 300 n. Chr.

Das Herrenhaus von Casale auf Sizilien ist ein vorzügliches Beispiel einer spätrömischen Luxusvilla, die anschaulich die vor-
herrschende soziale und wirtschaftliche Struktur ihrer Epoche
illustriert. Die Mosaiken sind außergewöhnlich aufgrund ihrer
künstlerischen Qualität sowie ihrer Ausmaße.

Von den 1920er Jahren bis 1950 legte man südwestlich von
Piazza Armerina auf Sizilien weite Teile einer der besterhaltenen römischen Villen frei, deren Größe und luxuriöse Ausstattung besticht: Um einen Brunnenhof (Peristyl) gruppieren sich
Gebäude mit rund 50 Räumen (u. a. Triclinium, Galerien und
Gänge, Thermen mit Nebentrakten, Thronsaal). Die Mosaiken
bedecken eine Grundfläche von rund 3500 m². Die Darstellungen reichen von mythologischen, Jagd- und alltäglichen Szenen
(s. Abb.) bis zu den leicht bekleideten sog. Bikini-Mädchen –
insgesamt ergibt sich ein farbiges Panorama der römischen Geschichte in ihrer Spätzeit. Die Mosaizisten stammten wahr-
scheinlich aus Nordafrika. Weniger Klarheit herrscht über die
Herkunft des Hausherrn. Unter den möglichen Personen wird
auch Kaiser Maximian genannt, der sich hier nach seiner Ent-
machtung durch Diokletian im Jahr 305 niedergelassen haben
mag. Jedenfalls muss es ein sehr vermögender Besitzer gewesen
sein, vielleicht ein Vertreter des flavischen Geschlechts (diesem
Umkreis gehören die zwei verifizierbaren Porträts an). Spätes-
tens im 5. Jh. wurde die palastartige Villa vernachlässigt, blieb
jedoch bewohnt, bis die Vandalen und Goten sie zerstörten;
Wilhelm I. von Sizilien (reg. 1154–66) ließ sie abtragen, worauf
die Überreste unter Erde und Schlamm begraben wurden. Erst
1881 wurde die Ruine wiederentdeckt.

Mosaiken im Welterbe: die römische Siedlung in Volubilis
(Marokko, ernannt 1997); frühchristliche Baudenkmale in Ravenna (Italien, 1996); Euphrasiusbasilika in Poreč (Kroatien,
1997); die byzantinischen Kreuzkuppelkirchen Daphni, Hosios
Lukas und Nea Moni (Griechenland, 1990).

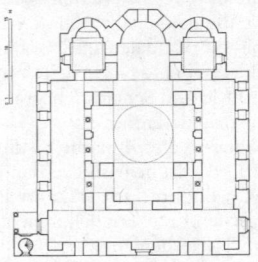

Religiöse Monumente in Thessaloniki
Griechenland – ernannt 1988 / Blütezeit ab dem 4. Jh.

Die Mosaiken der zwischen dem 4. und 15. Jh. entstandenen Kirchen Thessalonikis zeigen eine durchgängige Typologiegeschichte und beeinflussten wie die Architektur die byzantinische und später serbische Baukunst. Die Monumente gehören zu den Höhepunkten der frühchristlichen Kunst.

Wechselnde Herrschaftsverhältnisse haben die Vielfalt und die Gestalt der Sakralbauten in Thessaloniki (Gründung 315 v. Chr.) geprägt. So wurde das 305 n. Chr. von dem römischen Kaiser Galerius (um 250–311) errichtete Mausoleum, die sogenannte Rotónda (Kuppeldurchmesser: 24 m), noch im 4. Jh. in eine Kirche, St. Georg, umgewandelt; seit 1996 wird sie als Museum genutzt. Der Kreuzfahrer Bonifatius I. Montferrat (um 1150–1207), ab 1204 König von Thessaloniki, ließ die fünfschiffige Basilika Hagia Sofia (8. Jh.) im lateinisch-römischen Interregnum zur Kathedrale St. Sophia erheben. 1246 bestimmte Byzanz wieder den Kirchenbau: Es entstanden Ag. Apostoloi, Ag. Ekaterini u. a. Die wichtigsten Kirchen sind die dem Märtyrer und Schutzpatron der Stadt geweihte Ag. Dimitrios (412/413, fünfschiffig erweitert 629–634, s. Abb.), Hosios David (5./6. Jh.), die Panagía Chalkéon (1028) und Ag. Nikólaos Orphanòs (14. Jh.; restauriert 1959/60). Die Kreuzkuppelkirche Ag. Panteléimonos (13. Jh.) wurde von den Türken, die 1430 die Stadt erobert hatten, nach 1568 als Moschee umgebaut und der islamischen Architektur anverwandelt (wie auch die Sophienkirche u. a.). Kriege und Aufstände gegen die Sarazenen, die Türken und die Normannen erschütterten die Region; erst seit 1913 gehört Thessaloniki wieder zu Griechenland. Beispiele für die Votivbilder, die als Ausdruck des persönlichen Kontakts mit den Heiligen beliebt wurden, sind die ins Abstrakt-geometrische hineinspielenden Kuppelmosaiken der Georgs- und Davidskirche und die »Ex-voto«-Mosaiken in der Kirche des hl. Demetrius, die teilweise dem Stadtbrand von 1917 im südlichen Zentrum von Thessaloniki zum Opfer fielen.

Tuffsteinhöhle in Göreme

Frühchristliche Felsenstädte in Göreme
Türkei – ernannt 1985 / Entstehung 4. Jh. ff.

Qualitativ und quantitativ sind die unterirdischen Stätten von
Kappadokien, Beispiele einer traditionellen menschlichen Siedlung, eine einzigartige künstlerische Leistung. Die Städte, Wohnungen und Kirchen vermitteln das Bild einer untergegangenen Provinz des byzantinischen Reichs.

Prähistorische vulkanische Aktivitäten und sich anschließende Erosionen sind verantwortlich für eine bizarre Landschaft
um Göreme, weshalb sie als Nationalpark gleichsam zum Naturerbe wie zum Kulturerbe erhoben wurde. Unter kreativer
Nutzung der hier entstandenen natürlichen säulen-, turm- und
nischenähnlichen Tuffgesteinsformationen haben frühe Ein-
siedler des 4. Jhs. Höhlen zu Kirchen umgestaltet, spätere Gene-
rationen haben sie zum Teil als Schutz gegen arabische und persische Verfolgungen bis um 1200 weiter ausgebaut: Über tausend solcher Höhlenbauten sind so entstanden, vom Nischenbau
über die tonnengewölbte Einraumkirche bis zur mehrschif-
figen Basilika. Die größten Architekturen sind Tokali Kilise
(5,3 × 10,3 m), die dreischiffige Durmus Kilise, die kreuzförmige El Nazar Kilise sowie die Kreuzkuppelkirchen St. Barbara Kilise, Karanlik Kilise u. a. m. Ganze Stadtkomplexe, die unterein-
ander verbunden waren, kamen hinzu, wie Kaymakli oder De-
rinkuyu, eine unterirdische, 55 m tiefe Siedlung mit 18 Etagen,
die für maximal 10 000 Menschen ausgerichtet war, welche vermutlich nie in dieser Zahl dort gewohnt haben. Die künstlerische Ausgestaltung in der Negativarchitektur bietet eine Geschichte der byzantinischen Kunst über Jahrhunderte hinweg
vor allem nach der Zeit des Ikonoklasmus (8. Jh.) mit einer Blütezeit im 10. Jh. Obwohl der Stein nach wie vor der Witterung
ausgesetzt ist, haben sich zahlreiche Ikonenmalereien im Dunkeln nahezu farbecht erhalten. Nachdem 1924 die letzten Siedler die Stätten, teilweise unter Zwang, aufgegeben hatten, begannen in den 1950er Jahren größere Ausgrabungen, seit den
1980er Jahren wird restauriert.

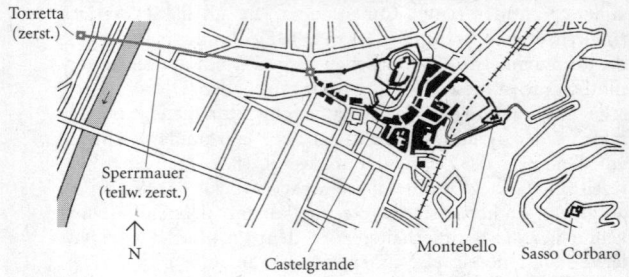

Der ›Schwarze Turm‹ in Castelgrande

Drei Burgen, Schutzwall und Stadtkern von Bellinzona

Schweiz – ernannt 2000 / Bauzeit um 350 – um 1500

Die Befestigungsanlage von Bellinzona ist ein herausragendes Beispiel für ein spätmittelalterliches Verteidigungssystem mit einer strategischen Schlüsselposition in der Alpenregion.

Da sich die Passrouten über den St. Gotthard, Greina, Lukmanier, Nufenen, San Bernardino und San Jorio in der Talenge von Bellinzona bündeln, war die Region von jeher prädestiniert für strategische Militärposten. So errichteten bereits die Römer nach der Einverleibung des rätischen Gebiets 15 v. Chr. ein Kastell, das im 4. Jh. zur Wehranlage Castelgrande ausgebaut wurde und für lange als uneinnehmbar galt – die Burg konnte rund 1000 Mann aufnehmen. Im 13. Jh. kam als zweite Anlage das Castello di Montebello hinzu, das unter Mailänder Einfluss nach 1350 vergrößert und über eine Mauer mit der Stadt verbunden wurde; um 1400 folgte das Castel Sasso Corbaro mit einem mächtigen Hauptturm, wodurch das Ensemble seine gültige Form erhielt. Die entstehende Talsperre sollte den Viscontis und Sforzas Schutz gewähren gegen die Schweizer, die die Anlagen 1516 kampflos übernahmen und bis 1798 verwalteten, bevor sie 1803 vom neugegründeten Kanton Tessin übernommen wurden. Allerdings diente Castelgrande (nun als Urner Schloss), das seine militärische Bedeutung rasch einbüßte, nur noch als Zeughaus und Gefängnis, während die Nachbarburgen (umbenannt in Schwyzer und Unterwaldner Schloss) zerfielen. 1982–92 machte man sich an die Sicherung dieser bedeutendsten alpenländischen Befestigungskunst, wobei man auch die Zusammenarbeit mit zeitgenössischen Architekten der Tessiner Schule suchte (Mario Campi, Aurelio Galfetti, Franco Pessina).

Befestigungsanlagen im Welterbe: Accra (Ghana, ernannt 1979), Bahla und Bat (Oman, 1987), Beni Hammad (Algerien, 1980), Campeche (Mexiko, 1999), Derbent (Russland, 2003), Gallé (Sri Lanka, 1988), Hwasong (Nordkorea, 1997), Machu Picchu (Peru, 1983), Rohtas (Pakistan, 1997), Samaipata (Bolivien, 1998), Suomenlinna (Finnland, 1991) u. a.

Der nördliche Abschnitt der Mogao-Höhle umfasst
rund 250 Grotten

Die Grotten von Mogao
China – ernannt 1987 / Gründung 386 n. Chr.

Die Nischen und Höhlen der Mogao-Grotten, eines zentralen buddhistischen Heiligtums, sowie die zeithistorisch einzigartige Malerei stellen eine herausragende künstlerische Leistung dar, die über ein Jahrtausend hinweg den transkontinentalen kulturellen Austausch zwischen dem Mittleren Reich Chinas, Zentralasien und Indien spürbar macht und die Anfang des 20. Jhs. im mönchischen Verband eine Nachblüte erlebte.

Die durch Galerien miteinander verbundenen Grotten von Mogao liegen als strategisch wichtiger Punkt an der Seidenstraße in einer kargen Landschaft nordwestlich der Provinz Gansu, am Osthang des Mingsha. In 492 erhaltenen natürlichen Grotten »der tausend Buddha-Höhlen« (bezogen wohl auf die einst vorhandene Anzahl der Höhlen) erstrecken sich auf rund 50 000 m² Fresken über fünf Etagen, was aneinandergereiht einer Länge von 30 km entspräche. Von einzelnen Funden abgesehen, die auf das Jahr 366 verweisen, fallen die Arbeiten in den Grotten in einen Zeitraum von der Wie-Dynastie (386–534) bis in die Yuan-Dynastie (1276–1368). Sie umfassen rund 2400 bemalte Skulpturen (zwischen 10 cm und 33 m hoch) und Wandmalereien (mit Märchenmotiven oder Darstellungen aus dem Leben Buddhas, Arbeiter- und Soldatenmotive mit Einblicken in Lebensweise und Mode sowie mit kartographischen Werken). Sie stellen eine essentielle Quelle der asiatischen Kulturgeschichte dar, genauso wie die über 45 000 Manuskripte aus dem 4.–11. Jh., die ein taoistischer Mönch im Jahr 1900 entdeckte – heute befinden sich allerdings zwei Drittel der Dokumente in ausländischen Museen. China hat seine Grotten in den 1950er Jahren unter Denkmalschutz gestellt und arbeitet an einer »digitalen« Darstellung der Mogao-Grotte, um das Welterbe vor den Touristenströmen zu schützen; zudem engagiert sich die J.-Paul-Getty-Stiftung für den Erhalt der Grotten.

Chinesische Grotten im Welterbe: Grotten von Longmen (ernannt 2000) und von Yungang (»Wolkengrat-Grotten«, 2001).

Mosaikwand in der Basilika Sant'Apollinare Nuovo

Frühchristliche Bauten und Mosaiken in Ravenna
Italien – ernannt 1996 / Entstehung 5.–6. Jh.

Die frühchristlichen Bauten und besonders die darin bewahrten Mosaiken sind wegen ihres außergewöhnlichen, kunsthistorischen Rangs von unschätzbarem Wert: Sie haben die frühchristliche europäische Kulturgeschichte in künstlerischer wie religiöser Hinsicht wesentlich geprägt.

Der weströmische Kaiser Honorius (reg. 395–423) verlegte seinen Hofstaat im Jahr 402 von Mailand nach Ravenna und bereitete so den Boden für die Blütezeit der Stadt vor, die in der Umbruchphase von der Antike zum Mittelalter und von den Machtkämpfen zwischen dem geschwächten weströmischen und dem aufbegehrenden oströmischen Imperium profitierte. Einen ersten Höhepunkt ihrer Geschichte erlebte die Stadt in der ersten Hälfte des 5. Jhs., eine zweite Blüte entfaltete sich unter dem Ostgotenkönig Theoderich dem Großen (reg. 493–526) und unter dem römischen Kaiser Justinian I. (reg. 527–565). Das Welterbe umfasst acht Bauten: das kreuzförmige Mausoleum der Galla Placidia (um 440) und die Mausoleumsrotunde Theoderichs (um 520), das oktogonale Baptisterium des Neon bzw. »der Orthodoxen« und das Arianische Baptisterium, die dreischiffige Basilika von Sant' Apollinare Nuovo (zunächst dem hl. Martin geweiht, 500–504) und die größenmäßig dominierende Basilika von Sant' Apollinare in Classe (535–549), die erzbischöfliche Kapelle, die Kirche San Vitale (Weihe 546) als erstem Zentralkuppelbau der christlichen Welt. Sie vereinen in einer unvergleichlichen Kontinuität griechisch-römische Tradition, christliche Ikonographie und sowohl östliche wie abendländische Stile. Dafür stehen vor allem die Mosaiken, die in weströmischer Zeit wie auch unter oströmischem und nach 751 unter langobardischem Einfluss entstanden sind. Als reifste technische Leistung gilt die monolithische Kuppel (Durchmesser 10 m, Gewicht 330 t) über dem Mausoleum Theoderichs. Eine späte Nachblüte stellt der Mosaikfußboden (1213) von San Giovanni Evangelista dar.

Blick auf den Mondplatz und die sog. Totenstraße,
im Vordergrund die Mondpyramide

Präkolumbische Stadt Teotihuacán
Mexiko – ernannt 1987 / Blütezeit 400–650

Die auf kosmische Harmonie ausgerichtete Monumentalanlage von Teotihuacán beeinflusste die Kultur Zentralmexikos, Yucatans und Teile Guatemalas. Mit vielleicht 150 000 Bewohnern stand Teotihuacán als präkolumbischer, zeremonieller Mittelpunkt singulär in der vorstädtischen Geschichte Mexikos. Nach dem Zerfall Teotihuacáns im 7. Jh. rankten sich Legenden um diesen »Ort, in dem Götter geschaffen wurden«, wie der aztekische Name übersetzt heißt.

Die Anfänge der Teotihuacán-Kultur gehen ins 2. Jh. v. Chr. zurück; die ersten großen Lehmziegelbauten entstanden allerdings erst nach der Zeitenwende: Bis 200 n. Chr. wurden die Sonnenpyramide, die mit einer Höhe von 65 m und einer Basisseitenlänge von rund 220 m die größte ihrer Zeit war, sowie die Mondpyramide (Höhe 42 m, Seitenlänge 150 × 120 m) aufgeführt und bemalt. Bekrönt wurden die pyramidalen Bauten jeweils von einem heute zerstörten Tempel. Die Entdeckung einer Quelle unter der Sonnenpyramide führte mit ihrer Unendlichkeitssymbolik zu einem intensiven Wasserkult. Von der Mondpyramide aus, in deren Innerem Opfergaben aus der frühen Zeit der Stadt entdeckt wurden, verläuft der 40–60 m breite, sogenannte Totenweg (*miccaotli*), eine Zeremonial- und Prozessionsstraße, die als Zentralachse das schachbrettartige Straßenbild durchzieht. Weitere architektonische Komplexe sind die sogenannte Zitadelle mit dem Tempel Quetzalcóatl, der Wandmalereien mit Schlangenmotiven u. Ä. aufweist, sowie der »Mondplatz«. Die Vermutung, es handle sich bei Teotihuacán um eine reine Priesterstadt, hat sich nicht bestätigt; vielmehr zeugen die Tempel, Verwaltungsbauten und über 2000 Wohnquartiere von der damals größten Metropole auf dem amerikanischen Kontinent. Im 7. Jh. ging Teotihuacán unter, möglicherweise verursacht durch eine Brandkatastrophe, doch übernahmen die Azteken die hier begründeten Schöpfungsmythen für neue Kultorte wie Xochicalco (zum Welterbe ernannt 1999).

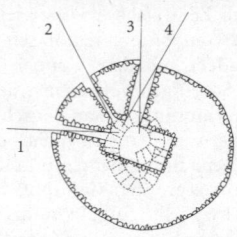

Das Observatorium *El Caracol*, der ›Schneckenturm‹; die Vi-
sierlinien (unten) zeigen die Südachse (1), den Monduntergang
am 21. März (2), den Sonnenuntergang am 21. März und
21. September (3) sowie zur Sonnenwende am 22. Juni (4)

Ruinen von Chichén-Itzá
Mexiko – ernannt 1988 / Gründung zwischen 435 und 455

Die Ruinen Chichén Itzás, die wichtigsten archäologischen Überreste der Maya-toltekischen Zivilisation im nördlichen Yucatán, zeichnen sich aus durch Proportionsbewusstsein, Raffinesse in der Konstruktion und üppigen skulpturalen Schmuck, die die Kulturregion bis ins 15. Jh. prägten.

Die herausragenden Bauten des Kultzentrums sind die neunstufige, dem toltekischen Priestergott Kukulcán bzw. Quetzalcóatl geweihte Castillo-Pyramide (1000–1200; Höhe 30 m, Maße 55×55 m) und der freskenbemalte Kriegertempel (12. Jh.; Maße 40×40 m) mit dem daran angrenzenden »Tausendsäulenkomplex«, ein Kolonnadenwald von etwa 600 Säulen und Pfeilern; ferner sind zu nennen das sogenannte Observatorium sowie der mit 168×70 m größte altmexikanische Ballspielplatz. Die Kultgemeinde setzte auf theatralische Licht- und Schatteneffekte: So kann man am 21. März und am 21. September (Tag- und Nachtgleiche) den Schatten beobachten, den die Sonne zu einer bestimmten Tageszeit die Treppenstufen der Kukulcán-Pyramide schlangengleich herabgleiten lässt. Dabei führt dem Mythos zufolge die gefiederte Schlange die Götterschar an. Im Observatorium dienten die Sonnenstrahlen, die in vorberechneten Intervallen durch ein Fenster drangen, den wissenschaftlichen Zwecken einer präzisen Zeitmessung. Das beliebte Ballspiel war Bestandteil des Ritus, und es ist nicht auszuschließen, dass die Verlierer geopfert wurden: Die Maya-Kultur, deren Religion auf Angst und Schrecken basierte, war insgesamt opferfreudig. Zwischen der ersten großen Bauphase der Mayas nach 600 und der zweiten, darauf aufbauenden toltekischen Bauzeit 900–1200 liegen zwei Jahrhunderte im Dunkeln; nach 1200 verfiel das Reich. Spaniens Eroberer fanden 1533 eine fast untergegangene Kultur vor, die 1841/42 von John Lloyd Stephans erkundet und ab 1923 erforscht und freigelegt wurde.

Mexikanische Maya-Zentren im Welterbe: Tikál (1979), Palenque (ernannt 1987), Uxmal (1996), Calakmul (2002).

Historisches Zentrum von Istanbul
Türkei – ernannt 1985 / Blütezeit 6. und 16. Jh.

Das historische Istanbul enthält einzigartige Monumente wie die Hagia Sophia und die Süleiman-Moschee oder die Verteidigungsmauer des Theodosius II., die als Beispiel frühester Militärarchitektur noch mehr Einfluss auf Europa und Asien hatte als die Sakralbauten. Es finden sich hier zahlreiche Zeugnisse der byzantinischen und ottomanischen Kultur, letztere insbesondere mit einer herausragenden Palastarchitektur und mit religiösen Artefakten.

Gegründet als griechische Kolonie unter dem Namen Byzanz (um 658 v. Chr.), nannten die Römer, die es 196 n. Chr. unter Kaiser Septimus Severus erobert hatten, die Stadt nach Einzug Konstantins I., des Großen (324), zunächst »Nova Roma« (330; auf sieben Hügeln errichtet), dann Konstantinopel, das 395 zur Hauptstadt des Oströmischen Reichs erkoren wurde: 424 umgab man sie mit der Theodosianischen Landmauer. Wichtige Sakralbauten entstanden im 6. Jh. unter Justinian I. und im 16./17. Jh.: Hagios Sergios und Bakchos (527–536), Hagia Eirene (532), Hagia Sophia (532–537; Abb.), die Süleyman-Moschee (1557, dem Architekten Mimar Sinan zugeschrieben), die »Blaue Moschee« (1609–16). Die Hagia Sophia, lange Zeit die größte Kirche der Welt, wurde bereits in der Spätantike als achtes Weltwunder bewundert: Ihre Hauptkuppel ist 56 m hoch, bei einem Durchmesser von 31 m; somit erstrecken sich die Mosaiken auf 7570 m², nimmt man die anderen Kuppeln und Emporen dazu, auf 10 000 m². Seit 1934/35 ist sie Museum. Als einzige Metropole zwischen zwei Kontinenten, zwischen Okzident und Orient erlebte Istanbul große historisch-politische Einschnitte, etwa durch die Eroberungen der Kreuzfahrer (1204), der Byzantiner (1261) und der Osmanen (1453).

Weltdokumentenerbe in Istanbul: 1339 türkische, arabische, persische Wissenschaftsmanuskripte (Kandilli-Observatorium und Bosporus-Universität, ernannt 2001); Originalwerk des Ibn Sina (Süleiman Manuskript Bibliothek, 2003).

Katharinenkloster
Ägypten / Mount Athos – ernannt 2002 /
Hauptbauzeit 548–565

Die Klosterarchitektur, die Kunstschätze sowie die Einbindung in die raue Landschaft machen den Komplex zum einzigartigen Monument, das auch ein frühes Beispiel der christlich-monastischen Siedlungspolitik darstellt. Das den drei Weltreligionen geweihte Kloster ist eines der besterhaltenen dieser Zeit.

Das im 6. Jh. n. Chr. von Kaiser Justinian I. gegründete christliche Kloster im Süden der Sinaihalbinsel ist das älteste der Welt. Der Architekt Stephanos Ailisios, der es in einer Höhe von 2000 m baute, wurde geköpft, weil das Kloster *unterhalb* des Gipfels lag. Hier, auf dem Mosesberg (Gebel Musa), soll Gott dem Moses im ›Brennenden Dornbusch‹ erschienen sein – ein als Ableger verehrter Busch befindet sich bis heute innerhalb der Klostermauern –, womit die biblische Geschichte vom Auszug der Israeliten aus Ägypten beginnt. Auch soll er die »Zehn Gebote« hier an diesem Ort erhalten haben. Die Gleichsetzung des Bergs Sinai mit dem Mosesberg stammt aus dem frühbyzantinischen 4. Jh.; um 324 n. Chr. datiert eine Kapelle »Zum brennenden Dornbusch« als Vorgängerin des Klosters. Der Legende nach erlitt die zyprische Königstochter Katharina von Alexandria um 310 den Märtyrertod; ihre Gebeine (vielleicht auch die Philosophin Hypatia) gelangten im 10. Jh. in die Klosterbasilika ›der Verklärung‹. Deren Mittelschiffportal und das Apsismosaik mit dem Verklärungsmotiv sowie die ursprünglich türlosen Klostermauern (Breite 2,5 m, Höhe 11 m) stammen aus dem 6. Jh., während die meisten erhaltenen Bauteile zwischen dem 11. (Narthex) und dem 18. Jh. (Marmorfußboden, Kassettendecke) entstanden. Die Bibliothek mit über 3000 Autographen (*Codex Sinaiticus* u. a.) und 5000 Frühdrucken sucht ihresgleichen, und auch die Ikonensammlung mit rund 2000 Werken, zum Teil aus dem 5. Jh., ist einzigartig. Um 1101/06 kam eine Moschee im Klosterbezirk hinzu, der seit dem 17. Jh. Teil der Mönchsrepublik »Berg Athos« ist.

Symbolischer Eingang (*torii*) zum heiligen Bezirk
des Schreins

Itsukushima-Schrein

(Japan – ernannt 1996 / Entstehung: um 600)

Der schintoistische Schrein auf der Insel Miyajima stellt ein religiöses Zentrum dar, das eine kunstvolle und technisch ausgefeilte Architektur gegenüber einem dramatischen Hintergrund zum Werk von unvergleichlicher Schönheit macht.

Unter der Herrschaft von Kaiserin Suiko (554–628), dem ersten weiblichen Tenno, wurde mutmaßlich 593 erstmals ein Schrein erbaut, der jedoch erst rund 300 Jahre später in dem Geschichtstext *Nihon Koki* dokumentiert wurde. Für Normalsterbliche war die südwestlich von Hiroshima gelegene Insel (31 m²), nach der Shinto-Religion Sitz der Götter, nicht zugänglich, weshalb die Gläubigen den von einem roten Tor dominierten und nach allen Seiten offenen Schrein auf Pfählen im vorgelagerten Schlammgrund errichteten. Der Legende nach hüten seit dem Jahr 806 buddhistische Mönche auf dem Inselberg Misen ein ewiges Feuer. Der einflussreiche Samurai-General Taira no Kiyomori unterstützte im Jahr 1164 den Bau weiterer Tempelkomplexe, u. a. das 16 m hohe, vierbeinige Balkentor (*torii*, heutige Gestalt von 1875), und stiftete buddhistische Sutrenrollen. In der Haupthalle wurden drei weibliche Meeresgottheiten verehrt. Nach mehreren Zerstörungen durch Brände und Stürme entstand am Ende der Muromachi-Periode (1233–1573) 1571 der heutige Schrein, der traditionell immer wieder erneuert und um neue Tempelchen und Schreine ergänzt wird. Ins 16. Jh. fällt auch die Öffnung der Anlage – unter Verlust der strengen Weltabgeschiedenheit – zu kultischen Zwecken: No-Aufführungen auf der ältesten existierenden japanischen Bühne, später auch Kinderweihen, Hochzeitsfeiern u. a. Einen Zulauf von Pilgern verzeichnet der buddhistische Tempel nahe dem Misen-Gipfel, dessen malerische Kulisse den Schreinbezirk mit rund 17 Bauten zu einem der attraktivsten Orte Japans macht.

Welterbe in der Präfektur Hiroshima: die Friedensgedenkstätte in der Küstenstadt Hiroshima zur Erinnerung an den Atombombenabwurf am 6. August 1945 (ernannt 1996).

Blick in die St.-Michael-Kapelle der Kathedrale

Die Kathedrale von Canterbury
mit St. Augustin und St. Martin
Großbritannien – ernannt 1988 / Blütezeit um 600–1500

Die Kathedrale von Canterbury, speziell ihre Ostteile mit einer der längsten britischen Choranlagen sowie singulären Buntglasfenstern, ist eine einmalige künstlerische Leistung und zusammen mit St. Martin und St. Augustin unmittelbar verknüpft mit der Christianisierung unter dem angelsächsischen König. Der Einfluss der Benediktinerabtei St. Augustin ging weit über Kent und Northumbria hinaus.

Über Jahrhunderte war Canterbury, eine der ältesten Städte in England, der Sitz des Kirchenoberhaupts der Kirche in England. Im 6. Jh. entsandte Papst Gregor I. der Große (590–604) den hl. Augustin (gest. 604) nach England, um die Angelsachsen zu bekehren; in Canterbury fand er die Martinskirche (6. Jh.) vor. Um 600 wurde mit dem heute weitgehend zerstörten St.-Augustin-Kloster eine der bedeutendsten Benediktinerabteien Europas errichtet. 1070–77 entstand die normannische Kathedrale, die knapp 100 Jahre später, 1162, Thomas Becket (1118–1170) zum Erzbischof berief – im nordwestlichen Querschiff wurde er von Anhängern König Heinrichs II. (reg. 1154–89), des ehemaligen Freunds, ermordet und unfreiwillig zum literarischen Held: Der schon zu Lebzeiten verehrte und 1173 heiliggesprochene Lordkanzler, den seitdem selbst Heinrich als Schutzheiligen ansah, spielt eine wesentliche Rolle in Geoffrey Chaucers fragmentarischen *Canterbury Tales* (erschienen 1478), T. S. Eliot widmete ihm das Mysterienspiel *Mord im Dom* (Uraufführung 1935 im Kapitelsaal). 1391–1405 wurde die Kirche von dem Architekten Henry Yevele (um 1325–1400) zugunsten eines 168 m langen Neubaus im spätgotischen Perpendicular Style abgerissen; ein Kreuzgang kam 1411, der Bell Harry Tower mit Fächergewölbe 1498 hinzu. Nachdem König Heinrich VIII. (reg. 1509–47) Beckets Grablege 1531 zerstören ließ und sich 1533 mit dem Papst zerstritten hatte, erhob er Canterbury zum Zentrum der neuen Anglikanischen Kirche.

Altstadt von Sana'a

Jemen – ernannt 1988 / Blütezeit: 7./8. Jh. n. Chr.

Sana'a, das für die Verbreitung des Islam von zentraler Bedeutung ist, stellt ein beispielhaft homogenes Bauensemble der frühislamischen Architektur dar, die in einzigartiger Tradition bis in die neuzeitliche Siedlung wirkte.

In einem Bergtal liegt in 2350 m Höhe die im 2. Jh. v. Chr. gegründete Stadt Sana'a, die im 7. und 8. Jh. zum Zentrum der islamischen Welt emporstieg und wie Jericho den Titel der ältesten bewohnten Stadt in Anspruch nimmt. Ablesbar ist die Bedeutung an den knapp über 100 Moscheen, fast 30 islamischen Schulen, 14 Badehäusern und mehr als 6000 bis zu neunstöckigen Häusern (Höhe 20–50 m), die allesamt vor dem 11. Jh. entstanden sind: Bis ins 20. Jh. umschloss die Stadtmauer aus dem 16. Jh. Sana'a, erst in den vergangenen 40 Jahren wuchs die Stadt von 70 000 auf 2 Mio. Einwohner. Aus der Zeit um 630 datiert die Große Moschee, in der 1974 bei Restaurierungsarbeiten 15 000 handschriftliche Blätter entdeckt wurden. Durch die einheitliche Verwendung von Erde als bevorzugtem Baumaterial (als Backstein oder als Pisé bzw. Stampferde) bilden pittoresker Baustil und natürliche Umgebung eine Einheit: die bestimmenden Farbtöne sind Ocker (Mauerwerk, Berge), Grün (Nutzgärten und Grünflächen) sowie kunstvolle weiße Verzierungen an Fassaden und Minaretten. Allerdings haben sich diese Strukturen nur in jüngeren Bauten, die maximal 800 Jahre alt sind, im östlichen Teil der Altstadt erhalten, die mit dem 1679 geräumten jüdischen Viertel im Südwesten der Stadt in die Liste des Weltkulturerbes aufgenommen wurde. Die Restaurierungsanstrengungen wurden 1995 mit dem Aga Khan Award for Architecture belohnt; 2004 wurde die jemenitische Hauptstadt Sana'a auch arabische Kulturhauptstadt (2009 ging die Auszeichnung an das sich allerdings dagegen verwahrende Jerusalem).

Die ältesten kontinuierlich bewohnten Städte im Welterbe: Damaskus (Syrien, ernannt 1979), erwähnt 1470 v. Chr.; Aleppo (Syrien, 1988), 3. Jh. v. Chr.

›Tempel des großen Jaguars‹ (Tempel I)

Nationalpark Tikál

Guatemala – ernannt 1979 / Blütezeit 7./8. Jh. – 869

Der Nationalpark bietet das bedeutendste Ökosystem Mittelamerikas und ist mit seinen Tausenden von Tempeln, Palästen und anderen Bauten das wichtigste Zentrum der klassischen Maya-Kultur – Natur- und Kulturerbe in einem.

Tikál, was übersetzt »Ort der Geisterstimmen« heißt, ist die größte Stätte der Maya-Kultur, im Nationalpark von Guatemala (576 km²) gelegen. Besiedelt um 600 v. Chr., erlebte sie mit Einsetzen der Dynastie von Tikál nach 219 n. Chr. einen ersten Aufschwung und ihre Blütezeit etwa vom 7. bis ins 9. Jh., mit 3000–4000 Bauwerken auf 16 km². Möglicherweise lebten in dieser Zeit über 50 000 Menschen dort. Bis heute sind fünf von zwölf bekannten monumentalen Tempelpyramiden erschlossen. Die berühmtesten sind der »Tempel des großen Jaguars« (Tempel I; Höhe 45 m) und der gegenüberliegende »Tempel der Masken« (Tempel II), die um 700 unter Hasaw-Chán (reg. 682–721; nach einer anderen Lesart Ah Cacaó genannt) erbaut wurden, sowie die älteste Pyramide (»Gran Piramide«; Höhe 35 m) und der »Tempel der zweiköpfigen Schlange« (Tempel IV), das mit 68 m höchste Bauwerk der mittelamerikanischen Antike. Auch der »Große Platz« (9300 m²) und die zweistöckigen Wohnhäuser auf der Akropolis zeugen vom einstigen Wohlstand Tikáls. Nach der Wiederentdeckung der Stätte 1848 besuchte sie der Maya-Experte Alfred Percival Maudslay (1850–1931) im Jahr 1881/82, doch erfolgte die systematische Freilegung erst nach 1950. 1955 deklarierte Guatemala Tikál im viertgrößten Wald der Erde zum ersten Nationalpark Zentralamerikas; 1956–70 ließ das University of Pennsylvania Museum die Welterbestätte mittels rund 60 000 Fotodokumenten erfassen (›Tikál Project‹). 1970 wurde Tikál auch nationales Monument.

Weitere Welterbe-Stätten der Maya: Guatemala (Ruinen von Quirigua mit einem archäologischen Park, ernannt 1981), Honduras (Ruinen von Copán, 1980) und Mexiko (Calakmul, 2002; Chichen Itzá, 1988; Palenque, 1987; Uxmul, 1996, u. a.).

Kloster St. Gallen, Stiftsbezirk mit Stiftsbibliothek
Schweiz – ernannt 1983 / Gründung um 720

Wie ihr normbildender Idealplan (819/830) hatte die Stiftskirche, eine typische Benediktinerabtei mit Bibliothek und Skriptorium, die später barock verkleidet wurde, großen Einfluss auf den karolingischen Klosterkirchenbau.

612 ließ sich der irische Wandermönch Gallus (um 560–650) im Tal von Steinach als Eremit nieder, 719 gründete der alemannische Priester Otmar (718–759) ihm zu Ehren an diesem Platz ein Spital nach benediktinischer Regel. Während des 9. und 10. Jhs. galt St. Gallen als eines der wichtigsten Zentren westlicher Kultur und Wissenschaft. Hier wirkten u. a. der universell gebildete Bildschnitzer und Musiker Tuotilo (um 850–915), dessen Freund, der Dichter Notker der Stammler (um 840–912), und der Theologe Notker III., genannt der Deutsche (um 950–1022). Heute dominiert der 1755–69 von Peter Thumb (1681–1766) und Johann Michael Beer (1696–1780) barockisierte Stiftsbezirk mit seiner elegant schwingenden Bibliothek, einer der schönsten Profanräume der Welt. Die Stiftskirche erhielt eine Doppelturmfassade (Höhe 68 m). Von Beginn an sammelten die Mönche Handschriften: Von den rund 2000 Titeln sind mehr als 400 älter als 1000 Jahre, darunter befinden sich irisch-keltische Texte sowie mit einem lateinisch-deutschen Lexikon von 790 das älteste bekannte deutsche Buch; über 150 000 Bücher zählt die Bibliothek insgesamt. Zwischen der Blütezeit unter Abt Gozbert (816–837) und dem Neubau einer der letzten monumentalen Klosterkirchen im 18. Jh. lagen die Zerstörungen durch die Ungarn (926), durch Feuersbrunst (937) und durch den Bildersturm (1529). Darüber hinaus gab es aber auch bauliche Ergänzungen wie die Ringmauer (1566/67), die Otmarskirche (1623), Flügelbauten des Klosters (1666/67; 1674) und die zweigeschossige Bibliothek (16. Jh.), die den frühmittelalterlichen Vorgängerbau ablöste. Enge Verbindungen bestanden zum Kloster Reichenau (Welterbe seit 2000), für das etwa der berühmte St. Galler Klosterplan gezeichnet wurde.

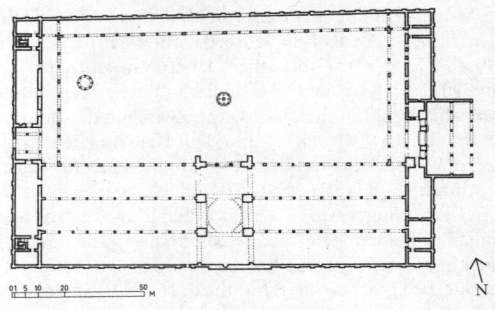

Die Omajjaden-Moschee orientiert sich an christlichen
Baustilen

Altstadt von Damaskus
Syrien – ernannt 1979 / Blütezeit 8. Jh.

Gegründet im 3. vorchristlichen Jahrtausend, gehört Damaskus zu den ältesten Städten des Mittleren Ostens, die stets eine wichtige Rolle gespielt haben. Es ist untrennbar mit dem Christentum und dem Islam verbunden. Unter den über 120 Monumenten aus den unterschiedlichsten Zeitaltern ragt die Große Moschee der Omajjaden aus dem 8. Jh. hervor.

Die Gründungszeit lässt sich nur aufgrund von (späteren) ägyptischen Hieroglyphenfunden erschließen – die Stadt wird in einem der beiden *Amarna*-Briefe zur Zeit Echnatons erwähnt. Gesichert sind die Eroberungen der Handelsmetropole durch Alexander den Großen (332 v. Chr.) und durch die Römer (64 v. Chr.). Dennoch blieb die Strahlkraft von Damaskus (»Wüstendiamant«) erhalten, weshalb sie als eine der wenigen kontinuierlich bewohnten Städte gilt. Ihre eigentliche Bedeutung erlangte die Stadt als Sitz der omajjadischen Kalifen im 7. und 8. Jh., deren sichtbares Zeichen der Bau der Großen Moschee 705–715 unter Al-Walid I. war, die stilbildend für die islamische Architektur wurde und die Häupter Johannes des Täufers und des Mohammed-Enkels Hussein bewahren soll. Sie entstand über den Resten einer christlichen Kirche und enthält antike Spolien. Um den Sakralbau dehnen sich in der Medina die Suqs und Badehäuser (Hamams) aus. Das Christenviertel Bāb Tūmā (Tor des hl. Thomas) ist mit der Vita des hl. Paulus verbunden (so wie das islamische Viertel auf Abraham setzte): Hier erlangte er sein Augenlicht wieder, der Bibel zufolge fand er Unterschlupf in der sogenannten Kapelle des Paulus. Wichtige Monumente sind das Krankenhaus Maristan Nuri (1154) sowie das Grabmal Saladins (1193). Mit dem Mongoleneinfall im Jahr 1401 erlitt die Stadt schwere Schäden, zumal die intellektuellen Kräfte nach Samarkand verschleppt wurden. Erst ein Jahrhundert später normalisierte sich die politische Situation wieder unter der Herrschaft der Osmanen (1516–1918). Die daran anschließende französische Mandatsregierung endete 1946.

Buddhistische Tempelanlagen, Borobudur
Indonesien – ernannt 1991 / Bauzeit 8.–9. Jh.

Borobudur – etwa 40 km nordwestlich von Yogyakarta innerhalb des halbautonomen Sultanats gleichen Namens – gilt als
größtes Monument und einzigartige Pilgerstätte des Buddhismus und mit den Tempeln von Pawan und Mendut als charakteristischer Bau javanischer Kunst.

Begründet wurde der Bau im 8. Jh. in der Shailendra-Dynas-
tie (Mahayana-Buddhismus). Der Aufbau der massiven Tempelanlage (2 Mio. Blöcke aus Vulkangestein, Höhe 33,5 m, urspr.
42 m) in Zentraljava stellt eine Verschmelzung von Stupa, Tem-
pelberg und rituellem Diagramm dar. Über einer pyramidalen
Basis des Grundrisses erheben sich fünf konzentrische quadratische Terrassen (123×123 m) sowie drei kreisrunde Ebenen
mit 72 Stupas bis hin zur zentral gelegenen monumentalen
Stupa (Durchmesser 11 m) auf der neunten Ebene. Zu den
Buddhastatuen in den Stupas gesellten sich ursprünglich 432
Buddhafiguren in Nischen. Die Dreigliederung verweist auf die
sinnliche Welt des Menschen, die feinkörperliche Übergangs-
welt und die körperlose Götterwelt. Die Relieffläche der Stufen-
wände von rund 2500 m² erstreckt sich über 5 km; sie veran-
schaulicht den Weg der Seele zur Erleuchtung und erzählt
Episoden aus dem Leben Buddhas. Durch die politischen Veränderungen und die Verlagerung des Machtzentrums nach Osten verlor Borobudur schon im Jahr 919 an Bedeutung und
wurde verlassen. Zwischen 1973 und 1982 wurde die Anlage, die
um 1000 bereits überwachsen war und erst 1814 durch den
Engländer Thomas Stamford Raffles (1781–1826) wiederentdeckt worden war, restauriert. Vorarbeiten dazu gab es 1907–11
durch Theodor van Erp (1874–1958). Verwitterung, Erdbeben,
Touristenströme sowie ein Bombenanschlag 1985 zerstörten
den Bau erheblich. Um den Baukomplex zu schützen, wurde
nach 1995 ein Managementplan der UNESCO umgesetzt.

Welterbe im Distrikt Yogyakarta: Prambanan, größter indo-
nesischer Hindutempel (ernannt 1991).

Blick in das Oktogon des Aachener Doms

Der Dom zu Aachen
Deutschland – ernannt 1978 / Entstehung um 790–800

Mit dem ersten überwölbten Kuppelbau nördlich der Alpen und der reichen Ausstattung ist die Pfalzkapelle früh als Meilenstein der Kunst erkannt worden, der unter dem Einfluss der Antike und von Byzanz auch als außerordentliches Beispiel eines Zentralbaus zum Prototyp der Sakralarchitektur wurde. Der Dom und seine Schätze symbolisieren die Kaisermacht Karls des Großen, der hier begraben liegt.

Der Aachener Dom (Marienkirche) ist das erste deutsche Weltkulturerbe, was dessen Bedeutung als Schlüsselwerk der abendländischen Geschichte unterstreicht. Um 800 wählte sich Karl der Große die Stadt als »zweites Rom« zum Zentrum seiner Macht: Er ließ hier den Königshof Pippins des Jüngeren zur Residenz und Pfalz ausbauen und von Odo von Metz (742–814) die Kapelle errichten (vgl. Ravenna, San Vitale). Der Kernbau gilt als besterhaltene karolingische Kirche. Hier wurde Karl im Jahr 814 auch bestattet (Heiligsprechung 1165, Umbettung in den Karlsschrein 1215). In der Aura des achteckigen (im doppelgeschossigen äußeren Umgang 16-eckigen) Baus ließen sich 936–1531, seit Otto I., 30 deutsche Könige auf dem marmornen »Karlsthron« krönen. Neben dem zentralen Raum mit antiken Säulen (Spolien) hat sich außer der Kaiserloge der Westbau mit der sogenannten Wolfstür, nicht aber das ihm vorgelagerte Paradies erhalten. Nach dem Anbau eines Turms an die Kapelle 1350 wurde 1355–1414 die 37 m lange und 21 m breite einschiffige, gotische Chorhalle (Höhe 33 m) mit polygonalem Abschluss und 1000 m² Fensterfläche errichtet, die Ste-Chapelle in Paris nacheiferte und als »Glashaus von Aachen« tituliert wurde. U. a. aus dem 15. Jh. stammt der Kapellenkranz um den karolingischen Zentralbau. Seit 1349 zieht der textile Reliquienschatz des Doms – darunter die Windel Jesu – alle sieben Jahre Wallfahrer an (die nächste Heiligtumsfahrt findet 2014 statt). Seit 1930 ist der Dom auch Kathedralkirche eines neuen Bistums, dem Münster und Köln Gebietsteile abgetreten haben.

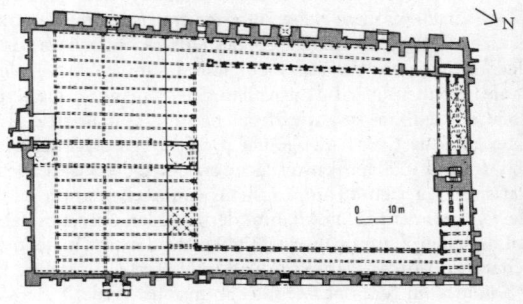

Arkadenhof der Großen Moschee

Altstadt von Kairouan
Tunesien – ernannt 1988 / Blütezeit 9. Jh.

Die große Moschee von Kairouan, spirituelles Zentrum des Islam, ist ein bauliches Meisterwerk, dessen dekorative Motive den Moscheenstil im Maghreb prägten. Mit anderen Monumenten zeugt es von der Zivilisation in der Frühzeit der Provinz Ifriquya. Die Altstadt (Medina) blieb weitgehend erhalten.

Im Süden von Tunis befindet sich die erste »Heilige Stadt« im Maghreb, Kairouan – sie rangiert in der islamischen Welt an vierter Stelle nach Mekka, Medina und Jerusalem –, die einer Legende zufolge aufgrund göttlicher Eingebung im Jahr 670 von einem Schüler Mohammeds gegründet wurde und eine strategische Rolle für die Islamisierung Nordafrikas spielte. Kurz darauf begann man mit dem Bau der Großen Moschee (Sidi-Oqba-Moschee), die 100 Jahre später ausgebaut, dann jedoch teilweise wieder abgetragen wurde. Der heutige Bau geht im Wesentlichen auf eine Neugründung 836 zurück, damals schon mit einem Gebetssaal von 72 m Länge. Bis 1618 erfuhr die schließlich 17-schiffige Moschee fünf Erweiterungsphasen. Die rund 420 Säulen der Gebetshalle sind teils römische, byzantinische und karthagische Spolien. Römisches Steinmaterial wurde auch für den Bau des ältesten erhaltenen Minaretts (begonnen 724) verwendet, das sich dreistufig über quadratischem Grundriss erhebt und das andere Ende des stilbildenden Innenhofs gegenüber dem Gebetshalle markiert. Zu den ältesten islamischen Kunstwerken gehört die intarsienverzierte Kanzel (Minbar, 862). Als wichtiges Heiligtum gilt auch die sogenannte Moschee der drei Tore (gestiftet 866) in der Medina, deren geschäftiges Treiben unter rund 100 Minaretten viele europäischen Dichter und Maler inspirierte (Rilke; Klee, Macke). Die gut erhaltene Stadtmauer datiert aus dem Jahr 1052.

Moscheen im Maghreb (Algerien, Marokko, Tunesien): Bergfestung Beni Hammad (ernannt 1980), Altstädte von Algier (1992), Fes (1981), Marrakesch (1985), Meknès (1996) und Essauouira (2004), von Tunis (1979) und Sousse (1988).

Sta. María del Naranco in Oviedo, Palastaula

Monumente von Oviedo und Asturien

Spanien – ernannt 1985, erw. 1998 / Blütezeit 9. Jh.

Zunächst bezog sich die UNESCO-Liste auf die vorromanischen Kirchen in Oviedo, die sich aus westgotischen, arabischen und kleinasiatischen Elementen entwickelten. Sie beeinflussten die Sakralarchitektur Spaniens, stehen aber auch in Verbindung mit der Kultur des asturischen Königreichs, das sich gegen die muslimische Übermacht in Spanien behauptete. 1998 trat die Altstadt von Oviedo an die Seite des Welterbes.

Nachdem und während die Araber im 8. Jh. die Iberische Halbinsel besetzt und mehrfache Widerstände gebrochen hatten (711–719, 789, 794), erhoben sich die Asturier in Nordwestspanien – seit dem 5. Jh. unter westgotischer Herrschaft – und organisierten die ›Reconquista‹. Unter dem Fürstkönig Pelayo (gest. 737) konnten die Christen ab 722 erste Erfolge erzielen und v.a. mit Alfons I. (reg. 739–757) und Alfons II. (reg. 791–842), der das 761 gegründete Oviedo 812 zur Hauptstadt und zum Bischofsitz machte, ihren Einfluss in südliche Richtung ausbauen. Zugleich verschoben sich auch die christlichen Machtverhältnisse: Asturien ging im Königreich León auf. Heute findet sich in Oviedo das europaweit einzigartig dichte Bauensemble aus dem 9. Jh.: Sta. María del Naranco, ein zweigeschossiger Residenzbau, der 905–1065 zur Kirche umgewandelt wurde; S. Miguel de Lillo von 842–850, dessen Westteil erhalten blieb; dazu kommen u.a. Sta. Cristina de Lena (um 850–866) sowie die Kapelle S. Miguel oder auch »Heilige Kammer«, im 11.–18. Jh. Reliquiensammlung der Kathedrale. Zum Welterbe gehört auch der kleine Brunnenbau, »La Foncalada« (nach der Inschrift *fontem calatam*), der 4×3 m misst – bei 90 cm dicken Mauern; wie die Basilika S. Julián de los Prados (»Santullano«), mit 30×25 m die größte vorromanische Kirche, liegt er aber außerhalb des ursprünglichen Stadtkerns. Der asturische König Alfons II. (reg. 791–842) war einer der ersten Jakobspilger auf dem ›Ur‹-Jakobsweg (*camino primitivo*, Welterbe seit 1993) zum neuentdeckten vermeintlichen Grab Jakobus' d. Ä.

St. Peter und Paul in Niederzell

Klosterinsel Reichenau im Bodensee

Deutschland – ernannt 2000 / Blütezeit 9.–11. Jh.

Die Klosterinsel zeugt von der religiösen und kulturellen Rolle des Benediktinerordens im Mittelalter. Ihre drei Kirchen, deren Wandmalereien die europäische Kunstgeschichte des 10. und 11. Jhs. beeinflussten, vergegenwärtigen die frühmittelalterliche Architektur ab dem 9. Jh.

724 gründete der Wandermönch Pirmin »auf der reichen Au« ein (nicht erhaltenes) Benediktinerkloster, das den Kern der größten Reichenauer Kirche, St. Maria und Markus, bildet – um 750 gab es dort bereits rund 100 Mönche: Die dreischiffige Kreuzbasilika (Marienmünster; Weihe 816, umgestaltet 950–997) in Mittelzell, deren Klostergarten auf die visionären Abt Walahfrid Strabo (um 808–849; *Visio Wettini*, *Hortulus*) zurückgeht. Die anderen Kirchen sind die querhauslose Säulenbasilika St. Peter und Paul in Niederzell (Neubau um 1080–1134 über Gründungsbau, Ende 8. Jh.; Barockisierung 18. Jh.), bedeutend wegen der Apsismalerei (12. Jh.), sowie St. Georg in Oberzell mit einer quadratischen Krypta (895) und einmaligen ottonischen Wandgemälden (10. Jh.). 926 lagerte St. Gallen aus Sorge vor ungarischen Übergriffen seine Bibliothek auf die Reichenau aus, was der Schule der Buchmalerei neue Impulse gab. Der letzte universell gelehrte Mönch auf der Reichenau war Hermann der Lahme (1013–54), der in seiner Chronik die Datierung »vor« und »nach Christus« einführte. 1540 ging das Kloster, das im vorangehenden Jahrhundert in völliger Bedeutungslosigkeit versunken war, in den Besitz des Bistums Konstanz über. 2001 gründeten Mönche eine neue Klosterzelle. Als Netzwerk sind die vier Museumsbauten zu verstehen, die unter verschiedenen Blickwinkeln die Welterbestätte präsentieren.

Weltdokumentenerbe: Ottonische Buchmalerei aus dem Kloster Reichenau (*Bamberger Apokalypse, Codex Egberti, Gero-Codex* u. a.), heute in diversen Bibliotheken weltweit. Der hier entstandene karolingische (St. Galler) Klosterplan von 830 ist Teil des Weltkulturerbes Kloster St. Gallen (seit 1983).

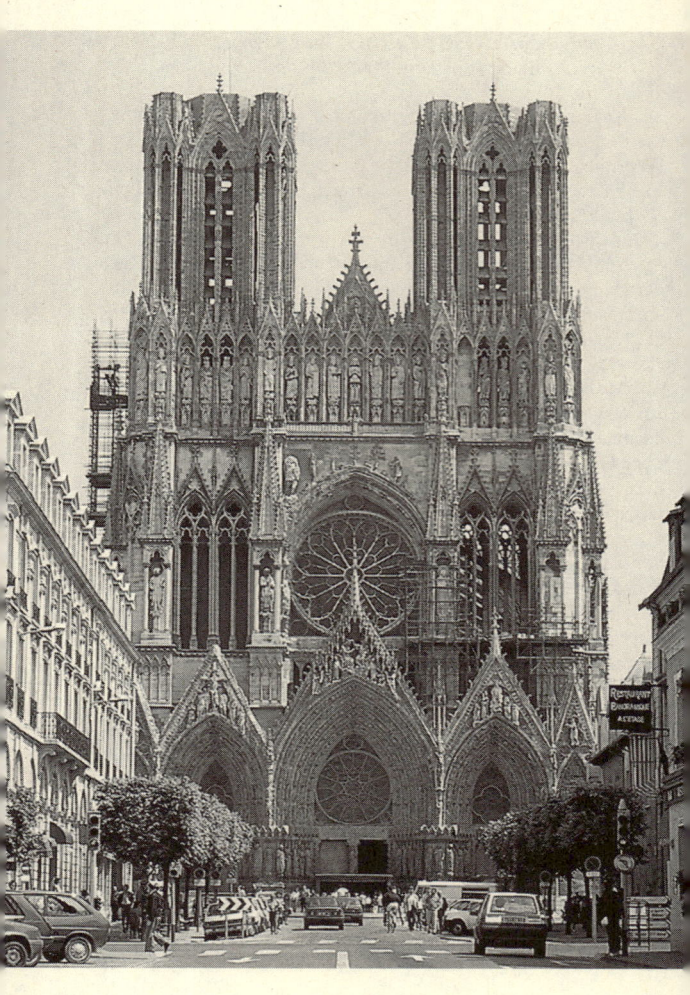

Kathedrale von Reims mit dem Kloster Saint-Remi und dem Palais du Tau

Frankreich – ernannt 1991 / Entstehung 9.–17. Jh.

Innerhalb der Gotik nimmt die Kathedrale Notre Dame von Reims eine herausragende Stellung ein; in einem bislang nicht gekannten Zusammenspiel von Architektur und Bauskulptur hatte sie Einfluss auf ganz Mitteleuropa. Für die französische Monarchie spielten Kathedrale, erzbischöflicher Palast und Kloster Saint-Remi eine wichtige Rolle.

Die Christianisierung Galliens geht u. a. auf den hl. Remigius (Remi, 440–533) zurück, der 496 den Merowingerkönig Chlodwig (reg. 482–511) taufte und Reims zum Krönungsort machte – ab dem 12. Jh. war die Zeremonie in dieser Kirche vollständig etabliert (einzig Heinrich IV., reg. 1589–1610, und Napoleon Bonaparte, reg. – als Kaiser – 1804–14, wurden nicht hier gekrönt, sondern in Chartres bzw. Paris). Die über den Resten einer niedergebrannten karolingischen Kirche ab 1210 erbaute, 138 m messende Kathedrale (Langhausbreite 32 m; Querschiff 55 m) ist ein Meilenstein der reinen Gotik, im Volksmund »Kathedrale der Engel« genannt. Unter den berühmtesten Kathedralplastiken der rund 2300 Statuen befindet sich der *Lächelnde Engel* (linkes Seitenschiffportal). Als Steinmetze sind Jean d'Orbais (1175–1231) und Jean le Loup (13. Jh.) zu nennen; Rosette und Gewölbe (Höhe 38 m) stammen von Bernard de Soissons (13. Jh.). Die beiden Türme (Höhe 81 m) waren erst im 15. Jh. vollendet. Wurden die Könige in Reims gekrönt und gesalbt, so fand das Bankett im erzbischöflichen Palast statt. Das Palais – heute ist es ein Museum –, von dem nur der Festsaal und die gotische Palatinkapelle aus dem 15. Jh. erhalten sind, wurde um 1690 von Jules Hardouin-Mansart (1646–1708) und Robert de Cotte (1656–1735) ausgebaut. Es grenzt an die romanische Abteikirche Saint-Remi (Weihe 1049) an, die über einem karolingischen Kern errichtet wurde. Ihr Chor zeigt bereits gotische Merkmale. 1974 wurden in der Kathedrale Fenster von Marc Chagall (1887–1985) geweiht.

Übertageanlagen des Erzbergwerks (vorne) und die Altstadt
von Goslar (im Hintergrund)

Bergwerk Rammelsberg und Altstadt von Goslar
Deutschland – ernannt 1992, modifiziert 2008 / Entst. 10. Jh.

Rammelsberg ist das größte und am längsten betriebene Bergwerk in der wichtigsten metallverarbeitenden Region Zentraleuropas und stellt zusammen mit der Siedlung eines der besterhaltenen mittelalterlichen städtischen Industrie-Ensembles dar.

Das über 1000 Jahre lang betriebene, 1988 stillgelegte Erzbergwerk Rammelsberg ist ein einzigartiges Dokument der Bergbaugeschichte: Die von dem Geschichtsschreiber Widukind von Corvey 968 (*Res gestae Saxonicae*) erwähnten Abraumhalden gehen bis ins 10. Jh. zurück; der älteste erhaltene Stollen datiert aus dem 12. Jh. Darüber hinaus finden sich hier der älteste ausgemauerte Grubenraum in Europa (13. Jh.) sowie der älteste übertägige Grubenbau im deutschen Bergbau (15. Jh.). In die jüngere Industriegeschichte gehört ein Großteil der Anlagetechnik wie Wasserräder aus dem 19. Jh. und Einrichtungen für den Übertagebau aus dem frühen 20. Jh., insbesondere die Tagesanlage (1936) der neusachlichen Architekten Fritz Schupp (1896–1974) und Martin Kremmer (1894–1945). Die Arbeiterhäuser entstanden zwischen 1878 und 1950. Die Silber- und Kupfererzvorkommen des 635 m hohen Rammelsbergs veranlassten die Kaiser Heinrich II. (reg. 1002/14–24) und Heinrich III. (reg. 1039/46–56), in Goslar die größte und besterhaltene Pfalzanlage auf- und auszubauen, wo 1009 eine erste Reichsversammlung stattfand. Das zweigeschossige Kaiserhaus ist der größte Profanbau dieser Zeit, in dem die sächsischen und salischen Kaiser bis 1253 residierten, als Goslar freie Reichs- und Hansestadt wurde. Im Schutz der südlich gelegenen, mächtigen romanischen Kaiserpfalz (Areal 340 × 180 m) entwickelte sich die 922 von Heinrich I. dem Vogler (reg. 919–936) gegründete Goslarer Altstadt, die mit rund 1500 noch bestehenden Gilde- und Bürgerhäusern im Fachwerkbau (15.–19. Jh.) und 47 Kirchen bis heute ein einheitliches Stadtbild zeigt.

Deutsche Industriedenkmale im Welterbe: Völklinger Hütte (ernannt 1994); Zeche Zollverein, Essen (2001).

Das Kloster Simonos Petra gilt als ›Potala‹ von Athos

Berg Athos
Griechenland – ernannt 1988 / Gründungszeit 10.–16. Jh.

Der Berg Athos, Weltkultur- wie -naturerbe, ist auch über Konstantinopels Fall 1453 hinaus spirituelles Zentrum der Orthodoxen Kirche und vereint Schönheit der Landschaft und künstlerische Vollendung in der Architektur, die den Typus der ostkirchlichen Klöster und des klösterlichen Ideals prägen.

Die Halbinsel der autonomen Mönchsrepublik Athos mit einer Fläche von 350 km² (Gipfelhöhe 2033 m) wird seit dem frühen 9. Jh. kultisch genutzt; überliefert ist ein Eremit namens Petros. Der »Heilige Berg« ist bis heute ein ausschließlich für Männer zugänglicher Bezirk. Im Verwaltungszentrum Karyes steht die älteste Kirche von Athos (10. Jh.), der bis ins 12. Jh. Byzanz unterstand. Insgesamt entstanden neben dörflichen Verbänden (Skiten) rund 20 Klöster: Megisti Lavra (963, größtes Kloster mit Leitbildfunktion, Ikonensammlung); Vatopedi (um 972, byzantinische Bibliothek, Schatzkammer mit bedeutenden Exponaten); Iviron (980, Bibliothek, Schatzkammer mit 165 Reliquien); Xenofontos (10. Jh., Wandmalereien von Antonios, Schatzkammer); Stavronikita (vermutlich 10. Jh., Wandmalerei von Theophanes aus Kreta); Pavlou (vermutlich 10. Jh.); Chilandariou (Ende 10. Jh., 1198–1320 Entwicklung zum spirituellen Zentrum der serbischen Christen; nach Brand 2004 weitgehend zerstört); Xeropotamou (Ende 10. Jh., großer Landbesitz); Dochiariou (vor 1013, Klosterbau mit Wandmalerei der kretischen Schule aus dem 16. Jh.); Karakalou (1018); Rossikon (11. Jh., Schatzkammer); Koutloumousiou (1169, umfangreiche Bibliothek); Zografou (vor dem 13. Jh., legendär 10. Jh., große Bibliothek); Simonos Petra (um 1362 als »Neu Bethlehem«); Filotheou (vor dem 14. Jh., legendär Anfang 10. Jh.); Grigoriou (14. Jh., Bibliothek, Schatzkammer); Dionysiou (14. Jh.); Esfigmenou (16. Jh., Malerei der kretischen Schule: Tzortzis). Ende des 19. Jhs. begann der Niedergang der Mönchsrepublik.

Berge als heilige Stätten im Welterbe: Machu Picchu (Peru, ernannt 1983), Taishan (China, 1987).

Rapa Nui – Osterinsel
Chile – ernannt 1995 / Blütezeit 10.–18. Jh.

Auf Rapa Nui entstand über einen Zeitraum von fast einem Jahrtausend in völliger Isolation und ohne Außeneinflüsse eines der beeindruckendsten Kulturphänomene der Welt – eine von großen, geheimnisvollen Steinskulpturen umstellte Insel.

Die vier südpazifischen Osterinseln mit einer Fläche von 117 km² liegen rund 3700 km von der chilenischen Küste entfernt, weit abgelegen von den anderen polynesischen Inseln. Von dort oder, nach Thor Heyerdahl (1914–2002), aus Südamerika kamen die ersten Siedler um 380 nach Rapa Nui (»Große Insel«), das sie auch »Nabel der Welt« nannten. Spanische Seefahrer müssen schon im 17. Jh. Kenntnis davon gehabt haben, doch gilt der Niederländer Jacob Roggeveen (1659–1729) als offizieller Entdecker, der am Ostersonntag 1722 Rapa Nui betrat und umbenannte. Während er das Inselleben noch in seiner Blüte beschrieb, fand James Cook (1728–1779) 1774 eine erloschene Kultur vor. Zurück blieben an die 1000 heute vielfach zerstörte bzw. vom Zerfall bedrohte Kolossalstatuen (*moais*), die in einer Größe von 5 bis 20 m stumme, imposante Zeugen einer untergegangenen Zivilisation wurden. Wie die 50–270 t schweren Figuren aus porösem vulkanischem Tuffstein, Basalt und roter Gesteinsschlacke aufgestellt werden konnten, ist rätselhaft; die 394 nicht fertiggestellten Figuren im Steinbruch geben jedoch Aufschluss über die Arbeitsweise. Die mit Steinmeißeln hergestellten Figuren, meist bestehend aus Kopf mit aufgesetztem Kopfputz, Oberkörper und reliefartig angelegten Armen, wurden zum Ahnenkult an der Küste aufgestellt und schauten ernst, mit weit geöffneten Augen (aus weißen Korallen) ins Landesinnere. 1888 wurde Rapa Nui von Chile annektiert, das es 1935 zum Nationalpark erklärte. Die Restaurierung begann 1960 unter William Mulloy u. a.

Kolossalplastiken im Welterbe: der Buddha von Bamian – 55 m, 2001 zerstört (7. Jh.; Afghanistan, ernannt 2003); die Freiheitsstatue vor New York: 47 m (1886; USA, 1984).

Jakobsweg und Altstadt von Santiago de Compostela

Frankreich, Spanien – ernannt 1985 [Altstadt Santiago],
1993 [span. Route], 1998 [frz. Routen] / Entstehung: 11. Jh.

Die Altstadt von Santiago de Compostela ist eine der bekanntesten »heiligen« Pilgerstädte der Christenheit, deren Kathedrale in der Romanik wie im Barock großen Einfluss ausübte. Die völkerverbindenden Pilgerwege spiegeln die Bedeutung der Kirche im Mittelalter wider, und sie fördern über weite Strecken die Ausprägung spezieller Bautypen.

Die Kathedrale von Santiago de Compostela (Weihe 899; Abb.) wurde wie die gesamte Stadt im 10. Jh. von den Arabern zerstört, ab 1077 im romanischen Stil wiederaufgebaut (8200 m², mit dem grandiosen Porticus de la Gloria des Meisters Mateo, 1168–88; Weihe 1211) und in gotischen und barocken Formen gravierend erweitert (23 000 m²; Vollendung der barocken Fassade 1750). Sie gehört mit dem vermeintlichen Grab des hl. Jacobus als drittwichtigster christlicher Wallfahrtsort (nach Rom und Jerusalem) zu den Zielen des berühmtesten und populärsten aller Pilgerwege: des Jakobswegs. Im engeren Sinn umfasst er die erstmals 1047 bezeugte Strecke von der französischen Grenze durch Nordspanien (Baskenland, Kantabrien, Asturien) bis Santiago mit rund 1800 Monumenten (*Camina Francés*; u. a. in Burgos, Léon und Pamplona). Die Pilgerfahrtsidee erlebte im 17. Jh. eine Renaissance, nachdem sie in der frühen Neuzeit vergessen worden war, was sich in den barocken Bauprojekten dieser Zeit ablesen lässt. Weiter gefasst ziehen sich die Jakobs-Pilgerwege durch ganz Europa; die vier französischen Wege (mit den Ausgangsorten Paris, Vézelay, Le Puy, Arles) sind Bestandteil des Weltkulturerbes. Im Heiligen Jahr 2004 folgten fast 180 000 Menschen dem rund 800 km langen Weg.

Welterbe auf dem Pilgerweg: in Frankreich Vézelay (Abteikirche Sainte-Madeleine, 1979), Bourges (Kathedrale, 1992), Gavarnie (Pfarrkirche in der Berglandschaft Mont Perdu, 1998), Arles (römische und romanische Bauten, 1981); in Spanien Burgos (Kathedrale, 1984).

Stabkirche von Urnes
Norwegen – ernannt 1979 / Bauzeit 11. und Mitte 12. Jh.

Die Stabkirche von Urnes ist ein herausragendes Beispiel für die traditionelle Holzarchitektur in Skandinavien, die keltische Elemente, Bauformen der Wikinger und romanische, wenn auch wenig belichtete Raumstrukturen vereint.

Mit der Christianisierung unter König Olav (reg. 1016–30) setzte sich in Nordeuropa der basilikale Baustil durch, aus Holz konstruiert und konserviert mit einem Birkenteeranstrich. Der Stabbau geht zurück auf die Wikinger (Haithabu, 9./10. Jh., Ostseeraum). Von den rund 1300 mittelalterlichen Stabkirchen haben sich in Norwegen 28 erhalten – im 16. Jh. gab es noch 750 –, die eine stattliche Größe erreichen konnten (Borgund, Heddal, Kaupanger). Im übrigen Skandinavien ist nur noch eine Stabkirche in Schweden (Hedared) zu finden. Die Kirche von Urnes am Lusterfjord, begonnen um 1150, geht auf einen Vorgängerbau aus dem 11. Jh. zurück und gehört somit zu den ältesten dieser Baugruppe, die mit hölzernen Bogen und Säulen die Sprache der zeitgleichen Steinarchitektur zu imitieren versucht; sie wird dem komplizierten Bautyp zugerechnet, der im Innenraum einen Umgang aufweist (im Gegensatz zum einschiffigen Bautyp). Das skulpturale Dekor zeigt außen ein Wikinger-Schnitzwerk; das Portal stammt noch vom Altbau, der plastische Schmuck aus dem späten 12. Jh. Innen sieht man figurative Kapitelle, die den »Urnes-Stil« begründeten: ineinander verschlungene Tier- und Pflanzenformen, die auf die Sage der Weltenesche Yggdrasil verweisen. Diese Darstellungen sind wie auch die erhaltenen liturgischen Objekte von höchster Qualität. Um 1600 wurde ein rechtwinkliger Chor angebaut, 1704 bekam die Kirche einen Glockenturm. Der gute Erhaltungszustand von Urnes, der lediglich durch Schäden während der Reformation nach 1537 beeinträchtigt worden ist, konnte durch Restaurierungen u. a. 1906–10 gesichert werden, Ausgrabungen Mitte des 20. Jhs. konnten zudem die Datierung des Vorgängerbaus durch Bestimmung von Münzfunden festigen.

Stiftskirche, Burg und Altstadt von Quedlinburg

Deutschland – ernannt 1994 / Blütezeit 11./12., 15.–18. Jh.

Quedlinburg und seine Stiftskirche sind ein authentisches Beispiel für eine im Mittelalter gegründete europäische Stadt mit einem außergewöhnlich hohen Anteil an Fachwerkarchitektur.

Heinrich I., seit 919 König von Sachsen, einte mit Geschick mehrere disparate Volksstämme, was im 19. Jh. die Legende vom »Reichsgründer« beflügelte. Dass er das als Königsbesitz 922 beurkundete Quedlinburg zur ersten Residenz wählte, ließ auch die Stadt zum nationalen Mythos verklären. Im Todesjahr Heinrichs 936 wurde auf dem Schlossberg ein Adelsdamenstift gegründet (z. Z. der Reformation 1539 freies weltliches Stift; 1802 aufgelöst), auf dessen Grund die ottonisch-romanische Basilika St. Servatius 1017–1129 entstand (das gotische Chorhaupt ist von 1321, der Südturm folgte 1862–82), die einen der wertvollsten Domschätze Deutschlands beherbergt. Weniger spektakulär verlief die Geschichte der nahezu unveränderten Wipertikirche, deren Krypta (1020; restauriert 2003–09) 1936 genauso wie die Servatiuskirche zu säkularen Weihestätten der SS und Heinrich Himmlers wurden, der einen persönlichen Kult um den 1000 Jahre zuvor verstorbenen Heinrich I. inszenierte. Darüber werden oft die rund 1300 Fachwerkbauten vergessen, die der Altstadt mit rund 800 Einzeldenkmalen und der 1337 angegliederten Neustadt ihr charakteristisches Gesicht geben: Das älteste erhaltene deutsche Fachwerkhaus (Klink 6/7), das in den 1990er Jahren saniert wurde, datiert von 1289. Dem Welterbe gehören noch die 986 gegründete, im 16. Jh. aufgegebene romanische Marienkirche der Benediktinerinnen (Münzenberg) an, zudem das Renaissance-Rathaus samt Roland-Figur, die 1427 als Zeichen der Marktfreiheit aufgestellt wurde (Höhe 2,75 m; 1477 zerstört, 1869 wiederhergestellt), der Abteigarten (Neugestaltung 2006) und der im 16.–18. Jh. angelegte Brühlpark (15 ha).

Weitere Welterbestätte auf der »Straße der Romanik«: Lutherstadt Eisleben mit dem Kloster St. Marien zu Helfta (ernannt 1996).

Blick auf den Dom und die Burg

Altstadt von Salzburg
Österreich – ernannt 1996 / Blütezeit 11.–19. Jh.

Ausgezeichnet wurde Salzburg für sein über ein Jahrtausend entstandenes, harmonisch gefügtes Stadtbild.

Die Altstadt in der Nachbarschaft des östlich gelegenen Salzkammerguts (Weltkulturerbe 1997) kommt einer Komposition gleich. Es dominieren die Silhouetten der mittelalterlichen Hohensalzburg, die historischen Gassen sowie die gotischen und barocken Sakralbauten das Stadtbild, das sich bewusst in die Landschaft fügt. Die Festung, deren Baubeginn auf 1077 zu datieren ist und die Anfang des 16. Jhs. ihre heutige Form erhielt, ist die größte erhaltene Burg Mitteleuropas; die fürsterzbischöflich geprägte Politik, deren sichtbare Zeichen die Residenz (Neubau 1600–19) und der Dom (Weihe 1628; »Klein St. Peter«) sind, hat die Klöster St. Peter und Nonnberg ermöglicht – sie bestehen noch heute, zweiteres ist das älteste Frauenkloster im deutschsprachigen Raum. Die meist im barocken Geist (um) gestaltete Architektur ist kaum denkbar ohne die Baumeister Vicenzo Scamozzi (1552–1616), Santino Solari (1576–1646), Giovanni Gaspare Zuccalli (1667–1717) sowie besonders Johann Bernhard Fischer von Erlach (1656–1723) und Lukas von Hildebrandt (1668–1745). Zusammen mit den Schlössern Mirabell (Hildebrandt, Umbau 1721–27) und Hellbrunn (Solari, 1613–19) brachten sie der Stadt den Ruf »Das deutsche Rom« ein. Über die Architektur hinaus lebt der Zauber der Stadt auch von der Musik und der Literatur. Hier wurde Wolfgang Amadeus Mozart (1756–91) geboren, dem 1877 und dann ab 1956 Festspiele eingerichtet wurden, obwohl der Komponist nicht gut auf die Stadt zu sprechen war. Seit 1920 finden die Salzburger Festspiele auf den Treppen des Doms mit Hugo von Hofmannsthals (1874–1929) Mysterienspiel *Jedermann* statt; der Festspielbezirk (1926 ff.) stammt von Clemens Holzmeister (1886–1983), der 1955–60 auch das Große Festspielhaus erbaute.

Österreichische Stadtzentren im Welterbe: Altstadt von Graz (ernannt 1999) und historisches Wien (2001).

Altstadt von Bamberg
Deutschland – ernannt 1993 / Blütezeit 11. Jh. ff., 17./18. Jh.

Die nahezu vollständig erhaltene mittelalterliche und renaissancistische Anlage und die Architektur der Stadt übten einen starken Einfluss in Mitteleuropa seit dem 11. Jh. aus.

Im Jahr 902 erstmals urkundlich erwähnt, wurde das Bamberger Bistum 1007 gegründet, als der erste Dom bereits fünf Jahre im Bau war (fertiggestellt 1024). Er verkörperte die Bedeutung der Stadt (»das fränkische Rom« wegen seiner sieben Hügel), die kontinuierlich wuchs. 1015 wurde das Kloster St. Michael gegründet, 1045 das Kloster Theres (Diözese Würzburg) von Bischof Suidger, der 1046 zum Papst Clemens II. gewählt wurde, sein Bistum aber behielt und nach seinem gewaltsamen Tod 1047 in den Bamberger Dom überführt wurde. Es ist das einzige Papstgrab nördlich der Alpen. Im 13. Jh. erhielt die Stadt das Marktrecht (1234), der Nachfolgedom mit dem *Bamberger Reiter* wurde 1237 geweiht. Bei dem ursprünglich bemalten Reiter handelt es sich um einen nur spekulativ zuzuordnenden königlichen Heiligen (Stephan II. von Ungarn, Heinrich II. oder Philipp von Schwaben). Um 1500 schuf Tilman Riemenschneider (um 1460–1531) das Hochgrab des Bistumsgründers Heinrich II. (reg. 1002 [König] bzw. 1014 [Kaiser] – 1024) und seiner Frau Kunigunde. Das Stadtbild änderte sich zwischen 1693 und 1746, als die Bischöfe des Absolutismus das im Kern mittelalterliche Bamberg modernisieren ließen, u. a. durch die Neue Residenz, bis heute stehen auf 250 ha rund 2000 denkmalgeschützte Häuser (restauriert seit 1958). Während von den prägenden Persönlichkeiten Ende des 13. Jhs. Hugo von Trimberg mit seinem Lehrgedicht *Renner* herausragt, sind für die Zeit nach 1800 G. F. W. Hegel (*Phänomenologie des Geistes*), W. H. Wackenroder und E. T. A Hoffmann zu nennen – sie unterstreichen Bambergs Profilierung als eine der »Wiegen« der Romantik.

Deutsche Altstädte im Welterbe: Hansestadt Lübeck (ernannt 1987), Goslar (1992), Quedlinburg (1994), Stralsund und Wismar (2002), Regensburg (2006).

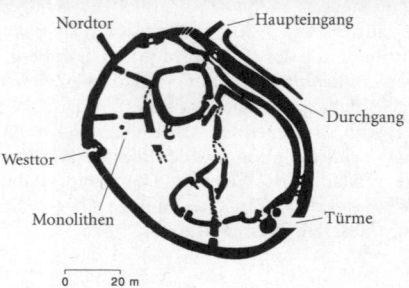

Nordtor — Haupteingang

Durchgang

Westtor

Monolithen — Türme

0   20 m

Ruinenstadt Groß-Zimbabwe

Zimbabwe – ernannt 1986 / Entstehung 11. Jh. – 1450

Groß-Zimbabwe hat die Phantasie afrikanischer und europäischer Reisender bis hin zu Legenden um den biblischen Ursprung angeregt, während es real v. a. Zeugnis ablegt für die untergegangene Shona-Kultur, die ihre Spuren in unzähligen identitätsstiftenden Vogeldarstellungen findet.

Der Staatsname Zimbabwes, der sich mit »ehrwürdige Steinhäuser« übersetzen lässt, geht auf die im Südosten gelegene gleichnamige Ruinenstadt Groß-Zimbabwe zurück. Erzählungen, die die Region mit phönizischen Gründern oder mit der Königin von Saba in Zusammenhang bringen, sind frei erfunden. Die Stadt, bestehend aus zwei Ruinenkomplexen, die etwa 18 000 Menschen auf einer Fläche von 78 ha beherbergte, hatte einen zentralen 244 m langen Einfriedungswall »Akropolis Afrikas«, dessen äußerer Ring aus rund 900 000 grob behauenen Granitsteinen (Gesamtgewicht 15 000 t; max. Höhe 10 m, max. Basisbreite 5,2 m) bestand, die mörtellos vermauert wurden. Groß-Zimbabwe ist das größte erhaltene Monument in Afrika neben den ägyptischen Pyramiden und nicht minder sagenumwoben. Einen markanten Blickfang bietet der konisch sich zuspitzende Turm, dessen Steine akkurat geschichtet sind. Ob sich im kultischen Zentrum der Ruinenstadt eine Schule für voreheliche Initiationsriten befand, ist nicht gesichert, wohl aber der rege Handel (Gold, Kupfer, Elfenbein), den die Menschen von hier aus, der Hauptstadt eines mächtigen Regenten, trieben. Die Blütezeit fällt ins späte 13. und ins 14. Jh., als die heute noch erhaltene Festungsstadt entstand (die erste ummauerte Besiedlung geht ins 10. Jahrhundert zurück). Nachdem die Stadt im 16. Jh. aufgegeben worden war, blühte der zimbabwische Ort Khami auf (Weltkulturerbe seit 1986), der den archäologischen Spuren nach Handelsbeziehungen mit Europa und China unterhielt. Groß-Zimbabwe wurde nach seiner Wiederentdeckung 1871 Ziel von Abenteurern, die zahlreiche Monumente zerstörten, bevor sie ab 1932 systematisch untersucht werden konnten.

Alte und Neue Stadt von Edinburgh

Großbritannien – ernannt 1995 / Blütezeit 11.–15., 18. Jh.

Das Stadtbild ist geprägt durch das gegensätzliche, aber harmonische Miteinander von Alt- und Neustadt, ungeordnet-mittelalterlicher und streng klassizistischer Struktur.

Auf einem 135 m hohen Basaltfelsen gelegen, erstreckt sich die Altstadt von der Festungsanlage (1057–93) bis zum Holyrood House (nach 1500) als königlicher Residenz. Ins Ensemble gehören u. a. St. Margaret's Chapel, das älteste erhaltene Gebäude der Stadt im ›Norman Style‹ (12. Jh.), die Holyrood Abbey (gestiftet 1128), St. Giles Cathedral (1387–1495), in der Maria Stuart (reg. 1542–67) zur Königin gekrönt wurde, sowie die weitere Bebauung der Straßenzüge Lawnmarket, High Street und Royal Mile, der Prachtstraße mit dem Wohnhaus (um 1490) des Reformators John Knox (um 1514–1572). Im 16. Jh. zerstörten die Engländer mehrmals die Stadt, allerdings scheiterten sie in dem Versuch, die Burg zu erobern; bis 1822, als die Engländer und Schotten eine rechtliche Kooperation anstrebten, fiel die strategisch wichtige Festung in jeweils andere Hände. In der rasch expandierenden Stadt, seit dem 15. Jh. Hauptstadt der Schotten, entstanden die ersten Hochhäuser in Europa, im 16. Jh. bis zu zehn Stockwerke hoch, im 17. Jh. erreichten einzelne Bauten zwölf Etagen – dagegen verlor Schottland 1603 seine königliche Präsenz, 1707 auch das Parlament. Eine zweite Blütezeit der Stadt fand ihren Ausdruck in der planmäßigen Neuanlage 1767 durch James Craig (1744–1795), der nach einem Architekturwettbewerb und Plankorrekturen von John Adam (1721–1792) nördlich der Altstadt die parallel verlaufenden Princess Street, George Street und Queen Street gestaltete; die Stadterweiterung war erst dadurch möglich, dass das sumpfige Land um den Burgfelsen ausgetrocknet werden konnte. Zwischen 1801/02 und den 1850er Jahren folgten weitere Bauabschnitte der Neustadt durch Robert Reid (1776–1856) u. a., die Craigs Rasterung auflockerten und die Stadt romantisierten. 1816–18 erbaute William Burn (1789–1870) die St. John's Church (Abb.).

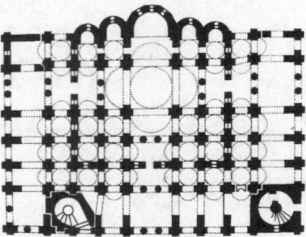

Sophienkathedrale in Kiew

Sophienkathedrale und Höhlenkloster, Kiew

Ukraine – ernannt 1990, modifiziert 2005 /
Blütezeit 11./17.–19. Jh.

Die Kathedrale St. Sophia in Kiew (»Neu-Konstantinopel«) ist baugeschichtlich einzigartig und beeinflusste, in Rivalität mit der Hagia Sophia in Konstantinopel, zusammen mit der Kiewer Ikonenmalerei – einem wichtigen Zeugnis der mittelalterlichen Zivilisation in einer interethnischen Region – die altrussischen Kunstzentren Novgorod u. a.

Unter den zahlreichen Kirchen Kiews, die der Stadt den Vergleich mit dem »himmlischen Jerusalem« einbrachten, ragt die Sophienkathedrale hervor, eine fünfschiffige Kreuzkuppelkirche (37×55 m, Höhe 29 m), die der Fürst Jaroslaw der Weise (reg. 1019–54) vermutlich ab 1037 erbauen ließ. Sie wurde zur Hauptkirche und Grablege des slawisch-warägischen Großreiches (Rus), von der aus die politischen Organe (Volksversammlung, Hof) agierten. Das malerische und mosaizierte Bildprogramm erstreckt sich über rund 3000 m² bzw. 260 m²; als Meisterwerk ist die Darstellung des *Pantokrator* (11. Jh.) in der zentralen der 13 Kuppeln zu nennen. Über ein Jahrzehnt später als diese Kirche, um 1050, errichteten Asketen um einen Kern künstlicher Mönchshöhlen das Höhlenkloster Petscherska Lawra, einen Komplex mehrerer Sakral- und Museumsbauten (zuletzt das Refektorium, 1893–95). Im 13. und 15. Jahrhundert fügten die Mongolen und Krimtataren der Stadt schwere Schäden zu; 1685–1707 wurde das Innere der Sophienkathedrale um vier Schiffe erweitert, der Außenbau in barocken Formen erneuert und um einen Glockenturm sowie acht Kuppeln ergänzt (der Turm erhöht). Die Holzkonstruktion wurde nach einem Brand von 1697 durch Stein ersetzt. Gemeinsam mit dem Höhlenkloster, das im 17. Jh. auch erneuert worden war, wurde die Kirche seit 1926 bzw. 1934 museal genutzt. Bereits vor der Abspaltung der Ukraine von der Sowjetunion 1991 siedelten wieder Mönche an, danach wurde die älteste ostslawische Kathedrale an die orthodoxe Kirche zurückgegeben – blieb aber Museum.

Darstellung des Erzengels Michael im Kloster
Panagia tou Araka

Ausgemalte Kirchen im Tróodos-Gebirge
Zypern – ernannt 1985, erw. 2001 / Zeitraum 11.–16. Jh.

Die Malerei der Region von Tróodos bietet bei engen Parallelen zur zypriotischen und west-christlichen Kunst ein besonderes Zeugnis der byzantinischen Zivilisation bis zur Zeit der Herrschaft des Komnenos-Clans (Ende 12. Jh.), zudem zeigt sie markante Beispiele der ländlichen Sakralarchitektur.

Die Gebirgsregion im griechischen, also dem südwestlichen Teil Zyperns hat die größte Dichte von »Scheunendachkirchen« und Klöstern des byzantinischen Reiches. Der Komplex von zunächst neun Monumenten im Norden (Nikosia) und Süden (Limassol), die in die Welterbeliste eingetragen wurden, gibt einen Überblick über die Wandmalerei bis in die nachbyzantinische Zeit. Die formale Bandbreite reicht von kleinen schlichten Landkirchen (Ag. Nikolaos tis Stegis) bis zum größeren Kloster (Ag. Ioannis Lampadistis) – alle mit dem charakteristischen, weit hinuntergezogenen Dach. Die Malerei umfasst auch ein Panorama der ikonographischen Geschichte: Dem 11. Jh. gehören die Transfiguration, die Erweckung des Lazarus, der Einzug nach Jerusalem an, ins 12. Jh. fallen Motive wie das Jüngste Gericht, Heiligengeschichten um die hll. Sebastian und Nikolas, die hll. Theodor und Georg kamen im 14. Jh. hinzu; Dedikationsmotive und die Mariengeschichte stammen eher aus dem 16. Jh. 2001 ernannte die UNESCO eine weitere Kirche zum Welterbe: die in den Beginn des 16. Jhs. datierte Kirche Ayia Sotira tou Soteros mit einer kleinen östlichen Apsis in Palaichori (Nikosia), deren Dachkonstruktion aus Schindelholz einzigartig ist in der Kirchenbaukunst. Dem bescheidenen Äußeren steht eine grandiose Wandmalerei gegenüber, die wohl mit Kenntnis der westlichen, insbesondere italienischen Kunst entstanden ist. Höhepunkt der Malerei ist das emotional gehaltene *Abendmahl* in der Apsis, die stilistisch der kretischen Schule angehört. In den 1960er Jahren wurde die Malerei gereinigt.

Ausgemalte Kirchen im Welterbe: Moldau-Klöster (Rumänien, ernannt 1993).

Ruinen einer Moschee in Chinguetti

Karawanenstädte in der Sahara –
Ouadane, Chinguetti, Tichitt und Oualata
Mauretanien – ernannt 1996 / Nutzungszeit 11.–16. Jh.

Von den Nomadenstädten am Rande des Maghreb, die eine erhebliche Rolle in Nordwestafrika spielten, ging ein reges religiöses und kulturelles Leben aus. Die alten »Ksar« (arab., ›Handelsposten‹; vgl. lat. *castrum* ›befestigte Stadt‹) sind mittelalterliche Städte in charakteristischer Steinarchitektur mit ein- bis zweistöckigen Häusern, die in ihren verbliebenen Resten authentische Zeugen für die regionale Lebensweise sind.

Bereits im 5./6. Jh. gegründet, entwickelte sich Oualata im 11. Jh. zu einem der wichtigsten Kreuzungspunkte verschiedener Karawanenstraßen durch die Westsahara. Meist im Umfeld von Verteidigungsburgen oder Moscheen entstanden in den folgenden zwei Jahrhunderten Chinguetti (13. Jh.), das später mit elf Moscheen und wichtigen Koranschulen zu einem Kernort des Islam und zudem ein etablierter Sammelplatz auf dem Weg nach Mekka wurde. Außerdem entstanden das relativ unzugängliche Tichitt (um 1150) und die einst größte Karawanenstadt Quadane (1147). Typisch ist die braunrote Fassadenverzierung der Bauten bei sonstiger formaler Einfachheit; die symmetrisch angelegte Ornamentik in Oualata aus Gips und Lehm findet in der gesamten arabischen Welt kaum ihresgleichen. Die Routen brachten Salz und Datteln, aber auch Elfenbein, Gold und Bernstein aus dem Westen und Süden nach Norden und Reichtum in die Region. Chinguetti wurde zu einer der heiligen Stätten des Islam gerechnet (von denen jedoch nur Mekka, Medina und Jerusalem ihren festen Platz haben), dessen Wehrhaftigkeit im größten Minarett ihren Ausdruck bekommt. Die kulturelle Bedeutung der Stadt ist an den 1300 alten Schriften in der Bibliothek ablesbar, aber auch an der gut erhaltenen Präfektur. Um die allmähliche ›Verwüstung‹ der Städte nach dem Wegzug vieler Einwohner aufzuhalten, wurden sie 1993 unter den Schutz der Foundation Nationale pour la Sauvegarde des Villes Anciennes gestellt.

Mont-Saint-Michel und seine Bucht

Frankreich – ernannt 1979, modifiziert 2007 /
Bauzeit 11.–16. Jh.

Mont-Saint-Michel, beispiellos in der Verbindung von Naturbild und Architektur, zeigt mit dem Kloster und der Stadtbefestigung eine eindrückliche Silhouette und gibt ein beeindruckendes Zeugnis der mittelalterlichen christlichen Zivilisation.

Die Benediktiner gründeten im 10. Jh. ein Kloster vor der Küste der Normandie, das einer Legende nach auf die Stiftung einer Kapelle im Jahr 709 zurückgehen soll. Die Klosterkirche wurde jedoch erst von 1022 bis 1135 errichtet, angegliederte Gebäude sowie der Kreuzgang folgten 1203–88. Der Granitfelsen von 900 m Umfang wurde noch im 11. Jh. durch eine Sturmflut vom Festland getrennt. Dessen ungeachtet führten die Architekten den eleganten dreistöckigen Bau (gen. »Merveille«, Höhe 80 m) fort, der schon statisch und logistisch eine Meisterleistung darstellt. Die Stadt wurde ab dem 13. Jh. u.a. von Gabriel du Puy zur Festung gegen die Engländer ausgebaut, was im 16. Jh. abgeschlossen war, als man den Chor der Abteikirche im gotischen Flamboyantstil erneuerte (1523). Zwischen 1791 und 1863 diente der Klosterberg als Gefängnis, bevor er auf Betreiben Victor Hugos (1802–1885) u.a. 1874 unter Denkmalschutz gestellt wurde. 1879 verband man den Berg über einen Damm mit dem Festland, um einen gezeitenunabhängigen Transfer zu ermöglichen – er unterband jedoch die natürliche Strömung. So ließen sich zwar Ende der 1960er Jahre auch wieder Benediktiner auf Mont-Saint-Michel nieder, aber die fortschreitende Versandung führte dazu, dass der bebaute Felsen unfreiwillig trockengelegt wurde. Da die Topographie jedoch Bestandteil der UNESCO-Auszeichnung ist und nicht zuletzt sie dem Mont-Saint-Michel jährlich 3,6 Mio. Besucher beschert (nach Versailles und dem Eiffelturm ist die kleine Insel das beliebteste Touristenziel in Frankreich), soll die Bucht bis 2012 wieder entsandet und der Damm durch einen Seesteg (2008–2010; Dietmar Feichtinger, geb. 1961) ersetzt werden.

Blick auf den zentralen Platz Djemaa el-Fna, einst Hin-
richtungsstätte, heute auch Bestandteil des immateriellen
Welterbes (seit 2001)

Altstadt von Marrakesch
Marokko – ernannt 1985 / Gründung 1062–72

Marrakesch, eine islamische Musterstadt in der westlichen Welt, verfügt über eine beeindruckende Zahl bedeutender Monumente und spielte eine entscheidende Rolle für die Entwicklung des mittelalterlichen Stadtbildes in der arabischen Welt. Mit ihrem verschlungenen Netz enger Straßen, Häuser, Märkte auf einem Areal von 700 ha zeigt sich die alte Siedlung als Beispiel einer pulsierenden, historisch gewachsenen Stadt.

Die Geschichte der Stadt ist geprägt vom Auf und Ab der herrschenden Dynastien: Das Almoraviden-Reich, das Marrakesch gründete und 1126/27 mit einer 12 km langen Stadtmauer (Höhe bis zu 9 m; rund 200 Türme, 20 Tore) versah – es wurde wegen des rötlichen Steins »Rote Perle« genannt –, reichte bis nach Toledo. Es verlor die Macht aber 1147 an die Almohaden, die zwischen 1153 und 1190 die 17-schiffige Koutoubia-Moschee (90 × 60 m; Höhe des weithin sichtbaren Sandsteinminaretts 77 m) für 25 000 Menschen bauten. Sie wird von einem Palmengarten umgeben. Mitte des 14. Jhs. entstand mit der Medrasa Ben Yousouf die größte Koranschule im Maghreb (für rund 900 Schüler), die in den 1990er Jahren – wie auch die Koutoubia-Moschee – restauriert wurde. Aus dem 16. Jh., das nach starkem Einwohnerschwund (von 150 000 auf 20 000) unter den Saadiern eine neue Blüte erfuhr, stammt der El-Badi-Palast, von dem nur noch die Lehmmauern erhalten sind. Dagegen steht der erst um 1900 erbaute Bahia-Palast mit seinen über 150 Räumen noch in seiner maurischen Pracht, die eine Kulisse in dem Film *Lawrence von Arabien* abgab. 1923 errichtete der Maler Jacques Majorelle (1888–1962) hier einen subtropisch anmutenden Künstlergarten, den der Modeschöpfer Yves Saint-Laurent (1936–2008) 1980 als Rückzugsgebiet übernahm.

Marrakeschs Ausstrahlung auf weitere Welterbestätten: Vorbild für die Medina der zweiten marokkanischen Königsstadt Fes (ernannt 1981); das Minarett der Koutoubia-Moschee stand Pate beim Bau der Giralda von Sevilla (Kathedrale, 1987).

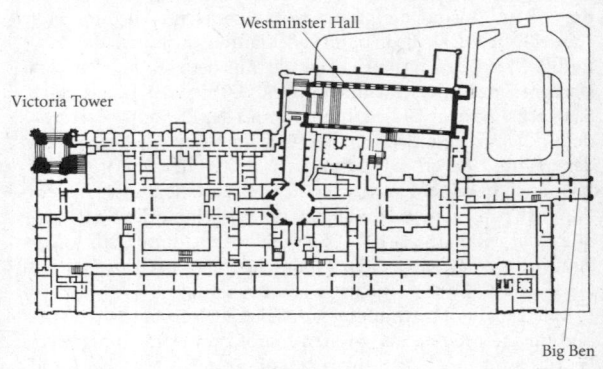

Parlamentsgebäude in London

London, Westminster (Abtei, Palast) und St. Margaret
Großbritannien – ernannt 1987 / Nutzung 1066; 1847 ff.

Westminster Abbey verkörpert eindrucksvoll eine Hauptphase der englischen Gotik, deren Entwicklung sie beeinflusste wie das »Gothic Revival« des 19. Jhs. (Westminsterpalast). Zusammen mit St. Margaret spiegelt das Ensemble die Geschichte der parlamentarischen Monarchie wieder.

Der Vorgängerbau des Westminsterpalastes (Abb.) war bis ins beginnende 16. Jh. Sitz der englischen Könige von Edward dem Bekenner (reg. 1042–66) bis zu Heinrich VIII. (reg. 1042–47), bis dieser 1529 Whitehall kaufte und 1532 St. James' Palace erbauen ließ. 1547 wurden hier die ersten Parlamentsversammlungen abgehalten. 1834 brannte der Bau nieder und wurde 1840–88 von Charles Barry (1795–1860) und Augustus Welby Pugin (1812–52) im neugotischen Tudorstil mit beachtlicher Größe wiederaufgebaut: Gesamtfläche 3,3 ha, 1200 Räume bei 21 000 m³ verbautem Stein (ohne die rund 300 Statuen). Das Oberhaus tagte ab 1847 im südl. gelegenen, das Unterhaus ab 1850 im nördlichen Turm, dazwischen erstreckt sich die Fassade zur Themse hin über 266 m. Die höheren Türme an den anderen Ecken sind 98 m (Victoria Tower) bzw. 96 m (»Big Ben«, 1858) hoch. Auf ihrer Seite wurde die 1097–99 für höfische Bankette errichtete Westminster Hall, ein stützenloser Innenraum mit Stichbalkendecke aus dem 14. Jh., integriert. Die UNESCO-Nominierung wurde während des Verfahrens ausgeweitet auf die Westminster Abbey (Baubeginn 1245 über Bauresten aus dem 7./8. Jh.; Länge 154 m, Breite 34 m), wo alle englischen Könige seit 1066 (William der Eroberer) gekrönt worden sind und sich Grablegen berühmter Persönlichkeiten (Winston Churchill, Charles Dickens, Georg Friedrich Händel, Isaac Newton u. a.) befinden, sowie die Pfarrkirche des Unterhauses St. Margaret, ein Bau des Perpendicular-Stils, der im 19. Jh. neugotisch umgestaltet wurde.

London im Welterbe: Tower (ernannt 1988), Königlicher Botanischer Garten von Kew (2003).

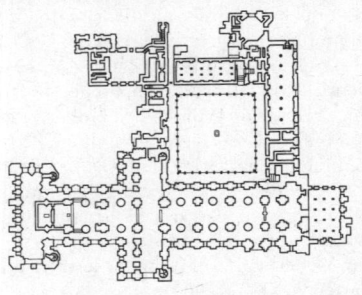

Die Kathedrale von Durham

Burg und Kathedrale von Durham
Großbritannien – ernannt 1986 / Bauzeit 1071–1280

Die Kathedrale von Durham, deren Burgkapelle einen Wende-
punkt in der Geschichte der Romanik darstellt, ist das vollkom-
menste und größte Monument des normannischen Stils, dessen
vorgotisches Gewölbe Modellcharakter hat. Die Reliquien der
hll. Cuthbert und Beda stehen für die Christianisierung North-
umberlands durch die Benediktiner.

Die Besiedlung südlich von Newcastle-upon-Tyne geht auf
Mönche von der Insel Lindisfarne im 10. Jh. zurück, nachdem
die Prediger Cuthbert (um 634–687) und dessen Biograf Vene-
rabilis Beda (um 673–735) den christianisierten Boden bereitet
hatten. Über Cuthberts Grab erbauten die Mönche im Jahr 999
eine Kirche, die von den Normannen abgerissen wurde. An
strategischer Stelle zwischen normannischem, englischem und
schottischem Einflussgebiet entstand ab 1071/72 die Burg von
Durham, die über Jahrhunderte hinweg zum Sitz der Prin-
zen-Bischöfe von Durham wurde; ihr wurde 1080 die noch
ursprünglich erhaltene normannische Kapelle eingefügt.
1093–1140 folgte der Bau der neuen dreigeschossigen Kathedrale bis zum Mittelschiff (Länge 61,3 m, Breite 11,9 m, Höhe
22 m). 1217–26 wurden die Westtürme gebaut mit einer Höhe
von 43,9 m; der Ostchor kam 1242–80 dazu (40,2 × 11,9 m).
Der wehrhafte Charakter – »Half Church of God, half Castle
'gainst the Scot« (Walter Scott) – wird noch unterstrichen
durch 2 m dicke Arkadenwände sowie massige Zylinderpfeiler
mit Zickzack- und Karomuster. Im Spätmittelalter wurde der
Vierungsturm (Höhe 66,4 m) über dem Kreuzgang errichtet.
Das 17. Jh. fügte an bedeutenden Bauelementen nur noch das
Renaissancetreppenhaus (1622) in der Burg hinzu. Eine wichtige Rolle spielte in den weiteren Jahrzehnten die Gründung und
Einrichtung der Universität (ab 1657). Der mittelalterliche
Stadtkern Durhams hat sich unterhalb von Burg und Kathedrale in Teilen bewahrt. 2001 diente die Kathedrale als Kulisse für
den ersten Harry-Potter-Film *Der Stein der Weisen*.

Die Wartburg aus der Luft: im Vordergrund der Südturm,
rechts der Palas, dahinter der Bergfried an der Torhalle

Wartburg bei Eisenach
Deutschland – ernannt 1999 / Gründung um 1073

Die Wartburg ist ein großartiges Monument des mitteleuropäischen Feudalismus und der deutschen Einheit, bekannt für mehrere denkwürdige Kulturereignisse, darunter als Exilstätte Martin Luthers, der hier das *Neue Testament* übersetzte.

Im kulturellen Kontext gilt die Wartburg im Thüringer Wald als ›ideale Burg‹. Die im späten 11. Jh. erstmals erwähnte Ludowinger-Burg erhielt 1131 unter dem Landgrafen Ludwig I. (gest. 1140) den Rang einer Residenz und wurde in den 1150/70er Jahren unter Ludwig III. (reg. 1172–90) ausgebaut, u. a. mit dem Palas, einem Saalbau mit 170 Säulen. Weitere Bauphasen gab es u. a. um 1200 (Torhaus mit romanischem Bogen) und 1478–80 (Ritterhaus, Vogtei, Wehrgänge). Verbunden ist die Wartburg mit den Namen des Dichters Wolfram von Eschenbach (tätig im ersten Viertel des 13. Jhs.), der Elisabeth von Ungarn (1207–1231; hl. 1235), die bereits seit 1211 Braut, 1221 dann die Frau Ludwigs IV. (reg. 1200–27), nach dessen Tod aber von der Burg vertrieben wurde, sowie Martin Luthers (1483–1546), der nach der Verteidigung seiner Reformationstexte auf dem Reichstag von Worms am 17./18. April 1521 als »Junker Jörg« für knapp ein Jahr Zuflucht in der Wartburg fand. Sie steht aber auch für die Herausbildung eines Nationalbewusstseins: Am 18. September 1817 versammelten sich rund 500 Burschenschaftler zu Demonstrationen (Wartburgfest; Erneuerung 1848), die sicher mit dazu beigetragen haben, dass die Romantik bei der Restaurierung 1838 eine neue sinnstiftende Regie führte (v. a. bei der Gestaltung von Bergfried, Dirnitz, Fachwerkkemenate). Sie wird begleitet von der Verklärung des sagenhaften Sängerkriegs (bezogen auf Sangspruchdichtung um 1200) durch Richard Wagner (*Tannhäuser*, UA Dresden 1845) und Moritz von Schwind (Freskenmalerei auf der Wartburg, 1854–65).

Martin Luther im Welterbe: Gedenkstätten in Eisleben mit dem Geburts- und Sterbehaus sowie Wittenberg, in dessen Schlosskirche Luther wirkte (ernannt 1996).

Ruinen von Angkor

Kambodscha – ernannt 1992 / Entstehung 1113–50

Der Baukomplex von Angkor steht für die gesamte Bandbreite der Kunst der Khmer seit dem 9. Jh., die großen Einfluss ausübte auf die künstlerische und kulturpolitische Entwicklung ganz Südostasiens. Die Architektur der Khmer strahlte auch auf Indien aus, entwickelte sich aber eigenständig weiter.

Der Angkorkomplex (400 km²) ist die bedeutendste archäologische Stätte Südostasiens. Sie umfasst die Tempelanlagen von Angkor Wat und Angkor Thom und insgesamt rund 1000 Heiligtümer. Den Grundstock legte Jayavarman II. (8./9. Jh.), der mit der Vereinigung zweier Staaten zu Beginn des 9. Jhs. das Khmer-Reich begründete. Sein Enkel Yasovarman (reg. 889–910) richtete die Hauptstadt Yasodarapura ein, die später in Angkor Thom (Sanskr. *nagara* ›Stadt‹) umbenannt wurde. Das oft in die Regierungszeit von König Suryavarman II. (reg. 1113–1145/50) datierte, möglicherweise aber einige Jahrzehnte später erbaute Angkor Wat ist weltweit das größte religiöse Bauwerk mit einer Tempelfassade von 187 m Breite. Es versteht sich als Abbild des himmlischen Kosmos; die Basreliefs erzählen auf 2000 m² Fläche die Hindu-Kosmologie. Die dreistufige Tempelpyramide mit fünf Türmen (Höhe des Mittelturms 65 m) und einem mit Pflanzenmustern dekorierten Galeriesystem steht auf einer Plattform (340×215 m), umgeben von einem 200 m breiten Wassergraben; die äußere Umgrenzung von 1300×1500 m; Länge 6 km. Um 1200 entstand im Angkor-Komplex der Bayon-Tempel, zu dem viele der rund 1600 steinernen Figurendarstellungen mit dem charakteristischen Khmer-Lächeln, gehören. Auffallend ist die Vermischung von hinduistischen und buddhistischen Elementen. Nach Verwüstungen im 14. und 15. Jh. durch die Thai wurde Angkor aufgegeben. Die 1907 gegründete Conservation d'Angkor versuchte den Verfall aufzuhalten; die UNESCO, die Angkor Wat in die Liste des bedrohten Kulturerbes nahm (2004 aufgehoben), setzte sich ab 1998 für den Erhalt des Tempelkomplexes ein.

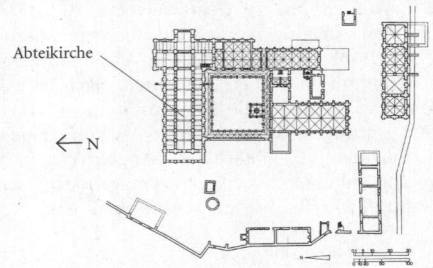

Abteikirche

← N

Ehem. Zisterzienserabtei Fontenay

Frankreich – ernannt 1981, modifiziert 2007 / Gründung 1119

Die in die ländliche Region zurückgezogene, strenge Zisterzienserabtei von Fontenay, nordwestlich von Dijon, spiegelt das moralische und ästhetische Ideal des Ordens wider.

Die Zisterzienser entstanden als Gegenbewegung zu dem im 11. Jh. etablierten Benediktinerorden, dessen auch nach außen sichtbaren, gezeigten Wohlstand sie ablehnten. Bernhard von Clairvaux (um 1090–1153, hl. 1174) tauschte 1112 seinen Ritterstand gegen die Kutte der Zisterzienser in Cîteaux (von hier leitet sich der Name des Ordens ab), wechselte als Abt nach Clairvaux und predigte die einfachen Ideale der Armut und christlichen Bescheidenheit bei strenger Autoritätshörigkeit. Unter den von ihm begründeten Klöstern ist das besterhaltene das im burgundischen Fontenay (1118). Den Bau der unauffälligen einstöckigen Kirche (1139–47; Länge 66 m, Höhe 17 m; Abb.) beaufsichtigte Bernhard selbst, woraus man schließt, dass die Architektur seinen Vorstellungen recht nahe kommt. Den Figurenschmuck erhielt der Chor erst nach Bernhards Tod. Die Wertschätzung der Arbeit führte dazu, dass die Mönche die Region um das Kloster urbar und aus Fontenay einen autonomen Industriebetrieb machten: Das Wasser nutzten sie zur Betreibung eines Mühlrads und eines Hammerwerks als Basis für eine Bäckerei und eine der ältesten bekannten Schmieden, deren Gebäude fast so groß wie die Kirche. Der Kreuzgang mit seinen rundbogigen Doppelarkaden gehört zu den architektonischen Meisterwerken. Mehrfach wurde das Kloster ausgeraubt und teilweise durch Brandschatzung zerstört, bis es 1790 aufgelöst und verkauft wurde. Zwischenzeitlich als Papierfabrik zweckentfremdet, konnte der Orden die Abtei 1837 zurückgewinnen und 1906–13 restaurieren lassen. Seit 1852 steht es unter Denkmalschutz.

Zisterzienserkirchen im Welterbe: Kloster von Alcobaça (Portugal, barockisiert, ernannt 1989); Ehem. Zisterzienserabtei Poblet (1991); Kloster Maulbronn (Deutschland, 1993).

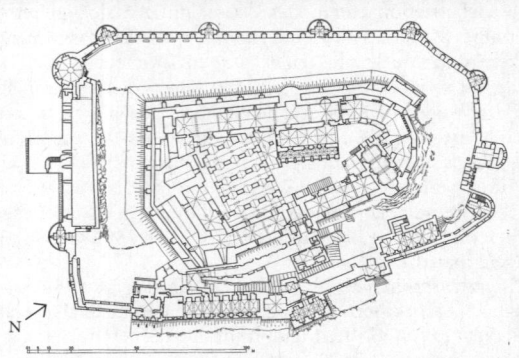

Crac des Chevaliers (auch C. de l' Hospital) im Westen Syriens

Crac des Chevaliers und die Burg des Saladin

Syrien – ernannt 2006 / Blütezeit 1142–1271 (Crac)

Die Kreuzritterburgen Vorderasiens, darunter als die besterhaltene der urtypische Bau des Crac des Chevaliers, sind signifikante Beispiele in der Entwicklung des Burgenbaus.

Die während der Kreuzzüge im 11. bis 13. Jh. entstandenen Burgen in Syrien sind wesentliche Stationen in der Geschichte der Militärarchitektur. Die Ritter des Hospitaliterordens bauten 1109 eine bestehende, großteils zerstörte Burg zum Crac des Chevaliers (Qul'at al-Hosn; 2,4 ha; Crac nach *akrad* ›Kurde‹) aus, der zwei konzentrische Verteidigungslinien um einen Innenhof enthält. Sie bilden ein Polygonal und prägen das ganze Erscheinungsbild der Burg, das über drei bau- und erdbebenbedingten Renovierungsphasen (1142–90, 1190–1200, 1200–1271) erhalten blieb. Der Burggraben machte die Burg für Jahrzehnte uneinnehmbar. 1142 übernahm der Johanniterorden die Kreuzfahrerburg. Im Südteil des inneren Zirkels ragen drei Wohntürme empor. Die nur in Teilen – byzantinische Zitadelle, Kapelle, Mauerreste, Türme – erhaltene Saladinsburg (Qual'at Salah ad-Din; 6,49 ha) hat ihre Wurzeln im 10. Jh., erhielt aber ihre spätere Triangelform Ende des 12. Jhs. Beide Burgen stehen für die Konfrontation der christlichen mit den muslimischen Armeen, deuten aber in ihrer Präsenz auch auf eine Periode des kulturellen Austauschs, der mit dem Ende der strategischen Bedeutung abbrach – 1271 mussten die Johanniter nach vierjähriger Belagerung den Crac verlassen (Saladin, der das Vorbild für Gotthold Ephraim Lessings Protagonisten im *Nathan* abgab, hatte die später nach ihm benannte Burg 1188 eingenommen); die Mameluken nahmen danach die Burgen in Besitz. Zum Verteidigungssystem gehörte noch die Festung Akkar (auch seit 1271 mamelukisch); einzelne Wehranlagen, auch der Crac, wurden bis ins 19. Jh. militärisch genutzt, nicht ohne die Vergangenheit romantisch zu verklären. Frankreich gab die Burg, die es 1927 erworben hatte, 1947 an Syrien zurück. Restaurierungskampagnen fanden u. a. 1999–2004 statt.

Das Holstentor von der Stadtseite aus, mit Salzspeichern
links im Bild

Hansestadt Lübeck mit Holstentor
Deutschland – ernannt 1987 / Gründung 1143

Die erste Altstadt Nordeuropas im Weltkulturerbe ist die von Lübeck, deren geschlossen erhaltener Kern die Macht und die historische Rolle der Hanse exemplarisch bezeugt.

1143 über einer bereits 1000–38 bestehenden, dann niedergebrannten Siedlung Liubice gegründet, zeigte die Stadt bereits 1159 unter dem Herzog von Sachsen und Bayern, Heinrich dem Löwen (reg. 1142 bzw. 1156–1180), der den Lübecker Dom 1173 gestiftet hatte, ihre bis heute erkennbare hochgotische Struktur, die sich in der Parzellierung und der Dachgiebelformation erkennen ließ. Doch nicht allein die Stadtsilhouette fällt auf, sondern auch die wirtschaftlich bedingte Zweiteilung Lübecks in eine reichere Weststadt (Kontorgebäude, Kaufmannshäuser) und eine ärmere Oststadt (Wohnungen der Kleingewerbler und Handwerker). Markante Baudenkmale sind der romanische Dom (Weihe 1247) und das Burgkloster (1229). Als Ausdruck des Bürgerwillens folgt die Marienkirche – die Kirche des Rates, breiter und höher als der Dom – im Stil der Backsteingotik (1250–1350), neben dem Rathaus gelegen. Markant sind auch das Heilig-Geist-Spital (1286) – eine Art Alters- und Pflegeheim innerhalb eines authentischen Viertels aus dem 13. Jh. (Koberg) – sowie das Haus der 1401 gegründeten Schiffergesellschaft (1536). Im 14. Jh. war Lübeck die führende Stadt im Bund der Hanse, dem bis zu 200 Städte angehörten. Die politische und wirtschaftliche Position lässt sich an den mächtigen Wallanlagen ablesen, die durch drei Stadttore zu passieren waren: Am berühmtesten ist das (Mittlere) Holstentor (1464–78) im Westen, das als Wahrzeichen von Lübeck die Hanse überlebte – 1630 kam sie zum letzten Mal zusammen –, auch wenn es noch im 19. Jh. Abrisspläne gab wegen der Einsturzgefahr im morastigen Grund (Sicherungen 1934, 2006). Bestandteil des Welterbes ist auch Thomas Manns »Buddenbrookhaus«.

Die Hanse im Welterbe: Bremen (ernannt 2004), Quedlinburg (1994), Stralsund und Wismar (gemeinsam 2002).

N
ZWINGER
STUTTGARTER STRASSE
0
50
100
200 m
Wirtschafts-
gebäude
Klosterkirche

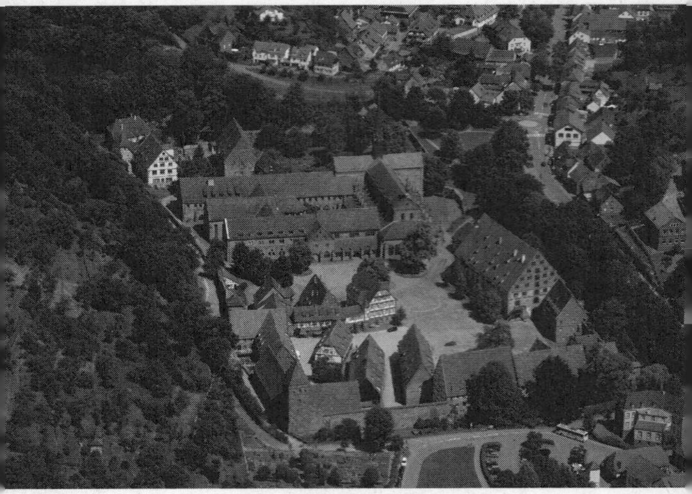

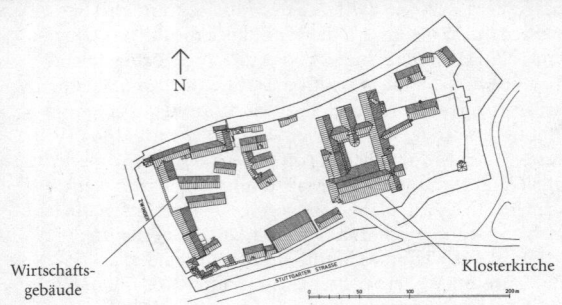

Kloster Maulbronn
Deutschland – ernannt 1993 / Gründung 1147

Der Bau der romanisch-gotischen Kirche von Maulbronn, dem besterhaltenen Zisterzienserkloster-Ensemble nördlich der Alpen mit einem weitverzweigten Wasserkanalsystem, war von fundamentaler Bedeutung für die Verbreitung der gotischen Architektur in Nord- und Mitteleuropa.

In seiner selten authentischen Geschlossenheit ist das Kloster Maulbronn ein beispielhaftes Bauensemble der oberrheinischen Spätromanik, sowohl in den sakralen wie in den profanen Bereichen. In Auseinandersetzung mit der burgundischen Architektur entstand nach 1147 getreu den asketischen Idealen des Ordensgründers Bernard von Clairvaux (um 1090–1153) die schmucklose, d.h. auch turmlose dreischiffige Klosterkirche (Weihe 1178), die programmatisch auch auf eine Empore oder Krypta verzichtete. Zwischen 1156 (Privileg durch Friedrich Barbarossa) und 1504 stand das Kloster unter dem Schutz des Kaisers. Kennzeichnend für den Stilwechsel, begleitet auch vom Austausch der ursprünglich oft aus Holz bestehenden Häuser durch Steinbauten, sind die sich von der formalen Strenge lösenden Säulenbündel mit phantasievollen Kapitellskulpturen, die mehrteilige Deckengewölbe tragen: Anfang des 13. Jhs. wurden die frühgotische Vorhalle (Paradies) und das Herrenrefektorium in der Anmutung einer Königshalle sowie der südliche Kreuzgangflügel und das Frühmesserhaus (wo der für die Frühmesse zuständige Mönch wohnte) errichtet; für die Wende zur Spätgotik ist das Brunnenhaus von 1340/50 exemplarisch: der im 19. Jh. allerdings frei rekonstruierte Dreischalenbrunnen ist typisch für Zisterzienserklöster. Im Zuge der Reformation bezog 1556 eine evangelische Klosterschule den Baukomplex, der 1807 ein bis heute bestehendes theologisches Seminar folgte, deren Zöglinge den Ruf von Maulbronn vermehrte: Johannes Kepler (1571–1630), Friedrich Hölderlin (1770–1843), Justinus Kerner (1786–1862), David Friedrich Strauss (1808–1874), Georg Herwegh (1817–1875), Hermann Hesse (1877–1962) u. a.

Felskirchen von Lalibela
Äthiopien – ernannt 1978 / Blütezeit 12./13. Jh.

Das Bauensemble der ausgewählten Felskirchen ist künstlerisch einmalig, in der Vielfalt und der Kühnheit der Formen. Den Legenden nach waren die im christlichen Äthiopien, insbesondere des Mittelalters, einflussreichen heiligen Orte mit dem himmlischen Jerusalem verknüpft.

Auf einer Felsterrasse in 2600 m Höhe nördlich von Addis Abeba befinden sich elf aus dem Tuffsteinboden geschlagene Felskirchen von Lalibela (vormals Roha), benannt nach dem äthiopischen König Lalibela (1181–1221) aus der Zagwe-Dynastie. Die Stätten wurden verehrt als »Achtes Weltwunder«, an dem der Legende nach Engel am Bau beteiligt waren. Das Christentum, dessen Wurzeln in Äthiopien bis in die Zeit um 330 zurückreichen, wurde im 5. Jh. durch syrische Mönche verbreitet; nach Aksums Niedergang in Verbindung mit der Islamisierung (9. Jh.) konnte Lalibela den christlichen Glauben im 12. Jh. wieder einführen und mit den Felskirchen ein symbolhaftes Zeichen für das himmlische Jerusalem setzen. Der größte Bau ist die sogenannte Welterlöserkirche (Beta Maryam Alem; 33 × 23 × 11 m), von der labyrinthische Gänge zu den anderen Kirchen führen; das nahe gelegene ›Haus der Maria‹ fungierte als Privatkapelle Lalibelas. Wie man den Fels bearbeiten konnte, ist noch ungeklärt; neben den technischen Fertigkeiten bedurfte es einer guten Koordination durch einen Baumeister, denn es musste selbst das Innere der bis zu fünfschiffigen Kirchen (Apsis, Säulen-, Pfeiler-, Bogensystem) sozusagen als Negativform abgetragen werden. Bis heute finden Wallfahrten zu den monolithischen Gotteshäusern statt, die den Pilgerzügen nach Mekka ähneln; große Verehrung genießt die Doppelkirche Debra Sina und Beta Golgata, Grabkirche des heiliggesprochenen Lalibela. Neben den Steinkirchen gibt es auch die in einem Felsspalt liegende Holzkirche Yemrehana Kristos.

Felskirchen im Welterbe: Kirchen von Ivanovo (Bulgarien, ernannt 1979), Felsendenkmale Kappadokiens (Türkei, 1985).

Kathedrale von Roskilde (Dom St. Lucas)
Dänemark – ernannt 1995 / Entstehung um 1170–1280

Der Backsteinbau der Roskildeschen Kathedrale ist baukünstlerisch einzigartig innerhalb Skandinaviens und des Baltikums. Die angefügten Kapellen sind Musterbeispiele für die Sakralarchitektur und Skulptur vom 15. bis ins 20. Jh.

Formal beeinflusst von Nordfrankreich, ist die größte skandinavische Kathedrale in Roskilde zur Zeit ihrer Entstehung die erste gotische Backsteinkirche, die schon bald auf den Kirchenbaustil im nördlichen Europa wirkte. Der Vorgängerbau stammt von 1030/80, der selbst wiederum den hölzernen Gründerbau (um 980) ersetzte. Ausschlaggebend für den zunächst romanisch begonnenen, dann gotisch vollendeten dreischiffigen Neubau (Länge 85 m) war u. a. die Einführung der Backsteinproduktion in Dänemark Mitte des 12. Jhs. Seit dem 15. Jh. nutzte das dänische Königshaus bevorzugt die Kathedrale als Grablege, obwohl der Hof 1443 von Roskilde nach Kopenhagen verlegt wurde. König Christian IV. (reg. 1588–1648) manifestierte einen Renaissancestil in den Anbauten, die den Backstein als Ornament beibehalten; zugleich begannen erste Restaurierungsarbeiten (die ganze Kirche stand erst im 19. Jh. auf dem Prüfstand; jüngste große Restaurierung 1968). Später arbeitete der Neoklassizist Caspar Frederik Harsdorff (1735–1799) für König Frederik V. (reg. 1746–66). Die Seitenkapellen der Folgezeit sind jeweils Initialbauten, die einen Querschnitt der Architekturstile bieten. Insgesamt liegen hier rund 20 Könige und 17 Königinnen begraben. Frederik IX. (reg. 1947–72) war der letzte, dem zu Ehren postum 1085 eine Kapelle gewidmet wurde. Zur Ausstattung, die zur Reformationszeit durch Zufall erhalten blieb, gehören das Chorgestühl (1420) und das Antwerpener Retabel (1550/60). Weitere wichtige Denkmale der Stadt sind der Bahnhof (1847) und ein Schiffswerk der Wikinger.

Backsteingotik im Weltkulturerbe: u. a. Lübeck (Deutschland, 1987), Sana'a (Jemen, 1988), Marienburg (Polen, 1997), Riga (Lettland, 1997), Stralsund/Wismar (Deutschland, 2002).

Kloster Studenica
Serbien/Montenegro – ernannt 1986 / Gründung: 1183

Die Fresken des Klosters Studenica gehören zu den bedeutendsten Werken der byzantinischen Kunst und wirken darüber hinaus in der neuen Raumauffassung auch auf die westliche Malerei. Das Kloster selbst gehört zu den Glanzstücken im serbischen orthodoxen Kirchenbau und bezeichnet einen Höhepunkt in der serbischen Geschichte.

Das Kloster Studenica wurde Ende des 12. Jhs. von Stefan Nemanja (1114–1200), dem Begründer des mittelalterlichen serbischen Staates, errichtet. Nach seiner Abdankung 1196 führten seine Söhne das Werk bis 1209 weiter (der Sohn Sava wird erster serbisch-orthodoxer Erzbischof). Nemanja zog sich 1197 als Mönch Simeon auf den Berg Athos (zum Welterbe ernannt 1988) zurück, wo er das verlassene Kloster Hilander (Chilandariou) wiederaufbauen ließ, in dem er bis zum Tod wohnte. Studenica umfasst zwei marmorverkleidete Bauwerke, die Muttergotteskirche und die Königskirche (geweiht 1314). Im Laufe dieser Zeit wurden noch weitere kleine Heiligtümer angebaut: St. Nikolaus (um 1240), St. Anna und St. Joachim (frühes 14. Jh.) u.a. Außerhalb der Mauern entstanden in den Bergen Votivkapellen und Einsiedeleien. In den Fresken von ausgesprochener Expressivität mischt sich die Welt der Byzantinistik mit der Raumauffassung von Cimabue, Duccio und Giotto. Einen Höhepunkt des serbisch-byzantinischen Stils bilden die Malereien in der Königskirche; sie stammen von den griechischen Malern am Hof König Milutins (reg. 1282–1321), Michael Astrapas und Eutychios (tätig um 1294–1317). 1569 wurde auch die Grabnische um den Sarg des heilig gesprochenen Stefan Nemanja, der nach seinem Tod von Athos in die Muttergotteskirche überführt worden war, ausgemalt.

Serbische Klöster im Welterbe: die alte Stadt Stari Ras mit dem Kloster Sopoćani (ernannt 1979), die mittelalterlichen Kosovo-Klöster Dečani, des Pariarchen von Peć und Gračanica (2004/06, zugleich Aufnahme in die Rote Liste).

Altstadt von Bern
Schweiz – ernannt 1983 / Gründung 1191

Die Berner Altstadt ist eine der besterhaltenen, im 18. Jahrhundert restaurierten mittelalterlichen Stadtanlagen, die ihren authentischen Charakter bewahrt hat.

Die schwäbische Zähringer-Gründung Berns unter Herzog Berchtold V. (reg. 1186–1218) im Jahr 1191 sollte den Herrschaftsbereich gegen den Westschweizer Landadel absichern. Strategisch bot sich dafür die nach drei Seiten begrenzende Aareschleife an, deren offene Seite einen Wehrturm, Mauer und Stadtgraben erhielt. Der klare Bauplan für die Stadt folgte dabei einem typischen Zähringer-Programm (vgl. Thun, Solothurn in der Schweiz, Bräunlingen, Freiburg i. Br., Villingen-Schwenningen in Deutschland): verbreitete Straßen statt eines zentralen Marktplatzes, moderne Abwasserkanäle, Trinkwasserversorgung, systematische Parzellierung. Nach dem Tod Berchtolds und dem Ende seines Geschlechtes 1218 wurde Bern eine freie Reichsstadt und nach Westerweiterungen (1220, 1255–60, 1344–46) bis etwa 1800 größter Stadtstaat nördlich der Alpen. Nachdem ein Feuer 1405 die Holzhäuser zerstörte, richtete man beim Wiederaufbau Laubengänge in den Straßenzügen (über 6 km Strecke) mit typischen, zwei- bis fünfachsigen und drei-, später viergeschossigen Hausformen ein, die die Straßen schmaler, aber das Stadtbild zusammen mit den elf Renaissance-brunnen einzigartig machen. Außerdem begann unter Beteiligung Ulmer Baumeister wie Matthäus Ensinger (gest. 1463) u. a. – hieraus erklärt sich die Nähe zum Ulmer Münster – der Bau des spätgotischen, ursprünglich dreischiffigen Münsters St. Vinzenz ab 1421 (vollendet 1573), sowie des spätgotischen Rathauses (Heinrich von Gengenbach und Hans Hetzel, 1406–1416), das 1865 von Friedrich Salvisberg restauriert wurde. Als Wahrzeichen galt der Zytgloggeturm (15. Jh.), das erste Stadttor mit seiner astronomischen Uhr. Nachdem Bern 1848 Schweizer Hauptstadt geworden war, schuf Hans Auer (1847–1906) 1894–1902 das Bundeshaus im Stil der florentinischen Renaissance.

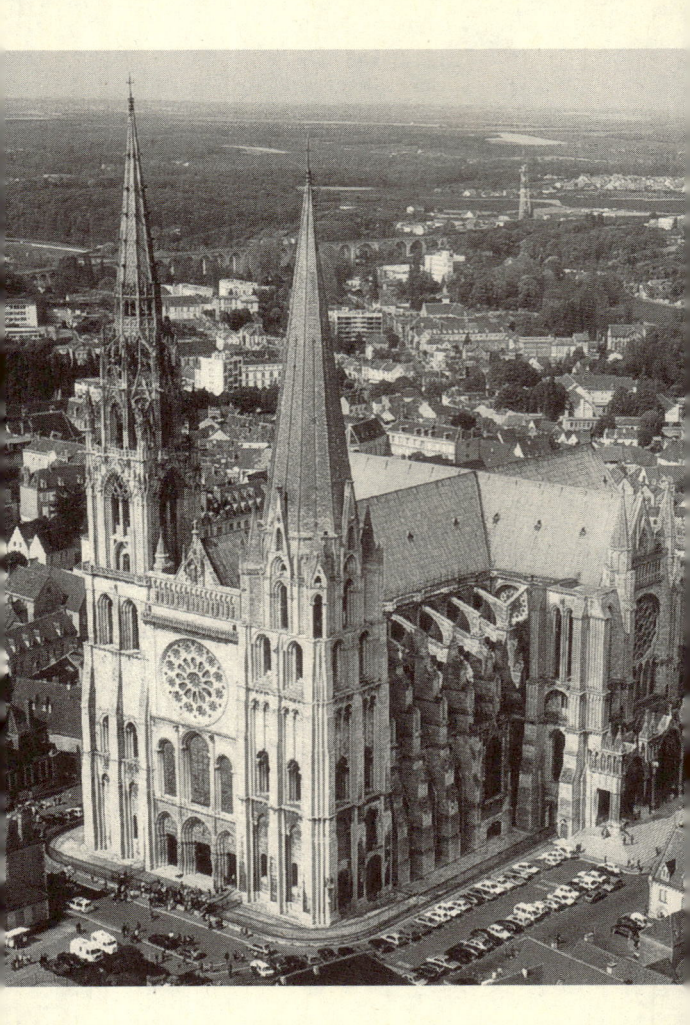

Kathedrale Notre-Dame von Chartres
Frankreich – ernannt 1979 / Entstehung 1194–1220

Nahezu ohne größere Bauunterbrechungen errichtet, zeigt die Kathedrale von Chartres eine seltene Einheitlichkeit, die stilbildend für den gotischen Kirchenbau wurde und die Architektur wie die Glasmalkunst in Frankreich und Europa beeinflusste.

Über den Resten mehrerer Vorgängerkirchen (4. Jh., 1020–37 u. ö.) entstand ab 1194 in einer relativ kurzen Bauzeit von kaum 30 Jahren die dreischiffige Kathedrale mit fünfschiffigem Chor im südwestlich von Paris gelegenen Chartres. Das sog. Königsportal der alten Westfassade (um 1150) und deren noch der Spätromanik verpflichteten kleineren Südturm konnten die Baumeister integrieren. Auch die bis heute größte französische Krypta (Länge 108 m) blieb erhalten. Die Innenausstattung nahm weitere vier Jahrzehnte in Anspruch, sodass die Kirche erst 1260 geweiht werden konnte. Nachdem der Dachstuhl 1839 durch Feuer zerstört wurde, erhielt der Bau ein Dach aus Gusseisen und Kupfer. Die Bedeutung der Kathedrale, in der Heinrich IV. (reg. 1589–1610) gekrönt wurde, liegt nicht nur in der Reinheit gotischer Formen, sondern auch in der Pracht ihrer 2000 m² großen Fensterfläche (1205–40) und der Tausenden von Skulpturen sowie den Zeugnissen der Reliquienverehrung (darunter den Schleier Mariens, seit 876), die auch Anlass für verschiedene okkulte Bräuche waren. Mit seiner Länge von 130 m (Höhe des Mittelschiffs 37 m, Seitenschiffe 14 m) und einer Turmhöhe von 107 m bzw. 115 m (Nordturm, 1509–13 erneuert) gehört Chartres zu den größten gotischen Bauwerken. Stiltypische Details sind das Rosettenfenster an der Westfassade mit der Darstellung des Jüngsten Gerichts (Durchmesser 13,4 m) und das kreisrunde Labyrinth auf dem Boden des Längsschiffs mit einem Lineament von 262 m Länge (dem die Pilger auf Knien folgen).

Französische Kathedralen im Welterbe: Paris, Notre-Dame, 1163 ff. (ernannt 1991), Straßburg, 1176 ff. (1988), Bourges, 1192 ff. (1992), Reims, 1210 ff. (1991), Amiens, 1220 ff. (1981).

Gedenkstätten des hl. Franziskus mit der Basilika
S. Francesco, Assisi
Italien – ernannt 2000 / Entstehung 13. Jh.

Assisi, umbrischer Ursprungsort des Franziskanerordens, steht für ein Stadtheiligtum mit einzigartiger Kontinuität und ein Ensemble von Meisterwerken, u. a. mit der für die europäische Kunst- und Architekturgeschichte grundlegenden und wirkungsmächtigen Basilika S. Francesco, die zwischen Kunst und Spiritualität verankert ist.

Wiewohl Assisi auf eine antike Vorgeschichte zurückblickt, ist es die mittelalterliche Stadt, die ein Jahrhundert lang die Kunst Italiens anführte. Verbunden ist diese Ära mit dem Leben und Werk des Ordensgründers Franz von Assisi (1182–1226), der zwei Jahre nach seinem Tod heiliggesprochen wurde. In engem Zusammenhang mit Franziskus entstanden zahlreiche Gebäude: Basiliken, Kirchen und Konvente, Paläste und öffentliche Bauten, mittelalterliche Mauern und Tore, Museen, Archive und Bibliotheken sowie Brunnenanlagen – dazu revolutionär innovative Fresken von Cimabue (um 1240–1302), Giotto di Bondone (1266–1337) mit der *Franziskus-Legende*, Simone Martini (1284–1344), Pietro Lorenzetti (um 1300–1348) u. a. Die bedeutendsten religiösen Monumente sind die Basiliken S. Francesco (1228–53) und Sta. Chiara (begonnen 1257), die Kathedrale von S. Rufino (1140–1253; umgebaut 1571) und das aus dem Benediktinerorden hervorgegangene Zisterzienserkloster S. Pietro (1029–1253); der römische Minervatempel wurde mehrfach, zuletzt 1456 als Kirche geweiht (ab 1539 Santa Maria sopra Minerva). Die wie der Petersdom gewestete Franziskus-Basilika (Abb.) besteht aus einer 1239 fertiggestellten Unter- und einer Oberkirche, die exemplarisch den romanisch-gotischen Stilwechsel anzeigen; der Leichnam des Franziskus wurde 1230 heimlich in die Unterkirche überführt (und 1818 wiederentdeckt). Ein Erdbeben im September 1997 brachte große Teile der Stadt und etliche der Freskenwände zum Einsturz, die Basilika konnte bis 2000 rekonstruiert werden.

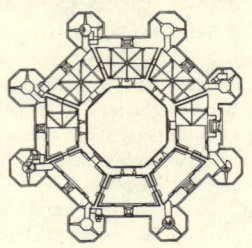

Die symbolträchtige Architektur des Castel del Monte

Castel del Monte
Italien – ernannt 1996 / Entstehung 1240–50

Das Meisterwerk mittelalterlicher Militärarchitektur und humanistisches Idealbild Kaiser Friedrichs II. ist weltweit einzigartig, besticht durch seine formale Perfektion und die Integration europäischer, islamischer und antiker Elemente.

Der Hohenstauferherrscher Friedrich II. (1194–1250; gekrönt 1220 in Rom) ließ die frühgotische Burganlage Castrum Sancta Maria del Monte nahe Bari ab 1240 in der Symmetrie eines Achtecks errichten, der Beiname »Krone Apuliens« wird im Grundriss nachvollziehbar. Die außergewöhnliche Klarheit im Aufbau – dem Achteck (Höhe 25 m; Seitenlänge 16,5 m) sind acht oktogonale Türme (Höhe 26 m; Seitenlänge 3,1 m) zugeordnet – täuscht darüber hinweg, dass die Funktion des Baus nicht eindeutig geklärt ist: ob Jagdschloss, reiner Festungsbau oder Gefängnis, gewohnt hat Friedrich kaum in seinem Kastell, das erst in seinem Todesjahr vollendet wurde. Am ehesten diente die Architektur als Demonstration der Macht und als Ausdruck des humanistischen Wissens seiner Epoche. Die Baudetails überraschen durch die Hintanstellung christlicher Werte; so zeigt das geostete Portal einen antiken Giebel und arabische Ornamente, christliche Motive fehlen dagegen ganz. Allerdings sind Einflüsse des Zisterzienserbaus zu erkennen, neben Anklängen der normannischen und nordafrikanischen Architektur, die sich in dem zurückhaltenden Figurenschmuck und manchen erhaltenen Bauelementen (Mosaikfußboden, Alabastersäulen u. a.) erkennen lassen. Die offensichtliche Zahlensymbolik (die Acht gilt als Kaiserzahl, das Achteck vermittelt zwischen Quadrat/Materie und Kreis/Geist) ist so geheimnisvoll wie das schwer durchschaubare Gangsystem und die Lichtregie des Architekten unter Einbeziehung der Tageszeiten. Zwischen 1879 und 1981 gab es vier Restaurierungsphasen.

Geometrie und Idealprogramm im Welterbe: Pfalzkapelle Karls des Großen, Aachen (Deutschland, ernannt 1978); Renaissancestadt Ferrara (Italien, 1995/1999).

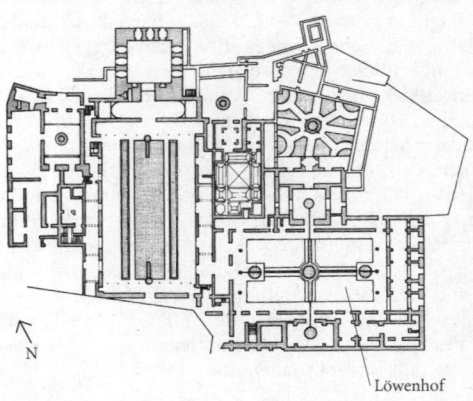

Löwenhof

Alhambra, Generalife und Albaicín in Granada

Spanien – ernannt 1984, erw. 1994 / Blütezeit 13./14. Jh.

Die Alhambra und das Generalife in Granada gehören zu den einzigartigen Baudenkmalen, die aus der muslimischen Architektur in Spanien herausragen. Zugleich sind sie wertvolle Zeugnisse arabischer Königsresidenzen des Mittelalters, die kaum zerstört wurden, wie auch das Albaicín, das eine Fundgrube für ein intaktes Miteinander von traditionell maurischer und andalusischer Architektur ist.

Die Region stand seit etwa 500 v. Chr. unter der Herrschaft der Phönizier, Römer, Vandalen, Oströmer und Westgoten. Bedeutung erlangte das 756 als Verwaltungszentrum neugegründete Granada jedoch unter dem maurischen Kalifat (711). Zwischen 1012 und 1491/92, dem Beginn der Reconquista durch die Katholischen Könige Isabella I. und Ferdinand II., herrschten die Berber, Almohaden und schließlich die Nasriden (1238–1492). Eigentümlicherweise haben sich die kulturellen Eigenheiten über die Jahrhunderte bis zur Rekatholisierung weitgehend erhalten. Burg (Alhambra, d. h. ›Roter Berg‹, 13. Jh.; Größe 13 ha) und Sommerpalast (Generalife; mit Gartenanlage, um 1314–25) in Granada sind Ausdruck und Höhepunkt der 700-jährigen Araber-Hoheit in Spanien. Die kalligraphischen und dekorativ-ornamentalen Elemente an den Wänden sowie die Einbeziehung des Wassers (Brunnen, Kanäle, Becken) besonders in den Innenhöfen (Löwenhof, s. Abb.) charakterisieren die Architektur. Das älteste Stadtviertel Granadas, Albaicín, war zu nasridischer Zeit Wirkungsstätte der arabischen und jüdischen Händler. Karl V. (reg. 1516–56), dessen Architekt Pedro Machuca (gest. 1550) die Alhambra im Renaissancestil erweiterte (Palast, 1527 ff.; 63 × 63 m, unvollendet), ließ die Moschee umwidmen (Sta. Maria; Juan de Herrera, 1581) und spielte kurzfristig mit dem Gedanken, den Regierungssitz nach Granada zu verlegen.

Islamische Spuren im spanischen Welterbe: Zentrum von Córdoba (ernannt 1984/94), Altstadt von Cáceres (1986), Sevilla (Alcázar, 1987), Altstadt von Salamanca (1988).

Der Krakauer Marktplatz mit Blick auf die Tuchhallen und den Rathausturm

Historisches Zentrum von Krakau
Polen – ernannt 1978 / Blütezeit 13./14. Jh.

Krakau, das seinen mittelalterlichen Stadtkern erhalten hat, war als Krönungsort der polnischen Könige von großer Bedeutung für die nationale Identität. Die Ernennung zum Welterbe fiel ins Jahr der Wahl des Krakauer Kardinals Karol Wojtyła (1920–2005) zum Papst Johannes Paul II.

Bereits im 10. Jh. von einem jüdischen Kaufmann aus Còrdoba als Handelsstadt gepriesen, stieg Krakau 1038 zur polnischen Hauptstadt (erst Ende des 16. Jhs. abgelöst durch Warschau) und 1364 zu einer der führenden Universitätsstädte auf. 1241 war die Altstadt von den Tataren weitgehend zerstört worden, was immerhin den planmäßigen Neuaufbau ermöglichte. Vom 13. bis 14. Jh. wurde die gotische Marienkirche erbaut, deren bekanntester künstlerischer Schatz, der geschnitzte Hochaltar (11 × 13 m), von Veit Stoß (um 1447–1533) stammt, der in seinem Spätwerk auch Maßstäbe in der Grabmalplastik setzte. 1359 weihte man die Wawel-Kathedrale, die fortan als Grablege und Krönungskirche der Piasten- und Jagellonenkönige diente. Die große Synagoge im jüdischen Viertel Kazimierz, einem Zentrum des europäischen Judentums, stammt aus demselben Jahrhundert. Außerdem entstand der quadratisch angelegte, damals größte Marktplatz Europas (200 × 200 m), der die wirtschaftliche Bedeutung Krakaus hervorhob – so wie auch der Beitritt zur Hanse 1430 – die enorme Wehranlage mit Verteidigungsmauern von 1498 oder die ausladende Tuchhalle im Stil der Renaissance (Länge 100 m) von 1555. Aus Krakau stammte auch der Volksheld Tadeusz Kościuszko (1746–1817), der 1794 einen Aufstand gegen die zweite Teilung Polens wagte und im Dom begraben liegt. Da um 1939 jeder vierte Krakauer Jude war, litt die Stadt besonders unter dem Völkermord der Nazis. 2000 wurde Krakau europäische Kulturhauptstadt.

Weiteres Welterbe im Krakauer Raum: Salzbergwerk Wieliczka (ernannt 1978); KZ Auschwitz-Birkenau (1979), Kalvarienberg Zebrzydowska (1999).

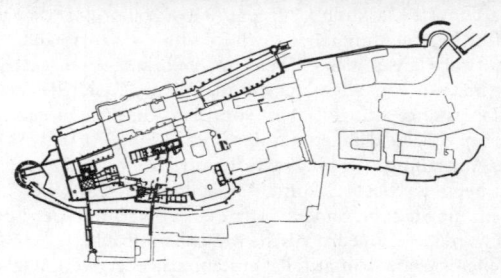

Blick auf die Burg von Buda

Budapest, beidseits der Donau, mit der Burg Buda, der Andrássy-Straße und der Untergrundbahn

Ungarn – ernannt 1987, erw. 2002 / Blütezeit 13., 18./19. Jh.

Das Burgviertel von Budapest (Buda) beeinflusste die Architektur verschiedener Zeiten und bildet mit dem durch die Donau getrennten Pest eine herausragende Stadtlandschaft, die die Geschichte der ungarischen Hauptstadt prägte.

Im 13. Jh. entstand das Burgviertel von Buda mit der königlichen Burg (1247–65) und der Matthiaskirche (1255–69). Der nur 60 m hohe Hügel erwies sich als strategisch günstig. Als Nachfolge der Arpadenkönige trat mit Karl I. Robert (reg. 1308–42) das Haus Anjou die Regentschaft an; nach Karls Tod zog der Hofstaat unter Ludwig dem Großen (reg. 1342–82) von Visegrád nach Buda. Nach einer wechselvollen Geschichte (u. a. stellten die Habsburger seit dem 15. Jh. die Könige; 1545–1686 stand die Stadt unter türkischer Herrschaft), in der auch der Burgpalast zerstört wurde (1686; Wiederaufbau 1749), wurden Buda und Pest freie Städte, die sich 1873 mit Óbuda (hier befinden sich die römischen Ausgrabungsstätten und die 1820 erbaute Synagoge) zu Budapest vereinigten. Eine Verschmelzung beider Hauptteile wurde erst durch den Bau der sogenannten Kettenbrücke 1848/49 erleichtert. Das moderne Budapest basiert auf dem 1885–1902 gebauten neogotischen Parlamentsgebäude von Imre von Steindl (1839–1902) auf der Pester Seite, das sein Londoner Vorbild an Größe übertrifft (268 × 118 m; Kuppelhöhe 96 m; 691 Räume); außerdem entstanden 1874–77 der Westbahnhof von Gustave Eiffel (1832–1923) mit einer auffallenden Glasfassade sowie 1896 die Metro, die als zweitälteste U-Bahn in Europa nach der Londoner Metro in Betrieb genommen wurde. Zusammen mit der darüberliegenden, 2,4 km langen, historistisch bzw. im Jugendstil bebauten Prachtstraße Andrássy (1871–85) wurde sie 2002 der Weltkulturerbestätte hinzugefügt. Nach der fast völligen Zerstörung der Stadt 1945 wurden die wichtigsten Bauten nach und nach vorbildlich rekonstruiert bzw. restauriert.

Kathedrale und ›Giralda‹

Kathedrale, Alcazar und Indienarchiv in Sevilla

Spanien – ernannt 1987 / Blütezeit 13.–16. Jh.

Die Kathedrale und der Alcazar bilden einen markanten Baukomplex in Sevilla unter almohadischem Einfluss innerhalb der christlichen Kultur Andalusiens; insbesondere die Giralda wirkte beispielgebend auf die sakrale Turmarchitektur. Das Ensemble ist zusammen mit dem Indienarchiv mit dem Namen Christoph Kolumbus und der Entdeckung Amerikas verbunden.

Sevilla hatte bereits als römische Kolonie und als westgotischer Bischofssitz eine wechselhafte Geschichte hinter sich, bevor die Mauren die Stadt 712 einnahmen und ihr ihren Namen gaben. Mit der »Reconquista« konnten die spanischen Christen Sevilla 1248 wieder für sich gewinnen. Über dem Fundament einer Moschee bauten sie 1401–1519 die größte gotische Kathedrale der Welt (Länge 115 m, Breite 76 m, Mittelschiffhöhe 36 m), die fünfschiffige Sta. Maria de la Sede mit dem Gedächtnisgrab Kolumbus'. Weltweit auch konkurrenzlos ist das Altarretabel in der Capilla Mayor, das zwischen 1482 und 1564 entstand (23 × 20 m). Das eigentliche Wahrzeichen der Kirche und der Stadt wurde allerdings der getrennt stehende Glockenturm, die »Giralda« (Höhe 97 m) mit 22 Glocken, den der Almohaden-Kalif Abu Yusuf Yakub (reg. 1184–1199) 1196 für die Moschee errichten ließ; für damalige Verhältnisse war dies ein Wolkenkratzer, der ohne den Aufsatz von 1568 immer noch 82 m hoch war. Die bekrönende Figur (Höhe 4 m) stammt von Bartolomé Morel. Aus almohadischer Zeit, als der islamische Mudéjar-Stil unter christlichem Einfluss stand, stammt der Königspalast Alcázar, der ab 1364 über den Resten eines maurischen Vorgängerbaus errichtet wurde. Das Archivo General de Indias, 1785 im Gebäude der Seidenbörse (Casa Lonja, 1583 erbaut; restauriert 2002–04) untergebracht, ist mit seinen rund 43 000 Büchern das größte Archiv zur hispanischen Kolonialzeit, das seit 2007 zum Weltdokumentenerbe zählt, namentlich der Vertrag von Tordesillas (7. Juni 1494) zur neudefinierten Grenzziehung zwischen den Seemächten Spanien und Portugal.

Kölner Dom

Deutschland – ernannt 1996, erw. 2008 /
Bauzeit 1248 – um 1528, 1842 – 80

Der universelle Wert des Kölner Doms, erbaut in über sechs Jahrhunderten, zeugt von der außerordentlichen menschlichen Schöpferkraft und vom beharrlichen christlichen Glauben vom Mittelalter bis in die Moderne.

Der Dom St. Peter und St. Maria, der zur Zeit der Fertigstellung 1880 das höchste Bauwerk der Welt war (Turmhöhe 157 m, umbauter Raum 407 000 m³), doch schon 1890 vom Ulmer Münster knapp überboten (161 m) wurde, dabei aber nach wie vor die größte Fassadenfläche aufweist (7000 m²), konnte auch trotz seiner neugotischen Bauabschnitte über die gesamte Entstehungszeit nach Originalplänen errichtet werden, was die stilistische Einheitlichkeit erklärt. Das Hauptschiff (Länge 144 m) ist in einer Höhe von 43,35 m überwölbt. Zum Pilgerziel wurde der 1322 geweihte fünfschiffige Dom allerdings hauptsächlich wegen seines Besitzes des weltweit größten abendländischen Reliquienschreins: Er entstand 1180–1230 und misst 1,10×1,53×2,20 m. Rund 1300 Edel- und Halbedelsteine, Perlen, Gemmen und Kameen schmücken den Schrein, der die Gebeine der Heiligen Drei Könige enthält. Bischofsitz war Köln seit dem 4. Jh., der alte Dom datiert aus dem 9. Jh. Aber mit dem Erwerb dieser Reliquien 1164 wurde ein angemessener Kirchenneubau überhaupt erst notwendig. Dazu kommen kunsthistorische Meisterwerke wie das ottonische Gerokreuz (um 970), das als Groß- bzw. Triumphkreuz stilbildend wurde, sowie der Klarenaltar und der Stephan-Lochner-Altar (um 1450). Darüber hinaus besitzt der Dom elf Glocken, darunter das größte freischwingende Exemplar (»D'r dicke Pitter«, 1924; 24 000 kg). 2004 – 06 stand der Dom, Deutschlands populärster Bau und Wahrzeichen Kölns, als erste deutsche Welterbestätte wegen geplanter Hochhausprojekte auf der ›Roten Liste‹: Der Blick auf das inszenierte Ensemble von Dom und Hohenzollernbrücke (1907–11) als industrielles Denkmal war gefährdet.

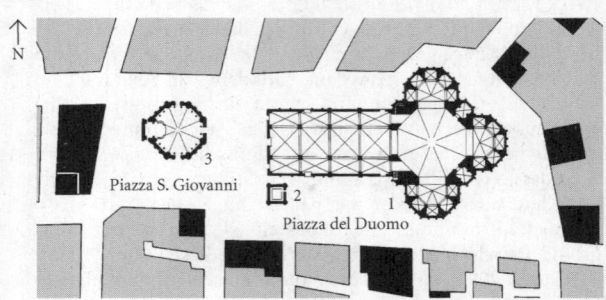

Piazza della Signoria mit Blick auf den Dom; unten Grundriss des Doms (1) mit Campanile (2) und Baptisterium (3)

Historisches Zentrum von Florenz

Italien – ernannt 1982 / Blütezeit um 1250 – 16. Jh.

Florenz, das als Gesamtkunstwerk die weltweit größte Konzentration berühmter Einzelobjekte aufweist, ist seit dem 15. Jh. richtungweisend für die europäische Kunstgeschichte, die zumindest zwei Universalgenies entscheidend prägte – Leonardo da Vinci und Michelangelo. Die Innenstadt ist darüber hinaus Ausdruck einer Handelsmacht über Jahrhunderte hinweg, begleitet von prestigeträchtigen Bauten der Banker und Prinzen, und Wiege des modernen Humanismus.

Florenz, eine römische Gründung von 59 v. Chr., ist der Inbegriff einer Kulturmetropole, die mit Giotto und Botticelli, Leonardo und Michelangelo, Dante und Petrarca, Galilei und Macchiavelli Maßstäbe setzte. Ihr Ruhm ist auch wesentlich verbunden mit der Bankiersfamilie de Medici, die seit 1434 die Geschicke der Stadt und weiter Teile Europas bestimmte. In Florenz steht mit dem dreischiffigen Dom Sta. Maria del Fiore (1296–1302, 1350 ff.; Campanile 1334, Kuppel 1418) die drittgrößte Kirche der Christenheit, wie auch mit den Uffizien (1560–80; Ausbau bis 1658) eine der bedeutendsten Kunstsammlungen der Welt. Die ästhetisch wie baukünstlerisch herausragenden Leistungen am Dom sind die damals weltgrößte Kuppel von Brunelleschi (1418–36; Durchmesser 43 m; äußere Schale 80 cm, innere Schale 4 m dick; Höhe 107 m), die ohne Baugerüst auskam, und der Campanile von Giotto (1334–59). Parallel mit dem Dom entstand der Palazzo Vecchio (Turmhöhe 94 m), der zum Medici-Stammsitz wurde. Im 18. Jh. fiel die toskanische Region kurzzeitig unter habsburgisch-lothringischen Einfluss; 1865–71 wurde Florenz Hauptstadt des Königtums Italien. Als Abglanz der späten Blütezeit ist die Vollendung der Domfassade 1887 anzusehen (die alte wurde bereits 1587 abgetragen). 1986 war Florenz Kulturhauptstadt Europas.

Welterbe in der Toskana: Domplatz von Pisa (1987), historisches Zentrum von San Gimignano (1990), Siena (1995) und Pienza (1996), Val d'Orcia (2004).

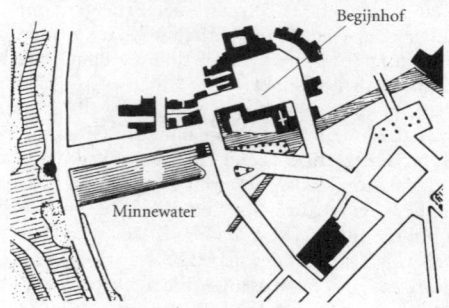

Begijnhof

Minnewater

Der Beginenhof von Brügge

Flämische Beginenhöfe

Belgien – ernannt 1998 / Gründung der
Beginen-Bewegung 13. Jh.

Die flämischen Beginenhöfe zeigen Merkmale städtischen und ländlichen Lebens und eine für die Region typische sakrale, traditionelle Architektur, die aus einer nordwesteuropäischen mittelalterlichen Glaubensbewegung unabhängiger, säkularer oder klösterlich-diszipliniert lebender lediger oder verwitweter Frauen hervorgegangen ist.

Die UNESCO-Liste umfasst 26 zum Teil gut erhaltene Beginenhöfe in den Provinzen Antwerpen (Antwerpen, Herental, Hoogstraten, Lier, Mecheln, Turnhout), Limburg (Borgloon, Saint-Trond, Tongeren, Hasselt), Ostflandern (Alost, Termonde, Gent mit Sint Amandsberg, Audenarde), Westflandern (Brügge, Dixmude, Kortrijk) und Brabant (Aarschot, Diest, Leuven, Overijse, Tirlemont). Zwei Typen von »Beginagen« haben sich seit dem Mittelalter ausgebildet, die bis in die Gegenwart vorbildlich für diverse Siedlungskonzepte wurden (Fuggerei in Augsburg, 1516–25; Arbeitersiedlungen, 19. Jh.; Gartenstädte 1920/30er Jahre): der sich am Schachfeldlayout orientierende städtische Typ und der ländliche Typ des um einen inneren Hof gruppierten Gebäudekomplexes. Gedacht waren die wie eingefriedete Miniatursiedlungen konzipierten Beginenhöfe als Zentren der Spiritualität, Solidarität, weiblichen Selbstbestimmung unter dem ›Regiment‹ einer »Grande Dame« und eines Modernismus, der in einem naiven Mystizismus (Julienne de Cornillon, gest. 1258) und einem einfachen Kunstverständnis (Hadewijch, 13. Jh.) wurzelt. Als älteste Beginagen gelten Kortrijk (1248) und Lier, einer der jüngsten Höfe ist die neugotische Anlage in Sint-Amandsberg (1873–75). Heute existieren nur noch kleine, seit 1927 von Benediktinerinnen betreute Beginengemeinden in Brügge und Gent.

Weiteres Welterbe in Flandern: flämische Glockentürme (ernannt 1999/2005), das historische Zentrum von Brügge (2000), Plantin-Moretus-Museum in Antwerpen (2005).

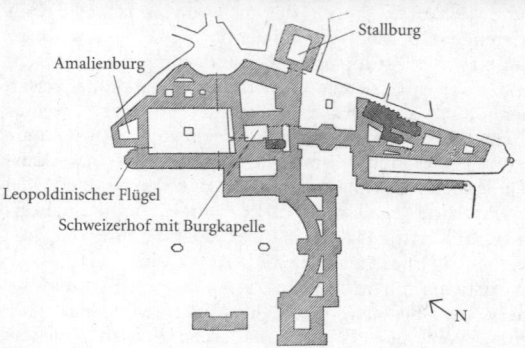

Amalienburg

Stallburg

Leopoldinischer Flügel

Schweizerhof mit Burgkapelle

N

Schloss Schönbrunn mit Blick auf Wien;
unten Grundriss der Hofburg

Altstadt von Wien / Schloss Schönbrunn
Österreich – ernannt 2001/1996 / Blütezeit 13.–19. Jh.

Wien, mit seiner Altstadt lebendiger Zeuge zweier Jahrtausende, insbesondere der Schlüsselepochen Mittelalter, Barock und Gründerzeit, ist seit dem 16. Jh. Hauptstadt der europäischen Musik. Die Residenz von Schönbrunn ist ein barockes Gesamtkunstwerk von universellem Rang, das die Habsburgergeschichte so eigenständig dokumentiert wie das Wiener Zentrum.

Wahrzeichen der mittelalterlichen Stadt ist der Stephansdom (Länge 107 m, Breite 34 m), der mit der Altstadt mitwuchs; in mehreren Bauphasen wurde er 1147 und 1263 geweiht, bis 1340 gotisch umgebaut und 1433 um den Südturm aufgestockt (»Steffl«, Höhe 136,4 m), bevor er zur Kathedrale erhoben wurde. Die Hofburg (13. Jh. – 1918), zu der u.a. die Hofbibliothek und die Winterreitschule von Johann Bernhard Fischer von Erlach (1656–1723) gehören, steht für die höfisch-imperiale, insbesondere barocke Zeit. Etliche der Fischer-Bauten wurden von seinem Sohn Joseph Emanuel (1693–1742) fortgeführt (Karlskirche) oder auch von dem Konkurrenten Johann Lucas von Hildebrandt (1668–1745) übernommen (Stadtpalais). Die Ringstraßen des 19. Jhs. mit Bauten wie der Staatsoper und dem Kunsthistorischen Museum markieren eine weitere Blütezeit. Die Musiktradition reicht parallel dazu von der Hofmusik und Mozart bis zu den Strauß-Walzern. Schloss Schönbrunn, das ursprünglich nur als kleines Jagdschloss gedacht war, wurde nach 1696 von J.B. Fischer von Erlach neu konzipiert und in zahlreichen Umbauten sowie einem Park und der Gloriette zu einem Meisterwerk des Wiener Barock und Rokoko von riesigen Ausmaßen (mit 1500 Räumen) erweitert, das Hildebrandts Belvedere-Schlösser weit übertrifft. Ergänzt wird die Anlage u.a. durch den ältesten europäischen Zoo (1752) sowie ein Palmenhaus als frühes Beispiel einer Stahl-/Glasarchitektur (1880–82). Wichtige Ereignisse in Schönbrunn: der Wiener Kongress (1815) und die »Tauwettergespräche« zwischen John F. Kennedy und Nikita Chruschtschow (1961).

Ruinen der alten Königsstadt Sukhothai

Thailand – ernannt 1991 / Blütezeit 13. Jh. – um 1350

Der historische Park und die Khmersiedlung von Sukhothai stehen für ein meisterhaftes Beispiel des wandlungsfähigen Stils der frühesten Siam-Architektur, gehört aber auch zum Schöpfungsmythos des ersten thailändischen Staates.

Sukhothai ist eine der größten Tempelstädte der Welt (Areal $1,8 \times 1,4$ km), auf deren Gelände sich die Reste von rund 200 Kultstätten befinden, darunter der prunkvolle Königstempel Wat Mahathat, der allein eine Größe von 240×280 m einnimmt. Sie umfasst auch die Tempelstätten Sri Satchanalai, Wiege der thailändischen Literatur (*Traibhumikatha*, »Predigt über die drei Welten«) und Zweitresidenz des Königs, sowie Kampen Phet, wo sich neben einer Fülle von bis zu 14 m hohen Buddhaskulpturen auch symbolträchtige Elefantendarstellungen finden lassen. Als einer der wichtigsten Herrscher gilt der Sohn des Staatsgründers Rama Indraditya, König Khamhaeng (reg. um 1280–1318), der die Reichsstrukturen der benachbarten Khmer kopierte und ein eigenes, auf Steininschriften überliefertes Alphabet einführte. Der sogenannte Sukhothai-Stil entstand durch eine Verschmelzung lokaler Traditionen und zahlreicher fremdländischer Elemente: Für die Architektur sind die massiven, mit großen Buddha-Porträts geschmückten Ostabschlüsse (Chevets) bezeichnend, so wie auch die Statuen charakteristisch sind: aufrecht sitzend oder schreitend, mit spezifischen Gesichtszügen, die eine fast hochmütige Haltung verraten. Um 1350 fiel das 1238 gegründete Sukhothai an das Ayutthaya-Reich, dessen gleichnamige Siedlung zur Haupt- und Weltstadt emporstieg (Weltkulturerbe seit 1991). Vor der Aufnahme in die Welterbeliste waren Kampen Phet (1980: 3,4 km²), Sri Satchanalai (1983: 45 km²) und Sukhothai (1988: 70 km²), dessen Zentrum 1968 niederbrannte, bereits zu historischen Parks erklärt worden. Die Restaurierung, die 1964 mit der Eröffnung des Nationalmuseums begann, war 1988 abgeschlossen.

Weitere Tempelstadt im Welterbe: Angkor (ernannt 1992).

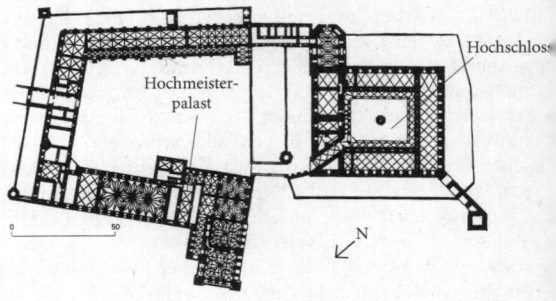

Die Marienburg mit Hochschloss und Danzker (rechts) sowie
dem Hochmeisterpalast (links)

Deutschordensburg Malbork / Marienburg
Polen – ernannt 1997 / Hauptwirkungszeit 1309–1457

Die Marienburg an der Nogat ist das beste Beispiel einer gotischen Ziegelburg, das die einzigartige Architektur des Deutschen Ritterordens in Osteuropa belegt. Die Burg ist auch von Bedeutung für die Entwicklung eines neuzeitlichen Umgangs hinsichtlich der Restaurierung und Bewahrung.

Der Deutsche Orden, der 1190 aus dem Bereich der Krankenpflege hervorging und in Palästina (Akkon) gegründet wurde, formierte sich um 1200 zum Ritterorden, dessen Hauptanliegen der Christianisierung Preußens galt (1209–39). 1309 verlegte der Großmeister des Ordens seinen Sitz von Venedig in die Marienburg, die seit 1274 zur größten mittelalterlichen Festung Europas (21 ha) mit einem dreifachen Mauerring und 14 Toren ausgebaut wurde. Auf die Blütezeit des Ordensstaates zwischen 1350 und 1380, dessen Einfluss vom Finnischen Meerbusen bis Pommern reichte, folgte mit der Schlacht von Tannenberg 1410 der Niedergang des Ordens. Dieser wurde 1457 mit der Erstürmung der Klosterfestung durch den polnischen König Kazimierz IV. (reg. 1447–92) besiegelt. Daran änderte auch die Verlegung des Ordenssitzes nach Königsberg nichts. 1466 gingen die Marienburg und andere Gebiete offiziell im sogenannten Zweiten Frieden von Thorn an Polen, 1525 trat dann das protestantische Preußen das Erbe des Ordensstaates an. Die einst uneinnehmbare Anlage zerfiel zusehends. Erst Friedrich Wilhelm III. (reg. 1797–1840) stoppte deren Abriss, während Napoleon 1809 den Orden auflöste. Nach langen Wiederaufbauphasen im 19. Jh. und – nach der fast gänzlichen Zerstörung 1945 – in den 1960er Jahren sieht die als Museum genutzte Burg heute weitgehend authentisch aus. Das baukünstlerische Glanzstück der Burg ist der nach 1380 errichtete Hochmeisterpalast mit dem Sommerrefektorium: romantischer Blickfang, Objekt wissenschaftlicher Denkmalpflege (durch Friedrich Gilly, Ferdinand von Quast, Karl-Friedrich Schinkel u. a.) sowie Symbol der Macht (bis ins »Dritte Reich«).

Die mittelalterliche Stadt von Rhodos
Griechenland – ernannt 1988 / Eckdaten 1309–1523

Die als uneinnehmbar geltende Festungsanlage von Rhodos, eine der schönsten gotisch-mittelalterlichen Städte, dokumentiert eine wichtige Geschichtsepoche, in der sich ein militärisch-pflegerischer Ritterorden in der Ägäis zwischen griechischer Antike und islamischer Welt etablierte. Die fränkische und osmanische Bausubstanz zeigt ein erfolgreiches und komplexes Phänomen der kulturellen Angleichung.

Die Griechen errichteten im 3. und 2. Jh. v. Chr. über der 408 v. Chr. gegründeten Rhodos-Stadt eine Akropolis, deren nicht genau lokalisier- und verifizierbarer »Koloss« (gemutmaßte Höhe 33 m) zu den sieben Weltwundern gehörte. 1306–09 bezogen die Johanniter Rhodos und bauten ihre Macht aus. Der Großmeisterpalast wurde ausgebaut; 1515–17 entstand der »Turm der Italiener«. Doch schon 1522/23 wurden die Johanniter von den Türken unter dem osmanischen Sultan Süleiman I. dem Prächtigen (reg. 1520–66) vertrieben; auf Umwegen zogen sie sich nach Malta zurück (weshalb sie heute auch »Malteser« genannt werden). Das Welterbe umfasst im Wesentlichen neben dem Hauptpalast (1856 beschädigt, 1988 restauriert) das Bauensemble von Großem Hospital, Ritterstraße (Sitz der nationalen »Zungen«; Abb.) und der 4 km langen Stadtmauer der Oberstadt (die Unterstadt schließt Moscheen mit ein). Da viele Jerusalempilger einen Zwischenhalt auf Rhodos machten, entwickelten die Johanniter das beste mittelalterliche Hospitalwesen, das kranken Christen, Moslems und Juden zugute kam, getragen von Spenden und auf Kosten der Türken. Nach dem Italienisch-Türkischen Krieg 1911/12 rekonstruierten die Italiener als neue Besatzer den Großmeisterpalast (Vittorio Mesturino, 1937–40) als Residenz für Benito Mussolini.

Architektur der Ordensritter im Welterbe: Akkon (Israel, ernannt 2001); Festungsstadt Valletta (Malta, 1980); Marienburg/Malbork (Polen, 1998); Kloster Alcobaca (Portugal, 1989); »Crac de Chevalier« und »Qal'at Salah El-Din« (Syrien, 2006).

Blick auf den Papstpalast, im Vordergrund der Petit Palais

Altstadt von Avignon
Frankreich – ernannt 1995 / Blütezeit 14. Jh.

Der Papstpalast von Avignon, im Ensemble mit der Saint-Bénézet-Brücke ein technisch hochentwickelter Festungsbau, ist ein Meisterwerk menschlicher Kreativität. Die Stadt strahlte als politisch-religiöses, künstlerisch-literarisches und Wirtschaftszentrum auf ganz Europa aus.

Nach ersten Besiedlungsspuren in jungsteinzeitlicher Epoche und der römischen Koloniegründung um das Jahr 50 v. Chr. erlebte Avignon einen frühen Aufschwung im 12. Jh., dessen sichtbare Zeichen die Kathedrale Notre-Dame und die steinerne Brücke Saint-Bénézet darstellen. Ihre eigentliche Blütezeit erhielt die Stadt allerdings mit der von Frankreich erzwungenen Verlegung des Heiligen Stuhls aus dem krisengeschüttelten Rom nach Avignon (»Babylonisches Exil«): Zwischen 1309 und 1377 residierten hier sieben Päpste (gefolgt von zwei Gegenpäpsten). Errichtet wurde ihnen unter Benedikt XII. und Clemens VI. (reg. 1334–52) ein Kirchenpalast (Abb.) mit einem älteren nördlichen und einem jüngeren südlichen Trakt (15 000 m²). Er kam durch die 4,5 km lange Ringmauer einer der größten gotischen Festungen Europas gleich. Kernstück ist der Engelturm mit Wandmalereien und aufwendigen Fliesenböden aus dem 14. Jh.; hier befand sich auch das Schlafgemach des Papstes. An den Turm grenzen der im sparsamen Zisterziensergeist erbaute alte Palast, den der Architekt Pierre Poisson mit einem Kreuzgang versah, und der prachtvollere neue Palast von Jean de Louvres, dessen Große Kapelle (52×15 m) 20 m hoch aufragt. Die Ausmalung der Gebäude stammt u.a. von Simone Martini (1284–1344) und Matteo Giovannetti (gest. um 1350). Diente die Anlage nach ihrer Plünderung 1791 bis 1906 als Kaserne, wird sie seit 1947 als Bühne für Theaterfestivals genutzt.

Römische Spuren im französischen Welterbe: Arles (»kleines Rom«, ernannt 1981); Stadtgründung von Lyon (1998); der Aquädukt Pont du Gard bei Nîmes (1985); Theater und Triumphbogen von Orange (1981).

Altstadt von Prag
Tschechien – ernannt 1992 / Blütezeit 14. Jh.

Das berühmte Prager Zentrum mit herausragenden Einzelmonumenten und einem imposanten Stadtbild zeigt eine erstaunlich kontinuierliche und beispielhafte Entwicklung vom Mittelalter bis in die Gegenwart. Prags Bedeutung für die europäische Kulturgeschichte (Christentum, Universität) und seine Anziehungskraft (Kunst, Architektur) ist so einmalig wie die Zahl bedeutender Namen des kulturellen Lebens.

Obwohl eine Burg bereits im 9. Jh. bestand, erhielt Prag erst 1235 die Stadtrechte. Im 14. Jh. blühte die Stadt auf, deren historischer Kern die Altstadt (›Staré Mesto‹ mit dem Rathausplatz und dem ältesten jüdischen Friedhof Europas, 15. Jh.), die Unterstadt (›Malà Strana‹ mit dem Viertel der Bohemiens) und die Neue Stadt (›Nové Mesto‹ mit dem Wenzelsplatz sowie Bauten im Art-Nouveau-Stil) umfasst: 1344 wurde der Grundstein des St.-Veitsdom (Abb.) gelegt, fertig war der Bau 1929 mit der Vollendung der neogotischen Westfassade und den 80 m hohen Türmen. Unter der Regentschaft des böhmischen Königs und deutschen Kaisers Karl IV. (1346–78), Prags »goldenem Zeitalter«, entstanden wichtige Bauten, u. a. die Karlsbrücke (1357; Länge 515 m), die Universität wurde 1348 gegründet und der Hradschin als Stadt in der Stadt ausgebaut. Wichtigster Baumeister war Peter Parler (1330/33–1399), den der Kaiser 1356 nach Prag gerufen hatte, und der mit seinen Söhnen Wenzel und Johann den Dombau prägte. In den folgenden Jahrhunderten erlangte Prag als Stadt der Musik und der Literatur Weltgeltung. Die Kehrseite des Glanzes ist das Schicksal der Juden, die von jeher im Dreiklang mit den Deutschen und Tschechen die Geschichte der Stadt mitbestimmten und die Kultur belebten (Kafka, Kisch, Neruda, Rilke, Werfel), aber seit dem 11. Jh. Hetzkampagnen, Judenpogromen (1389) und Verfolgungen (1745 unter Kaiserin Maria Theresia) ausgesetzt waren. Mit dem »Prager Fenstersturz« am 23. Mai 1618 wurden der Dreißigjährige Krieg und auch der Niedergang Prags eingeläutet.

Minengebäude in Falun

Historische Industrielandschaft von Falun

Schweden – ernannt 2001 / Blütezeit 14. Jh. – 1687

Der Kupferabbau, der die Region um Falun bis ins letzte Jahrhundert prägte, machte Schweden zum größten Kupferproduzenten und -exporteur im 17. Jh. Die Entwicklung von der dörflichen Industrie bis zur Industrieproduktion sind in den überlieferten Resten der Siedlung zu sehen.

Der Kupferbergbau von Falun, bekannt seit dem 8./9. Jh., professionalisierte sich im 14. Jh. mit der Entstehung einer Arbeitersiedlung, die Mitte des 17. Jhs. zu einer der größten Städte Schwedens anwuchs (etwa 6000 Einwohner). Das Bergwerk, dessen Kupfer-, Gold- und Silbervorkommen weltweit gefragt waren, und von dessen Bedeutung die »Große Kupferbergkirche« aus dem späteren 14. Jh. zeugt, konnte sich allerdings von einem Grubenunglück 1687 nur schwer erholen, zumal auch die Stadt 1761 teilweise niederbrannte. Der Kupferabbau kam jedoch trotz schwindender Fördermengen erst 1992 zum Erliegen, während das dunkle Falunrot, ein Kupfererzpigment, von 1616 an bis heute im Holzanstrich der Häuser verwendet wird – Carl Larsson (1853–1919) hat es in seinen Gemälden festgehalten. Zum Welterbe gehören u.a. der »Große Kupferberg« (Grube 300×350 m, Tiefe 90 m), die Industriearchitektur (Öfen, frühe Gleisanlagen), die Stadt (Kristine-Kirche, 1642–60; Rathaus, 1647–53) und das »Schwedenrot«, die Nationalfarbe. Legenden um die Grube von Falun fanden über deutsche Lohnarbeiter, die die Bergbautechnologie nach Schweden gebracht hatten, Einzug auch in die deutschsprachige Literatur (Johann Peter Hebel, E.T.A. Hoffmann, Hugo von Hofmannsthal, Georg Trakl).

Untertageindustrie (Bergbau, Hütten) im Welterbe: in Deutschland Rammelsberg (ernannt 1992), Völklingen (1994), Essen (2001); in Großbritannien Blaenavon (2000), Cornwall und West-Devon (2006); in Schweden Engelsberg (1993); in Chile Humberstone und Santa Laura (2005) und Sewell (2006); in Norwegen Røros (1980).

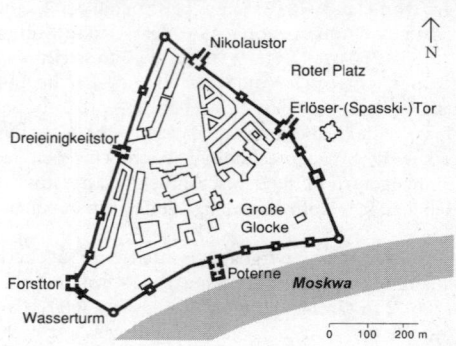

Die Basilius-Kathedrale auf dem Roten Platz, dahinter das
Kaufhaus GUM, unten der Plan des Kreml

Kreml und Roter Platz in Moskau

Russland – ernannt 1990 / Bauzeit 14.–17. Jh.

Die Altstadtzone Moskaus, in der alten Bausubstanz der Proto-typ der Kreml-Zitadelle und mit Ausnahme der St. Petersburger Blütezeit Machtzentrale des Landes, beherbergt einzigartige Denkmale und Bauten, die als wichtige Zeugnisse des Zarenrei-ches die gesamte russische Architektur beeinflussten.

An Stelle des Befestigungswalls (spätes 12. Jh.) und der Holz-/Steinpalisade (1339/40; 1367) wurde die Mauer um den Marktplatz nach einem Stadtbrand 1403–1505 erweitert, wie-derauf- und zur heutigen Gestalt umgebaut (maximale Höhe 19 m, maximale Breite rund 7 m; Länge 2,5 km). In kurzer Fol-ge entstanden auf den angrenzenden Kreml (28 ha) die Ma-riä-Entschlafens-Kathedrale (1475–79), die ab 1557 als Krö-nungskirche der Zaren diente, die Mariä-Verkündigungs-Ka-thedrale (1484–89), die von dem Venezianer Alevisio Nuovo erbaute Erzengel-Michael-Kathedrale (1505–09); darüber hin-aus bauten Pietro Antonio Solari (um 1450–1493) u.a. zwi-schen 1485 und 1495 die 19 Mauertürme (Höhe jeweils rund 70/80 m), darunter der Erlöserturm (1624/25) mit einem 1852 aufgesetzten Glocken- und Uhrenturm. Auf dem Roten Platz (russ. *krasny* ›rot‹, ›schön‹; 500×150 m) entstanden nach dem Sieg über die Mongolen die asymmetrische neunkuppelige Mariä-Schutz-und-Fürbitte-Kathedrale, d.i. Basilius-Kathe-drale (1555–61; restauriert 1990–2006) der Baumeister Barma und Posnik Jakowlew; später kamen der Kreml-Palast (Alexan-der Thon, 1839–50), das Historische Museum (Wladimir Sherwood, 1875–83) und das Luxus-Einkaufszentrum GUM im »russisch-historistischen Stil« (Alexander Pomeranzew, 1888–94) dazu. 1917–91 war der Kreml das sowjetische Machtzentrum mit Panzeraufmärschen und der Vorführung des Leichnams von Lenin (1870–1924; Mausoleum 1930). Seit 1991 gehört er zum Regierungssitz Russlands.

Kreml-Bezirke im Welterbe: Nowgorod (11. Jh., ernannt 1990); Kasan (Mitte 16. Jh., 2000).

Bremer Rathaus mit der Roland-Statue

Deutschland – ernannt 2004 / Entstehung 15. Jh.

Das Bremer Rathaus, markantes Beispiel der Weserrenaissance, sowie der »Roland« sind Ausdruck bürgerlicher, im Heiligen Römischen Reich erworbener Souveränität und Marktfreiheit, auf deren Symbolik die aus dem französischen *Chanson de geste* bekannte Roland-Figur verweist.

1404 wurde die Roland-Statue (Höhe 5,5 m; restauriert 1938–83/84) für den Bremer Marktplatz errichtet, wo diese erste freistehende deutsche Monumentalskulptur aus Stein als Symbol der städtischen Freiheit und des Marktrechts stand, das Kaiser Otto I. 965 verliehen hatte. Die hölzerne Vorgängerin verbrannte 1366. Als Typus verbreitete sich die Roland-Figur über ganz Europa, außerhalb Italiens mit antiklerikalem Anspruch. 1405–08 entstand in selbstbewusster Konkurrenz zum östlich angrenzenden Dom (und damit gegen die seit 787 bestehende erzbischöfliche Macht) das Rathaus im gotischen Saalgeschossbautyp, ein zinnenbekrönter Wehrbau. 1612 erhielt der Bau eine neue Fassade im Stil der Weserrenaissance, die auf den gegenüberliegenden Neubau des Gildehauses (›Schütting‹) reagierte. Den 41 m langen und 16 m breiten Hallenbau beließ der Architekt Lüder von Bentheim (1555–1613), er fügte ihm jedoch einen zweigeschossigen gläsernen Erker (›Güldenkammer‹) ein und entwarf den kupferverkleideten Dachstuhl, der einem umgedrehten Schiffsrumpf nachempfunden ist. Restaurierungsphasen: 1959–68, 1985–98. Das symbolhafte Figurenprogramm der Arkaden vermittelt Tugenden, Tierkreiszeichen usw. Der Bauschmuck stammt von Jacob Floris, Hendrick Goltzius und Hans Vredeman de Vries, Meister der niederländischen Renaissance. Heinrich Vogeler (1872–1942) schuf 1904–05 die Jugendstilausstattung. Bald darauf führte Gabriel von Seidl (1848–1913) 1909–13 einen historistischen Anbau anstelle des Stadthauses aus. An der Westseite des Rathauses steht eine Bronzedarstellung der Bremer Stadtmusikanten (Gerhard Marcks, 1951).

Venedig und seine Lagune
Italien – ernannt 1987 / Blütezeit 15. Jh.

Venedigs Einfluss als einzigartige künstlerische Leistung ist beträchtlich; die unvergleichlichen Baugruppen spiegeln seine Geschichte wider. Aber die Stadt hat auch eine höchst lebendige Kultur; Mit seiner Lagune steht Venedig für ein Ökosystem (MOSE-Projekt) und den Kampf gegen die Elemente.

Auf der Flucht vor den Hunnen verschlug es etliche Römer im 5. Jh. in die sumpfige Inselregion der Adria (Torcello, Jesolo, Malamocco; um 50 000 km²). Im 15. Jh. hatte sich aus der Flüchtlingssiedlung die reichste und größte Stadt Italiens entwickelt, die Wirtschaftsbeziehungen bis nach China unterhielt. Venedig ist auf zahllosen kleinen Inseln errichtet, die über etwa 120 – 150 Kanäle und über 400 Brücken miteinander verbunden sind. Die Baufundamente sind durch unzählige Holzpfähle gesichert, so soll die wuchtige Kirche Sta. Maria della Salute (Abb.), erbaut 1631 – 87, auf über 1,1 Mio Stämmen stehen. Mittelpunkt bzw. Zentrum der Stadt ist der 176 × 82 m messende Markusplatz mit dem Campanile (10. Jh., Höhe 95 m; 1903 – 12 nach Einsturz wiederaufgebaut), der fünfkuppeligen Markuskirche (11. Jh.) – unmittelbar nach Überführung der Reliquien des Evangelisten Markus von Alexandria nach Venedig 828/829 wurde ein Vorgängerbau der Basilika errichtet –, dem Dogenpalast (1309 – 1442), dem Baptisterium (1312 – 20) und dem Glockenturm (1495). Von hier aus verläuft der 3800 m lange Canale Grande als Hauptverkehrsader durch die Stadt. Die sich auf relativ kleinem Raum drängenden Villen und Paläste enthalten unermessliche Kunstschätze, aus denen sich auch eine eigene Schule herauslesen lässt: mit Giovanni Bellini (um 1430 – 1516), Giorgione (1478 – 1510), Giovanni Battista Tiepolo (1696 – 1770), Jacopo Tintoretto (1518 – 1594), Tizian (um 1480 – 1576), Paolo Veronese (1528 – 1588). Wie kaum eine andere Stadt der Welt ist das weitgehend erhaltene Venedig heute aufgrund der Überflutungsgefahr, Verschmutzung und des überbordenden Tourismus ernsthaft in seinem Bestand bedroht.

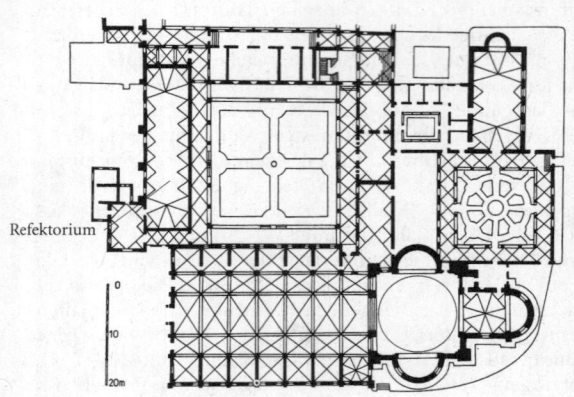

Refektorium

Leonardos *Abendmahl* an der Nordseite des Speisesaals

Kirche, Dominikanerkonvent und Refektorium
Santa Maria delle Grazie, Mailand
Italien – ernannt 1980 / Entstehung 15. Jh.

Im Mittelpunkt des ernannten Baukomplex steht das *Abend-mahl* Leonardo da Vincis, das nicht nur ein einzigartiges Kunst-werk von universellem Wert, sondern auch von grundlegender Bedeutung für die Ikonographie des Themas ist und den Be-ginn einer neuen künstlerischen Ära bezeichnet.

Nachdem der Graf Gaspare da Vimercate (um 1410–1467) den Dominikanern 1463 eine Kirche gestiftet hatte, begann der Bildhauer, Ingenieur und Architekt Guiniforte Solari (um 1429–1481) 1466 mit dem Bau des Gotteshauses (bis 1490) und des Konvents (bis 1469) im Stil der lombardischen Back-steingotik. 1492 riss man den Chor und das Querhaus der Kir-che ab, um dafür einen renaissancistischen Zentralbau zu er-richten; beteiligt war u.a. Donato Bramante (1444–1514), dem das Presbyterium, die Kuppelempore (Höhe 34,4 m) und der Kleine Kreuzgang zugeschrieben werden. Für das im Auftrag des Herzogs Ludovico Sforza (1452–1508) gebaute Klosterre-fektorium malte der universell gebildete Leonardo da Vinci (1452–1519) zwischen 1495 und 1497 *Das letzte Abendmahl* (422×904 cm), neben seiner *Mona Lisa* (»La Gioconda«, um 1503; Louvre, Paris) eines der berühmtesten Gemälde der Welt, dessen Öltempera sich jedoch nicht mit dem feuchten Mal-grund vertrug und bereits Mitte des 16. Jhs. irreparable Zerstö-rungen aufwies. Die jüngste der acht dokumentierten Restau-rierungen (u.a. 1726, 1851, 1908, 1953) wurde 1999 durch Giu-seppina Brambilla abgeschlossen. Die einmalige Dramatik des Bildes entlädt sich in der Zentralperspektive sowie in der durch zahlreiche Skizzen entwickelten realistischen Mimik und Gestik der Apostel im Augenblick, als Jesus in vollkommener Ruhe den Verrat vorhersagt. Der Bau, den Napoleon Bonaparte schon als Pferdestall entweiht hatte, wurde bei einem Bombenagriff 1943 bis auf die Nordwand, an der sich das *Abendmahl* befindet, zer-stört (wiederaufgebaut 1950–66).

Innenhof der Sankoré-Moschee

Religiöse Stätten von Timbuktu
Mali – ernannt 1988 / Blütezeit spätes 15./16. Jh.

Die vom Zerfall bedrohten Moscheen und Mausoleen von Timbuktu, Ausdruck eines Goldenen Zeitalters im 16. Jh., trugen
erheblich zur Islamisierung Afrikas bei und haben ihren authentischen Charakter bewahrt.

Am Südrand der Sahara gelegen, war das um 1100 gegründete Timbuktu eine Nahtstelle zwischen Weiß- und Schwarzafrika
und seit etwa 1330 unter den Gründern des Malireichs (Mandinge) das wichtigste Zentrum auf der Handelsroute. Unter
ihrer Herrschaft entstanden um 1325 die »Große Moschee«
(*Djinger-ber*, im Grundriss $35 \times 52 \times 40 \times 44$ m; Architekt: Abu
Ishaq al-Saheli) und die für Schwarzafrika stilprägende *Sanko-
ré*-Moschee (31×31 m). Ihr Gebetshaus zeichnet sich durch das
pyramidenförmige Minarett aus, dessen Lehmwände mit Holz-
pflöcken durchstoßen sind. Den Mandinge folgten die Tuareg
(ab 1434) und die Songhai (1468–1591), die den Wirtschaftsstandort zur religiösen Metropole ausbauten und unter der
Songhai-Dynastie der Askia eine neue Blütezeit für Timbuktu
herbeiführten. Sinnfälliges Zeichen dafür sind die dritte Moschee *Sidi Yahia* (um 1440; um 31×30 m) und im 15./16. Jh. die
Bürgerpaläste mit maurischen Rundbogenfenstern und metall-
verzierten Holztüren, Mausoleen (u. a. für den 1529 gestorbe-
nen Scheich Abul Kassim Attuaty) sowie eine der größten Uni-
versitäten Afrikas, die 25 000 Studenten in 180 Schulen den Ko-
ran vermittelt und in Arabisch, Astronomie, Logik, Medizin
und Rhetorik unterwiesen haben soll. Die ältesten archivierten
Schriften stammen aus dem 13. Jh. Bevor Timbuktu in den
1880er Jahren unter französischer Besatzung seine Bedeutung
verlor, zog es Abenteurer und Forscher an, die die Stadt in Europa bekannt machten, u. a. den bis heute in Mali geschätzten
Forschungsreisenden Heinrich Barth (1853–54). 2006/07 wurde Timbuktu »Islamische Hauptstadt der Weltkultur«.

Malis Lehmarchitektur im Welterbe: die Moschee und die alten Städte von Djenné (ernannt 1988).

Ferrara – Stadt der Renaissance im Po-Delta
Italien – ernannt 1995, erw. 1999 / Blütezeit: 15.–16. Jh.

Als erste europäische Stadt wuchs Ferrara, frühes Zentrum für Kunst und Wissenschaft, nicht aus einem Kern (»römisches Schema«) heraus, sondern entstand am Reißbrett und beeinflusste den späteren Städtebau; die wichtigsten Initiativen gingen dabei von der Familie d'Este aus, deren Auftreten zum Vorbild für die Höfe in Florenz, Venedig, Frankreich und Spanien wurde. Da deren Renaissancekultur auch auf die Landschaft der Po-Ebene ausstrahlte, ohne die Natur zu beeinträchtigen, erweiterte die UNESCO die Kriterien der Nominierung.

Ferrara, seit 774 in päpstlichem Besitz, ging 1240 als Lehen bis 1597/98 an die Familie d'Este. Zu dieser Zeit war die fünfschiffige Kathedrale (Baubeginn 1135) schon weit gediehen, aber die mustergültigen Häuser und Paläste entstanden erst in den folgenden Jahrhunderten: Castello Estense (1385; Abb.), der Campanile (1451–95), die Umbauten der Palazzi di Schifanoia (Umbau 1466–93) und Comunale (1475–81), die Palazzi dei Diamanti (1492) und di Ludovico il Moro (1500). Der Hof dieser »ersten modernen Stadt Europas« (J. Burckhardt) zog berühmte Künstler, Dichter und Wissenschaftler an, die mit der Entwicklung der Renaissance und des Humanismus verbunden sind, wie Piero della Francesca, Jacopo Bellini, Andrea Mantegna, Jan van Eyck und Biagio Rossetti, Ludovico Ariost und Torquato Tasso, Leon Battista Alberti, Luca Barbaro, Pietro Bembo, Nikolaus Kopernikus und – kaum gesichert – Paracelsus. Wie unumkehrbar die neue Epoche voranschritt, die nach 1501 von einer Frau, Lucrezia Borgia, geprägt wurde, zeigt die Verbrennung Savonarolas, der die Zeit durch seine Predigten aufhalten wollte. Auch nach dem Ende der d'Este-Ära um 1600 blieb das Stadtbild (s. die perspektivische Ansicht) bis heute weitgehend erhalten und erhielt damit Modellcharakter in Architektur (Pienza, Urbino), Gartenkunst (Tivoli, Lago Maggiore) und Festungsbau, für den Namen stehen wie Michele Sanmicheli (1484–1559), Michelangelo Buonarroti (1475–1564) u. a.

Der Palast Paço dos Duques de Bragança diente während der
Salazar-Diktatur als Ausdruck nationaler Größe

Historisches Zentrum von Guimarães
Portugal – ernannt 2001 / Blütezeit 15.–19. Jh.

Guimarães ist eine authentisch mittelalterliche, bis in die Neuzeit bedeutende Stadt, die eng mit der nationalen Identität Portugals verbunden ist. Ihre spezifische Architektur strahlte bis in die Kolonien nach Afrika und Amerika aus.

1143 machte Alfons I. (1109–1185) seinen Geburtsort, der aus einem turmbewehrten Kastell im Norden Portugals (erbaut 958–968, Turmhöhe 27 m) hervorgegangen war, zur ersten Hauptstadt des Landes (Coimbra ab 1179, Lissabon ab 1256), nachdem es seine Unabhängigkeit von León-Kastilien erlangt hatte. Das Kloster von Guimarães spielte in der Entwicklung zur Unabhängigkeit eine wichtige Rolle: als königliches Institut und als Station auf dem Pilgerweg nach Santiago de Compostela. Bedeutende Bauten der Altstadt (Kernzone 16 ha; Übergangszone 45 ha) sind die Kirchen São Miguel do Castello (geweiht 1239, beschädigt im 19. Jh., in den 1920er Jahren restauriert), Nossa Senhora da Oliveira (begründet im 12. Jh., erweitert und fertiggestellt 1387–1413) und Santos Passos (18. Jh.). Dazu kommen die Paläste Paco dos Duques de Bragança, unter französischem Einfluss gebaut (1420–42; hypothetisch restauriert in den 1930er Jahren), Vila Flor und das Stadthaus mit Arkadengeschoss (16./17. Jh.). Im 15. und 16. Jh. wurde die Stadt, die in ihrer Geschichte von nennenswerten Zerstörungen verschont blieb, als Wirtschaftsstandort (Besteck, Schmuck, Leder) erneut interessant und die Bautätigkeit stieg bis ins 19. Jh., auch »extra muros«, stetig an, die überflüssig gewordenen mittelalterlichen Verteidigungsmauern wurden allerdings vom 17. Jh. an zerstört. Die Architektur, die sich im 13.–15. Jh. noch an der romanischen Burg orientierte, zeigt parallel dazu vom 15. Jh. an prachtvolle, bautypologisch eigenwillige Fachwerkhäuser und großzügige Plätze. Unter dem faschistischen Diktator Salazar (1889–1970) fand 1940/41 eine längere Restaurierungskampagne statt. Im Jahr 2012 wird Guimarães Europäische Kulturhauptstadt sein.

Machu Picchu
Peru – ernannt 1983 / Entstehung um 1450

Die Ruinenstadt Machu Picchu ist eine einzigartige bauliche und künstlerische Leistung, die sich eindrucksvoll in die Natur einfügt. Der festungsähnliche Ort stellt, zusammen mit dem nahegelegenen Cuzco, ein seltenes Zeugnis der imperialistischen, nur wenige Jahrhunderte währenden Inka-Kultur dar.

Zwischen den Andengipfeln Machu Picchu und Huayna Picchu, in 2450 m Höhe, errichteten die Inkas Mitte des 15. Jhs. eine ihrer prächtigsten Städte, die sie nach rund 100 Jahren aus unerfindlichen Gründen wieder verließen. Dank der Technik der Baumeister und der Tatsache, dass die Stätte seit dem 16. Jh. nahezu unangetastet im Verborgenen der sie überwuchernden Natur blieb, hat sich selbst im Verfall der etwa 200 Bauten ein eindrucksvolles Bild vom ursprünglichen Zustand erhalten. Die Inkas waren im Großen brillante Infrastrukturexperten, was daran abzulesen ist, dass sie ihre vielen schwer zugänglichen Städte mit einem Wegenetz von insgesamt etwa 35 000 km verknüpften. Genauso verbanden sie souverän Terrassen mit einem raffinierten Bewässerungssystem; kultivierte Maisfelder, städtische und kultische Räume sind über rund 100 Treppen miteinander verbunden. Darüber hinaus vermochten die Bauarbeiter die bis zu 50 t schweren Steine exakt (ohne Mörtel) und erdbebensicher zusammenzufügen. Die wichtigsten Bauten der Welterbestätte sind der Sonnentempel mit dem »Heiligen Fels« für den zentralen Opferkultus, ein Sonnenobservatorium (Intihuatana), an dem die Sonnenwendfeiern stattfanden, und der Heilige Platz (16 × 16 m) mit dem »Tempel der drei Fenster«. Erst 1911 entdeckte der Amerikaner Hiram Bingham (1875–1956) die Anlage, die er in mehreren Expeditionen zwischen 1912 und 1915 freilegte. 2007 wurde Machu Picchu zu einem der medial inszenierten »neuen sieben Weltwunder« ernannt.

Inkakultur im Welterbe: in Peru Cuzco (ernannt 1983), von wo aus das Reich straff verwaltet wurde, und Chan Chan (1986); in Bolivien Samaipata (1998); in Ecuador Quito (1978).

Blick vom Vauban-Wehr auf das Straßburger Münster

Die Grande Île von Straßburg
Frankreich – ernannt 1988 / Blütezeit 15.–18. Jh.

Die Straßburger Kathedrale galt bis ins 19. Jh. als unvergleichliches Meisterwerk, das auch die Verbreitung der Gotik gen Osten repräsentierte. Eingebettet ist das Münster in eine weitgehend intakte innerstädtische Wohnarchitektur, die im Rheintal beispielhaft für das 15. und 16. Jh. steht.

Hervorgegangen aus einem römischen Militärlager, beginnt die Geschichte der verkehrsgünstig gelegenen Siedlung bereits im 1. Jh. v. Chr. Sie entwickelte ihre städtische Struktur allerdings erst mit dem Bau einer romanischen Basilika (1015, zerstört 1176), der Kirchen St-Thomas und St-Etienne (12. Jh.) sowie der älteren und der jüngeren Kirche St. Peter (1202–20) und der Kathedrale Notre-Dame (1176–1439, Gesamtsanierung 1997–2014), die mit ihrem nördlichen Spitzturm von 142 m Höhe zu einer der damals höchsten Kirchen der Welt avancierte – der Vierungsturm ragt dagegen nur rund 60 m in die Höhe. Die fein gegliederte Fassade (66 × 51,5 m) wird dem Steinmetzen und Architekten Erwin von Steinbach (um 1244–1318) zugerechnet. Goethe pries den Bau als Inbegriff einer neuen Zeit und leitete davon den Stil des Sturm und Drang ab (*Von deutscher Baukunst*, 1772). Die Symbolhaltigkeit der Kirche reichte offenbar aus, sie den Bilderstürmern und den französischen Revolutionären (die in Straßburg die *Marseillaise* komponierten) als denkmalwürdig und damit erhaltenswert erscheinen zu lassen. Wie kaum eine zweite Stadt spiegelt Straßburg auch als politisches Symbol die wechselvolle Geschichte Deutschlands und Frankreichs wieder. Für die Nominierung in die UNESCO-Liste war auch das authentische Altstadtflair der Gerber und Weinbauern entscheidend, das dem Altstadtviertel den Ruf eines »Petite France« (wegen der Kanäle auch »Kleinvenedig«) einbrachte. Bedeutendster Profanbau ist das erzbischöfliche Palais Rohan (1732–42; heute Museum) des Stadtarchitekten Joseph Massol (1706–1771) nach Plänen Robert de Cottes. Seit 1949 ist Straßburg Sitz des Europarats.

Säulensaal der Seidenbörse

Die Seidenbörse von Valencia
Spanien – ernannt 1996 / Bauzeit 1482–1533

La Lonja de la Seda (Seidenbörse) ist eines der schönsten zivilen Beispiele der Spätgotik, das Macht und Reichtum einer großen mediterranen Handelsstadt illustriert.

Nach dem Beschluss zum Bau der zunächst als Ölmarkt gedachten Seidenbörse 1469 übertrug man dem Architekten Pedro (oder Pere) Compte (gest. 1506), der 1498/99 auch das Universitätsgebäude schuf, die Planung, welche von seinen Schülern ausgeführt wurde. Nach verheerenden Seuchen und kriegerischen Auseinandersetzungen im 14. Jh. war der prächtige Kalksteinbau Zeichen für die wiedergewonnene Stärke des Bürgertums und der einstigen Exportmacht für Olivenöl – nunmehr für Seide, später für Cerealien. Zum Baukomplex mit einer Fläche von 2000 m² gehörten der festungsähnliche Consulado del Mar (Sitz des Handelsgerichtes, zuständig für das Seerecht), ein zinnenbekrönter Turm (mit Kapelle; auch als Gefängnisturm für insolvente Kaufmänner genutzt) sowie ein mit Orangenbäumen bestandener Innenhof und die quasi dreischiffige Sala de Contraciones (35,6 × 21,4 m; Höhe 17,4 m), deren Dachgewölbe von gedrehten Säulen im Flamboyant-Stil getragen wird; der Fußboden ist aus verschiedenfarbigem Marmor gearbeitet. Beeinflusst von Bauten in Barcelona und Palma de Mallorca, war die Börse 1533 weitgehend fertiggestellt. Letzte Arbeiten mit renaissancistischen Elementen dauerten aber noch bis 1548 an. Der Gerichtssaal wurde 1921 mit allegorischen Darstellungen ausgeschmückt, 1931 der komplette Bau zum nationalen Kunstdenkmal erklärt. Heute beherbergt er die Kulturakademie. Ein weiteres architektonisches Meisterwerk der Stadt ist der gotische Turm der Kathedrale.

Gotische Profanbauten im Welterbe: Rathäuser (Bremen, 2004; Brüssel, 1998; Goslar, 1992; Lübeck, 1987; Siena, 1995; Stralsund, 2002), Belfriede (Brügge, 2000; Tournai, 2000), Paläste (Palazzo Vecchio, Florenz, 1982; Ca d'Oro, Venedig, 1987), Tuchhallen (Krakau, 1978; Tournai, 2000; Ypern, 2000).

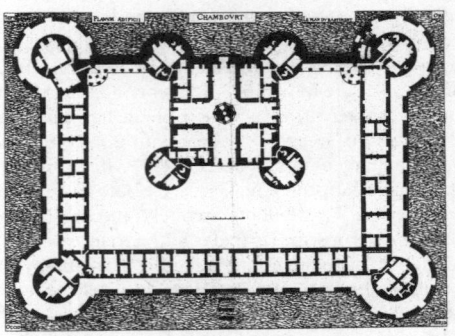

Chambord, das größte Schloss an der Loire

Tal der Loire zwischen Sully-sur-Loire und Chalonnes
Frankreich – ernannt 1981, erw. 2000 / Blütezeit 16. Jh.

Ursprünglich auf das berühmte Schloss Chambord beschränkt, wurde das Welterbe auf die Nachbarschlösser und historischen Städte (Blois, Chinon, Orléans, Saumur, Tours) an der Loire ausgedehnt, deren Tal als hervorragende Kulturlandschaft gilt. Die Monumente verkörpern die neuen Ideen der Renaissance und das Zeitalter der Aufklärung.

Den Ausgangspunkt der von der UNESCO registrierten Region um die Loire, dem mehr als 1000 km langen und damit längsten Fluss in Frankreich, bildet Sully-sur-Loire, wo die romanische Abtei St-Benoît-sur-Loire (1067–1108) steht. Seit dem 12. Jh. entstanden auch Festungsanlagen im Loiretal, gefolgt von rund 300 nur noch scheinbar wehrhaften Schlössern wie das in Blois (13. Jh.), Amboise (1492 ff.) und Chenonceaux (1512–22). Zwischen 1519 und 1541 ließ Franz I. von Valois (reg. 1515–47) das Jagdschloss Chambord (154×117 m) errichten, das seine Nachfolger ausbauten, bis es unter Ludwig XIV. (reg. 1643–1715) 1685 seine heutige Größe erreichte (Abb.). Mit fast 440 Zimmern ist der in einem Park von 55 km² gelegene Bau das größte und prächtigste Loireschloss. Charakteristisch sind die 365 Kamine, die den Bau rhythmisieren; baulich herausragend ist die marmorne Doppelwendeltreppe, deren Entwurf auf Leonardo da Vinci (1452–1519) zurückgeht, der seine letzten Lebensjahre in Cloux nahe Schloss Amboise verbrachte. Bis Mitte des 17. Jhs. standen die Residenzen und Lustschlösser im Brennpunkt des höfischen Lebens, sie waren Machtzentrum und ästhetischer Bau in einem. Chenonceaux stand in seiner Pracht Chambord kaum nach; es wurde von Katharina de Medici (1519–1589) nach dem Tod ihres Mannes Heinrich II. 1559 renoviert, nachdem sie dessen Geliebte von dort vertrieben hatte. Die Französische Revolution verschonte das Schloss, da die beliebte Louise Dupin (1706–1799) dort nach 1733 einen Intellektuellenzirkel eingerichtet hatte (mit Voltaire, Montesquieu, Jean-Jacques Rousseau u.a.).

Fassade der Kathedrale San Cristóbal

Altstadt von Havanna

Kuba – ernannt 1982 / Gründung 1519

Die Zweimillionen-Metropole der Großen Antillen ist nicht ohne ihren historischen, homogenen Kern zu denken, der von den Befestigungsanlagen bestimmt wird und auf die maritime Bedeutung in Barock und Neuklassizismus hinweist.

Von den spanischen Besatzern im Jahr 1519 ein zweites Mal gegründet (1515 wurde die Stadt an anderer Stelle angelegt und dann aufgegeben), entwickelte sich San Cristóbal de la Habana im 18. Jh. zum karibischen Schiffsbauzentrum sowie zum Dreh- und Angelpunkt zwischen Amerika und Europa. Bereits um 1550 überflügelte die Stadt die Hauptstadt Santiago als bislang wichtigsten Ort der Insel und wurde 1607 Hauptstadt. Gesichert wurde sie durch die 1558–77 errichtete Festung Real Fuerza, der 1597/98 die Anlage »El Morro« folgte; die Stadtmauer stammt von 1674–67. Entsprechend selbstbewusst erscheint bis heute der historische Stadtkern mit dem legendären Gründungsbau El Templete, einer einheitlichen Adaption kolonialbarocker und neoklassizistischer Monumente, die den Ruf Havannas als modernste Stadt der Region nicht schmälert. Die einstigen vier Hauptplätze sind erhalten: die Plazas de la Catedral, de San Francisco, Vieja und de las Armas. Zu den markanten Bauten zählen die 1704 geweihte Kathedrale San Cristóbal, der spätbarocke Gouverneurspalast (1776–1835) und das Gran Teatro Garcia Lorca (1837). Die sich überschneidenden spanischen, indianischen und afrikanischen Elemente in der insularen Kultur entfalteten sich nicht immer konfliktfrei, führten 1895–98 zum blutigen Freiheitskampf gegen die spanischen Besatzer, an dessen Ende die USA Kuba vereinnahmten. 1959 putschte Fidel Castro (geb. 1926). Restaurierungen erfolgten seit der Ernennung zum Welterbe – rund 900 Gebäude umfasst dieser Titel –, lassen aber bislang ganze Stadtviertel ausgespart.

Karibik im Weltkulturerbe: Santo Domingo (Dominikanische Republik, ernannt 1990), Willemstad (Curaçao, 1997), Brimstone-Hill-Festung (St. Kitts und Nevis, 1999).

Notre-Dame in Paris

Ufer der Seine in Paris

Frankreich – ernannt 1991 / Blütezeit ab dem 16. Jh.

Das Seine-Ufer ist eine Verdichtungslinie unzähliger architektonischer Meisterwerke und einer Kulturgeschichte, die den Ruf der Weltstadt begründeten. Ihre Umgestaltung durch Baron Haussmann sicherte diesen Rang bis heute.

Kaum eine Metropole zählt auf vergleichbarem Raum so viele Kulturgüter wie Paris. In prähistorischer Zeit besiedelt und von den Römern zur Provinzstadt (Lutetia), unter Flavius Julianus nach 360 zur Residenz ausgebaut, erwies sich die Flussregion immer schon als strategisch und ökonomisch bedeutend. Das heutige Stadtbild zwischen Pont de Sully und Pont d'Iéna ist v.a. geprägt von den Bauten des 16. und 17. Jhs., allerdings erfuhr es wesentliche Änderungen im 19. Jh. So wie das neue Paris, die »ville lumière« mit dem Namen Georges-Eugène Haussmanns (1809–1891), dem Präfekten und Stadtplaner Napoléons III., verbunden ist, steht das alte Zentrum im Zeichen des »Sonnenkönigs« Ludwig XIV. (reg. 1643–1715). Die bedeutendsten Paläste sind das Grand Palais, das Petit Palais, das Palais Bourbon bis hin zum Palais Chaillot (letzter Bauabschnitt 1937); bei den Kirchen ragen Nôtre-Dame (1136–1330) und Sainte-Chapelle (1248) hervor; die Museen sind mit dem als Schloss konzipierten Louvre und dem ehemaligen Bahnhof Gare d'Orsay (umgebaut 1980–86 durch Gae Aulenti) bestens vertreten. Unter den Gebäudeensembles, Plätzen, Monumenten u.a. sind das Marais- und Saint-Louis-Viertel, der Place de la Concorde und die Champs-Élysées, der Pont Neuf – die älteste der 23 Seine-Brücken in der Denkmalschutzregion – und die Jardins des Tuilleries, nicht zuletzt der Eiffelturm (1887–89, Höhe 324 m) als Wahrzeichen der Stadt zu nennen. Sinnbildlich für die Genese des historischen Paris steht die französische »Mutterkirche« Nôtre-Dame (Länge 130 m, Turmhöhe um 70 m bzw. 90 m), die in Haussmanns Amtszeit restauriert und 1864 neu geweiht wurde; einen modernen Akzent bildet Ieoh Ming Peis Glas-Pyramide im Hof des Louvre (1983–89).

LEVANTE
TRAMONTANA
OSTRO
Loto Albero
Platano Orientale
PONENTE
PORTA MAESTRA

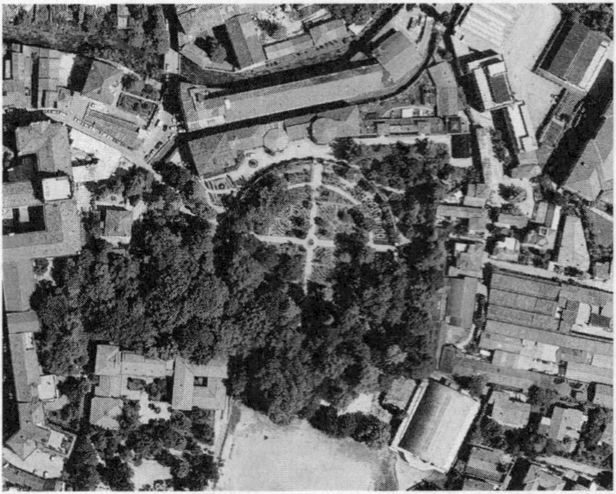

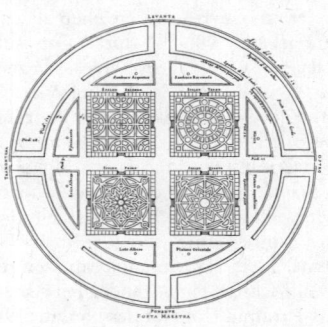

Der Botanische Garten in Padua
Italien – ernannt 1997 / Entstehung 1545–54

Der Botanische Garten von Padua, Keimzelle aller botanischen Gärten weltweit, leistete einen profunden Beitrag zur Entwicklung vieler wissenschaftlicher Disziplinen wie der Botanik, Medizin, Chemie u. a.

Der venezianische Senat, zu dessen Einflussbereich Padua gehörte, und der Medizinprofessor Johannes Baptista Montanus (1498–1551) gründeten 1545 den ältesten erhaltenen botanischen Garten (Fläche 22 000 m²), der nach seiner Fertigstellung 1554 nur noch geringfügig ergänzt wurde (etwa durch Brunnenpumpen, monumentale Eingangsportale, gemauerte Gewächshäuser). Auf dem Areal des Benediktinerklosters – nach den Plänen des Philosophen, Vitruv-Übersetzers, Mathematikers und Optikers Daniele Barbaro (1513–1570) – entstanden, gehörte der Garten zur 1222 gegründeten, drittgrößten Universität Italiens. Anfangs diente der Garten als Lieferant von Heilkräutern, doch schon bald wurden rund 1500 (heute: 6000), meist unter freiem Himmel wachsende Pflanzenarten zu wissenschaftlichen und kommerziellen Zwecken gezogen, darunter ein Gingko von etwa 1750 (Höhe 19 m) und eine Zwergpalme von 1585 (»Goethe-Palme«, Höhe 6 m). Das Herbarium umfasst über 415 000 Proben. Außerdem finden sich hier eine Bibliothek mit 50 000 Büchern und Manuskripten sowie eine Porträtgalerie. Der Architekt Andrea Moroni (1490/1500–1560) realisierte den Entwurf in der Form eines runden *Hortus conclusus* (Durchmesser 86 m) mit eingeschriebenem Quadrat (Abb.) als Symbol für die Welt. Bereits Johann Wolfgang Goethe (1749–1832) erwähnt in seiner *Italienischen Reise* 1786 den »artigen und munteren« Garten, wo ihm der Gedanke an eine Urpflanze kam (wie auch 1787 im botanischen Garten von Palermo): »Es ist erfreuend und belehrend unter einer Vegetation umherzugehen die uns fremd ist«.

Botanische Gärten im Welterbe: Royal Botanic Gardens in Kew (Großbritannien, ernannt 2003).

Historisches Zentrum von Salvador de Bahia
Brasilien – ernannt 1985 / Stadtgründung 21. März 1549

Die erste Hauptstadt der einst portugiesischen Kolonie Brasilien wurde ausgezeichnet für die Kolonialarchitektur, als Beispiel der Verschmelzung portugiesischer Kolonisten, brasilianischer Ureinwohner und afrikanischer Sklaven.

1501 landete der italienische Entdecker Amerigo Vespucci (1451–1512), der dem Kontinent seinen Namen gab, in portugiesischem Auftrag vor der »Allerheiligenbucht« (Baía de Todos os Santos), wo der Generalgouverneur Tomé de Souza (1503–1579) ein halbes Jahrhundert später die Stadt Salvador de Bahia gründete. Der Tabak- und Zuckerrohrhandel blühte auf Kosten der Einheimischen und der rund 5 Mio. ins Land geholten Sklaven aus Afrika. Seit 1558 fanden hier die ersten Sklavenmärkte in der Neuen Welt statt, Bahia wurde aber auch zur Wiege einer multiethnischen Kultur, die noch heute vor allem in der Musik nachwirkt. Bis 1763, als die von König Dom João III. (reg. 1521–57) eingerichtete Administration nach Rio de Janeiro verlegt wurde, entstanden nicht nur Fortanlagen gegen spanische (1580) und niederländische (1624) Übergriffe, sondern auch eine der größten geschlossenen Kolonialarchitekturen des 16./17. Jhs., die sich auf einer 80 m hohen Klippe über eine noble Oberstadt mit dem Pelourinho-Viertel (Abb.) und eine Unterstadt erstreckte; erst 1930 wurden beide Ebenen mit einem dampfbetriebenen Aufzug (Elevador Lacerda) verbunden. Unter den etwa 170 Kirchen (die Zahl 365 gehört der Legende an) sind hervorzuheben: Santa Casa de Misericórdia (1654); Catedral Basilica (ehemals nüchtern-strenge Jesuitenkirche, 2. Hälfte 17. Jh.); Kirche und Kloster São Francisco (1703–13) mit vergoldetem Schnitzwerk und blau-weiß gekacheltem Kreuzgang. Der Platz Pelourinho (d. i. »Pranger«) vor der Casa de Jorge Amado, eine Gedenkstätte für den bahianischen Nationaldichter (1912–2001), erinnert an die Zeit der Sklaverei.

Brasilianische Kolonialstädte im Welterbe: Olinda (gegr. 1537, ernannt 1982), Vila Rica (Ouro Prêto, gegr. 1711, 1980).

Setzerei mit Druckpressen aus dem 17. und 18. Jh. – bereits im 16. Jh. wurden hier rund 50 Titel pro Jahr produziert

Plantin-Moretus-Museum in Antwerpen
Belgien – ernannt 2005 / Gründung Officina Plantiniana: 1555

Die Plantin-Druckerei war als Zentrum des europäischen Humanismus im 16. Jh. entscheidend an der Entwicklung von Kunst, Kultur und Wissenschaft beteiligt. Das 2001 ins »Gedächtnis der Menschheit« (Weltdokumentenerbe) aufgenommene Betriebsarchiv ist das einzigartige Zeugnis einer Kulturtradition, das Verlagshaus dokumentiert den Lebens- und Arbeitsraum einer Familie vom 16. bis zum 18. Jh. (Renaissance, Barock, Klassizismus) und steht in Beziehung zu universellen Ideen, Technologie, Kunst und Literatur.

Seit dem 13./14. Jh. entwickelte sich Antwerpen zum Banken- und Handelszentrum, zugleich war es Treffpunkt für Humanisten und Künstler. Dank der rund 140 Druckereien um 1550 baute die Stadt ihren Ruf als Verlagshochburg neben Venedig und Paris aus. Der französischstämmige Christophe Plantin (um 1520–1589) hatte wesentlichen Anteil daran. Ab 1555 beschäftigte er in der Druckerei über 110 Mitarbeiter, die bis 1590 über 2450 Bücher herausbrachten, darunter Werke des Rechtsphilosophen Justus Lipsius (1547–1606). Fortgeführt und ausgebaut wurde das Unternehmen von Plantins Schwiegersohn Jan Moretus I. (1543–1610), dessen Familie die Firma bis 1866 aufrechterhielt. Es erschienen u. a. die von Philipp II. von Spanien in Auftrag gegebene fünfsprachige *Biblia Polyglotta* (auch *Biblia Regia*), Mercators *Atlas sive Cosmographicae Meditationes de Fabrica Mundi* und das für die Ideen der Französischen Revolution wichtige *Dictionnaire raisonné des Sciences, des Arts et des Métiers*. Zeichen für die große Wertschätzung der Officina Plantiniana sind die Besuche von Marie de Médici (1631) und der schwedischen Königin Christina (1654), sowie die Freundschaft, die Peter Paul Rubens mit der Familie Moretus verband. 1876 wurde das Plantin-Moretus-Museum mit den ältesten Druckpressen der Welt, der Originalausstattung, der Bibliothek mit Archiv sowie Plantins Garten eröffnet. 2004 wurde die Kulturhauptstadt von 1993 Weltbücherstadt der UNESCO.

Taj Mahal
Indien, Agra – ernannt 1983 / Bauzeit 1631–48

Die UNESCO hebt in ihrem Kriterienkatalog allein die Einzigartigkeit des Mausoleums hervor, sieht den Bau aber in engem Zusammenhang mit dem ebenfalls der hochentwickelten Moguldynastie angehörenden Roten Fort (Agra, 1565 ff.).

Das marmorverkleidete, in sich vollkommen harmonische Mausoleum (Höhe 58 m; 56 × 56 m) mit einer zugrundegelegten Plattform von 100 × 100 m (Höhe 7 m), einer verschwenderischen Fülle an Bauelementen und Details (aufwendige Kuppeln, Intarsien mit Halbedelsteinen) sowie freistehenden, leicht auswärts geneigten, 41 m hohen Minaretten ließ der Großmogul Shah Jahan (»Herrscher der Welt«, reg. 1627–58) für seine Haremsfrau Mumtaz Mahal errichten, nachdem sie 1631 im Kindbett gestorben war. Hinter der luxuriösen Außenhaut aus weißem Marmor verbarg sich allerdings ein gewöhnliches Ziegelmauerwerk. Flankiert wird Taj Mahal (»Kronenpalast«) von zwei formgleichen Bauten in Rot-Weiß (teilw. marmorverkleidet): dem sog. »Gästehaus« und einer Moschee. Der umliegende, mit Zypressen bestandene Garten mit zentralem Wasserbecken (Gesamtareal 897 × 305 m) symbolisiert das Paradies. Der Name des Architekten ist nicht überliefert, in Frage kommt sogar der baufreudige Herrscher selbst. Nur der Name des Kalligraphen, Amanat Khan, der die ornamentale Ausgestaltung (mit Unsterblichkeitsversen, Koranzitaten) verantwortete, ist überliefert. Shah Jahan plante für sich ein eigenes Mausoleum, das sich auch im Wasser spiegeln und in symmetrischer Harmonie am Taj Mahal orientieren sollte – anstatt aus weißem sollte dieser aus schwarzem Marmor sein. Um den dabei drohenden Staatsbankrott abzuwenden, wurde der Mogul von seinen Söhnen entmachtet, von denen sich nach heftigen Auseinandersetzungen Auranzeb als Nachfolger (reg. 1658–1707) durchsetzte. Seinen Vater ließ er in der nahe gelegenen Festungsanlage des Roten Forts (Welterbe seit 1983) unter Arrest stellen. Sein Grab fand er 1666 im Taj Mahal neben seiner Frau.

Der hoch gelegene Potala-Palast im Tal des Lha-sa-Flusses

Der Potala-Palast von Lha-sa, mit dem Jokham-Tempel sowie dem Park und Tempel von Norbulingka

China/Tibet – ernannt 1994, erw. 2000, 2001 /
Bauzeit 1645–94

Trotz verschiedener Bauzeiten bilden die Hauptpaläste als bauliche Meisterwerke eine ästhetische Einheit, die Palast- und Tempelarchitektur einzigartig verbindet, vollendet bis ins dekorative, skulpturale und malerische Detail.

Bereits Mitte des 7. Jhs. befand sich in einer Höhe von 3700 m eine frühmittelalterliche Festung auf dem Roten Hügel von Lha-sa. Den heute aufragenden Weißen Palast im Osten ließ der 5. Dalai Lama zwischen 1645 und 1648 als Winterresidenz erbauen. Mit dem bis 1694 integrierten Zentralbau des westlich gelegenen Roten Palastes setzte der Palast nicht nur einen dramatischen Akzent in der umgebenden Landschaft, sondern er steht auch symbolisch für den tibetischen Buddhismus (Lamaismus). Die mit Hilfe der Mongolen errichtete, insgesamt 13-stöckige Architektur (Höhe 117 m) über fensterlosem Sockel ist von Indien inspiriert, die Ausgestaltung entspringt der chinesischen Tradition. Regional typisch sind die massiven, groben Mauern aus Naturstein, Lehmmörtel und Holz, die sich nach oben verjüngen. Der mit goldenen Dächern (18. Jh.) gekrönte Rote Palast enthält rund 1000 Räume. Zum Palast auf einer Grundfläche von 130 000 m² gehören 10 000 Tempel und Schreine, etwa 200 000 Statuen und die Grabstupas von acht Dalai Lamas. 2000/01 wurde der Baukomplex des Potala-Palastes um das Jokhang-Kloster, ältester Bau von Lhasa (647; rekonstruiert 11. Jh.), und den höchstgelegenen Großpark der Welt, Norbulingka (1751), mit seinem gleichnamigen Tempel (Sommerresidenz) erweitert. Mehrfach wurden die amtierenden Dalai Lamas vertrieben, zuletzt Tenzin Gyatso (geb. 1935; Friedensnobelpreisträger von 1989), der 1959 nach Indien fliehen musste, von wo aus er – auf friedlicher Basis – die Weltöffentlichkeit aufmerksam machte auf die chinesische Besetzung und die Zerstörung tibetischer Klöster (Samye u. a.).

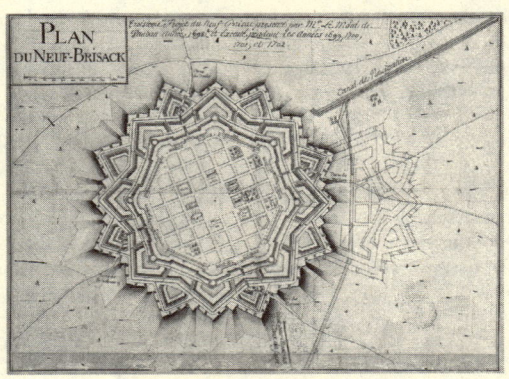

Die von Vauban erbaute Stadt Neu-Breisach

Festungsanlagen von Vauban
Frankreich – ernannt 2008 / Bauzeit 17. Jh.

Die Vauban'schen Werke sind nicht nur erstrangige Beispiele des klassischen Festungsbaus und der westlichen Militärarchitektur, sondern sie prägten über lange Zeit das Bild der Befestigungen in Amerika, Russland und Ostasien.

Der Marquis de Vauban (d. i. Sébastien Le Prestre; 1633–1707) setzte wie kaum ein anderer die Machtpolitik Ludwigs XIV. sichtbar und wirkungsvoll um: Rund 160 Festungsanlagen und dazu neun Städte entstanden unter seiner Verantwortung oder wurden von ihm erweitert. Europaweit bis weit ins 18. Jh. hinein kopiert, fand die Bezeichnung »à la Vauban« Verwendung. Vauban selbst wurde als Nationalheiliger gefeiert, wenngleich der Mathematiker seine Karriere als oppositioneller Frondist begonnen hatte. Die Befestigungen, die sich wie eine Kette um das Land legten, vereinten in ihrer Konzeption geometrische Eleganz und wehrhaften Schrecken: In der Regel waren sie sternförmig angelegt, was die Effizienz erhöhte. So verband sich das – italienische – Renaissance-Ideal der vollkommenen Stadt mit einer rational-ästhetischen Methodik der Kriegsarchitektur. Eine nach Erhaltungszustand und Bedeutung getroffene Auswahl wurde auf die UNESCO-Liste gesetzt: die Festungen Besançon, Briançon, Mont-Dauphin, Mont-Louis, Villefranche de Conflent, Blaye Cussac-Fort-Mèdoc, Saint-Martin de Ré, Camaret-sur-Mer (Doré-Turm), Saint-Vaast La-Hougue, Arras, Longwy, Neuf-Brisach. Besonders anspruchsvoll sind die oktogonale Festungsstadt Neuf-Brisach (1699–1703) als barocke Reißbrettsiedlung, die von einem zentralen Exerzierplatz geprägt wird, sowie die Gebirgsfestung von Besançon (1673–93), zu der die Zitadelle, das Fort Griffon und die Stadtmauer sowie kleinere Forts, Wehranlagen und Stadttore gehören; seit 1986 gehört sie zum Monument historique.

Verteidigungsarchitektur im Welterbe: Festungsring um Amsterdam (1880–1920; ernannt 2008); Idealstädte im Welterbe: Mantua, Sabbioneta (16. Jh.; 2008).

Koloniale Villa in Willemstad

Hafen und Zentrum von Willemstad auf Curaçao

Niederländische Antillen – ernannt 1997 / Blütezeit 17. Jh.

Der historische Teil Willemstads ist eine europäische Kolonie von herausragendem Wert und mit 765 geschützten Bauten in gutem Erhaltungszustand, die die organische Entwicklung einer multikulturellen Gemeinschaft in der Karibik über drei Jahrhunderte illustriert, mit signifikanten Elementen ihrer niederländischen, spanischen und portugiesischen Wurzeln.

Entdeckt wurde die Antilleninsel Curaçao von dem Italiener Amerigo Vespucci (1451–1512), dem Namensgeber des amerikanischen Kontinents, 1499 im Auftrag der spanischen Krone. Die eigentliche Geschichte der jüdischen Siedlung beginnt jedoch mit Nachdruck erst 1634, als die niederländische Westindien-Kompanie einen Handelsposten in Willemstad einrichtete. Die Stadt wuchs kontinuierlich. 1634–38 wurde das Fort Amsterdam mit einer protestantischen Kirche gebaut, Willemstad erhielt ein holländisch geprägtes Grachtengesicht. Die jüdische Gemeinde bezog rund hundert Jahre später die Mikvé-Israel-Synagoge, die älteste auf dem amerikanischen Kontinent; Zeichen ihrer lange wirkenden Tradition ist die Einweihung des Jüdischen Kulturhistorischen Museums 1970. Die wechselhafte Geschichte wird ablesbar an den Verwicklungen in die politischen Querelen Europas: 1795 entbrannte der Sklavenaufstand als Folgeerscheinung der Französischen Revolution; zwischen 1800 und 1815 bestimmten, mit Unterbrechungen, die Engländer die Geschicke der Insel; die Abhängigkeiten von niederländischen, spanischen und portugiesischen sowie afrikanischen Einflüssen blieben jedoch bestehen und kulminierten 1969 in zerstörerischen Revolten. Zahlreiche historische Bauten wie die Stadtmauer (17. Jh., 1866 z. T. zerstört), das Herrenhaus Belvedere (1865) oder die Königin-Emma-Brücke (1888) zeugen von der Bedeutung Willemstads als wichtiger Hafen, der heute lediglich noch als Anlegeplatz von Kreuzfahrtschiffen und für den Benzinhandel fungiert. Das Hotel Venezuela wurde 1997 in ein Museum umgewandelt.

Gartenseite des Schlosses von Versailles

Schloss und Park von Versailles
Frankreich – ernannt 1979, erw. 2007 / Blütezeit 17./18. Jh.

Schloss und Park von Versailles, die im 17. und 18. Jh. Maßstäbe in Europa setzten und J. B. Fischer von Erlach, Balthasar Neumann, Andreas Schlüter, Luigi Vanvitelli u. a. inspirierten, faszinieren allein schon durch die Größe, bauliche Qualität und Originalität. Das höfische Leben unter Ludwig XIV. bis Ludwig XVI. erreichte hier den Höhepunkt seiner Ausprägung.

Zur Regierungszeit Ludwigs XIII. (1610–43) – zunächst unter der Vormundschaft seiner Mutter Maria de Medici – entstand ein Jagdschlösschen in baulicher Nähe zu den Loireschlössern, das sein Nachfolger Ludwig XIV. (reg. 1643–1715) ab 1661 als »Sonnenkönig« zum prächtigsten Symbolbau des Absolutismus ausbauen ließ: Die ausführenden Künstler waren neben Jules Hardouin-Mansart (1646–1708) und Robert de Cotte (1656–1735) auch Louis LeVau (1612–1670) als Architekten, André Le Nôtre (1613–1700) für den Gartenbau sowie Charles Le Brun (1619–1690) für die Malerei, die bereits in Vaux-le-Vicomte zusammen arbeiteten. Kernstück des Schlosses (Grundfläche 51 210 m²) ist das Schlafgemach des Königs; der prunkvollste der 700 Räume ist der 72 m lange Spiegelsaal (Breite 10,5 m), wo 1919 der Friedensvertrag nach dem Ersten Weltkrieg besiegelt wurde als Antwort darauf, dass sich Wilhelm I. hier 1871 zum deutschen Kaiser hatte krönen lassen. Als offizielle Residenz diente Versailles nur zwischen 1682 und 1789; bereits Ludwig XV. (reg. 1715–74), der wie seine Vorgänger noch unmündig bei der Thronbesteigung war, suchte den Rückzug ins Private und ließ zum Großen Trianon (1687) ein Kleines Trianon erbauen, Ludwig XVI. (reg. 1774–92) erweiterte die Anlage um ein künstliches Dorfidyll mit Bauernhaus, einer Mühle usw. und einen Englischen Garten (Jacques-Ange Gabriel, 1762–68) für Marie-Antoinette. Das Schloss konnte 5000 Gäste beherbergen und beschäftigte bis zu 14 000 Bedienstete.

Versailles als Vorbild im Welterbe: die Schlösser von Caserta (ernannt 1997), Schönbrunn (1996) und Würzburg (1981).

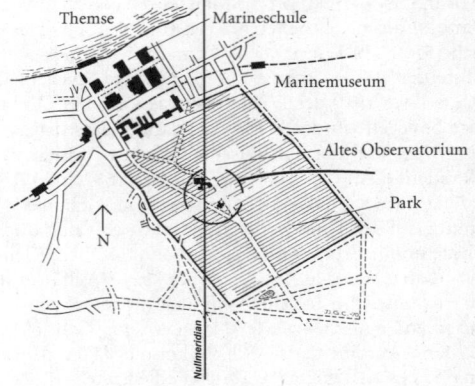

Blick auf die Marineschule, dahinter das Queen's House

Queen's House, Park und Marineschule von Greenwich
Großbritannien – ernannt 1997 / Blütezeit 17.–18. Jh.

Die Renaissance- und Barockarchitektur von Queen's House und Royal Naval College bilden ein herausragendes Ensemble von universeller Bedeutung, das mit dem Park einen Meilenstein für die Architektur und im Landschaftsdesign markiert und für wissenschaftliches Streben steht.

Die exakte Vermessung von Ort und Zeit beginnt in Greenwich: Seit 1884 verläuft hier durch das Alte Königliche Observatorium der konventionell gesetzte Nullmeridian, eine imaginäre Linie, von der aus die geografische Lage eines Ortes und die westeuropäische Zeit bestimmt wird. Daneben ist der Ort mit der Geschichte der Seefahrt verbunden: Francis Drake (um 1540–1596), James Cook (1728–1779) und Lord Horatio Nelson (1758–1805) stachen von hier aus in See. Östlich von London gelegen, bestimmte damals der Park von Greenwich im 17. und 18. Jh. das höfische Leben unter den Tudors und den Stuarts. 1616–35 entstand Inigo Jones' (1573–1652) Queen's House als richtungweisendes palladianisches Sommerschlösschen. Karl II. (reg. 1649, 1660–1685) ließ sich 1662–98 einen Palast bauen, in den 1873 die Königliche Marineschule (Royal Naval College) einzog. 1675 kam die von dem Astronom und Architekten Christopher Wren (1632–1723) und seinem Schüler Nicholas Hawksmoor (1661–1736) errichtete Königliche Sternwarte hinzu (Anbauten 1813/57 von Daniel Asher Alexander u. a.), in der sich heute das Marinemuseum befindet. Die Sternwarte verlegte man Mitte des 20. Jahrhunderts nach Sussex. Wren kam noch einmal beim Ausbau (ab 1689) des Marinehospitals zum Zuge, musste jedoch den Erstentwurf abändern, weil der den Blick auf das Queen's House versperrte – die endgültige Zweiflügelanlage rahmt es förmlich ein. Die barocke Hospitalkapelle von James »Athenian« Stewart (1713–1788) erhält nach 1779 eine klassizistische Einrichtung und eine der besten Orgeln Englands. In den 1990er Jahren wurde das Queen's House restauriert und bis 2001 in ein Museum umgebaut.

Die ursprünglich acht-, heute sechsstufige ›Schleusentreppe‹
von Fonserannes überwindet eine Höhe von über 14 m

Canal du Midi (einst Canal Royale)
Frankreich – ernannt 1996 / Bauzeit 1666–81

Der Canal du Midi, der am Beginn moderner beschiffbarer Kanalsysteme steht, war das größte öffentliche Bauprojekt seit dem Ende des Römischen Reiches, dessen mustergültige Einbindung in die Landschaftsgestaltung Ästhetik und Nutzen, Tradition und Tourismus vereint.

Die Wasserstraße, die das Mittelmeer über die Garonne mit dem Atlantik verbinden sollte, ist ein Menschheitstraum seit der römischen Antike. Erst dem Beamten und Gelegenheitsingenieur Pierre-Paul Riquet (1609–80) gelang es in den 1650er Jahren, die technischen Probleme – die Höhenunterschiede von 189 m auf einer Strecke von rund 240 km – mittels Staubecken, fast 100 Schleusen und Kanaltunnel zu lösen, für dessen Ergrabung erstmals Schießpulver verwendet wurde. 1662 überzeugte er Jean-Baptiste Colbert (1619–1683), den Finanzminister Ludwigs XIV., vom Bau des bis heute für flache Hausboote befahrbaren Kanals, für dessen Errichtung 12 000 Arbeiter nötig waren. Einen Teil der Finanzierung übernahm Riquet bis zum persönlichen Ruin selbst. Zeichen der größten Ingenieurleistung sind das von drei Mauern umgebene Staubecken (153 000 m³; Länge 780 m) mit dem Sammelwasser aus den ›Schwarzen Bergen‹, die achtstufige Schleusentreppe in Fonserannes/Béziers – neu war dabei die Rundung der Schleusen zur Bewältigung des Wasserdrucks – und die Wasserkeilhebewerke. Daneben waren rund 330 Bauten nötig, darunter 126 Brücken und rund 50 Aquädukte, zum Teil nach Plänen von Sébastien Le Prestre de Vauban (1633–1707) ausgeführt, der auch für spätere Ausbesserungen zuständig war. Bis ins 19. Jh. wurden für den Betrieb der Lastkrähne Ochsen eingesetzt; zur Sicherung der Kanalböschung ließ Riquet Bäume pflanzen.

Weitere beispielhafte ingenieurtechnische Leistungen im Welterbe: Pyramiden von Gizeh (ernannt 1979), Pont du Gard bei Nîmes (1985), Donau-Brücke in Regensburg (2006), Freiheitsstatue vor New York (1984).

Wandrelief am Adweneasi-Kulthaus der Ashanti
aus dem 18. Jh.

Traditionelle Bauten der Ashanti
Ghana – ernannt 1980 / Blütezeit 18. Jh.

Nordöstlich von Kumasi finden sich die letzten Reste der großen eigenständigen Ashanti-Kultur, die ihre Blütezeit im 18. Jh. erlebte. Von den Bauten aus Lehm, Holz und Stroh haben sich nur wenige erhalten, darunter zehn dörfliche Tempel.

Die Geschichte des Königreichs der Ashanti, einer der größten Ethnien in Westafrika, beginnt um 1700 und führte den kriegsfreudigen Staatenbund dank des Goldhandels rasch zu einigem Reichtum, den man an den verbliebenen grasbedeckten Lehmbauten mit einem quadratischen Innenhof, dem typischen Flechtwerk und Palmblattdekor ablesen kann. Als Zentren dieser Kultur taten sich Ejisu und besonders Kumasi hervor, das 1816 Sitz des Königs wurde. Allerdings geriet das Land im 19. Jh. ins Visier Großbritanniens: 1817, als sich auch die christliche Mission hier gefestigt hatte, schickten die Briten einen Gesandten an den Ashanti-Hof, wenig später zogen die ersten englischen Forschungsreisenden (Thomas Edwards Bowdich, 1791–1824, u. a.) durch das Land. Sieben Kriege führte die britische Krone, sie bemächtigte sich 1874 der Goldküste und zerstörte auch den Königspalast sowie das üppig ausgestattete Königsmausoleum in Kumasi, konnte das Ashanti-Reich jedoch erst um 1900 zunächst zum Protektorat, dann zur Kronkolonie machen. Zehn ländliche Tempel blieben von den Kolonialkriegen verschont und gehören zum Ensemble des Welterbes. Den massiven, sogenannten Goldenen Stuhl, der einer Legende nach vom Himmel herab kam, um die Macht des Reichsgründers Osei Tutu zu bestätigen, konnten sich die Engländer nur in einer gefälschten Dublette sichern (die sich heute im Britischen Museum befindet), der ›echte‹ Stuhl befindet sich nach wie vor in Kumasi in der sogenannten Stuhlkammer, die die Sitzmöbel für die Seelen der Verstorbenen aufbewahrt. Seit 1957 ist das ehemalige Königreich Teil der Republik Ghana.

Weiteres Welterbe in Ghana: Festungen und Schlösser der Kolonialzeit (ernannt 1979).

Die Ironbridge über den Severn-Fluss

Industriedenkmale von Coalbrookdale
Großbritannien – ernannt 1986 / Entstehung Anfang 18. Jh.

Die Hochöfen von Coalbrookdale sind durch die Neuerungen von Abraham Darby I. ebenso wichtige Zeugen für die Entwicklung des menschlichen Geistes wie die Ironbridge als erste bekannte Eisenbrücke mit großem Einfluss auf die Technik- und Architekturgeschichte. Das Tal von Ironbridge, Sinnbild für die Industrielle Revolution, steht stellvertretend für eine frühe Industrieregion mit Eisenhütten, Werkanlagen, Arbeiterquartieren und Transportnetz.

Der Quäker Abraham Darby I. (1667–1717) entwickelte in seiner Metallgießerei nach 1704 den Sandformguss und verbesserte die Eisenerzverhüttung, nachdem er 1709 einen Hochofen in Coalbrookdale in der Nähe von Shrewsbury im Tal des Severn gepachtet hatte. Sein Enkel, Abraham Darby III. (1750–1791), errichtete 1779–81 die Ironbridge nach Zeichnungen des Architekten Thomas Farnolls Pritchard (1723–1777). Die 30,7 m lange Brücke ist mit ihren 484 t Gusseisen (Hauptbögen je 5,1 t, lichte Höhe 15 m) die erste Eisenbrücke der Welt, die der gesamten Region den Namen gab. Die Zahl der Hochöfen wuchs bis 1784 auf acht an; das florierende Geschäft dokumentiert der Export bis nach Neuseeland und auf die Hawaiischen Inseln. Das Schienennetz erreichte bis Mitte des 19. Jhs. eine Gesamtlänge von 30 km, die Fabrik hatte sich mittlerweile zur größten Eisengießerei Englands entwickelt (die beim Bau des ersten Ozeanschiffs aus Eisen, der *Great Britain*, beteiligt war); die Fläche des Museumskomplexes beträgt 15,5 km². Die 1796 eingerichtete Porzellanmanufaktur in Coalport, die sich seit 1820 mit bleifreien Glasuren einen Namen machte, musste 1926 schließen. Um 1970 wurde die Brücke, über die bis 1950 noch Autos fuhren, restauriert.

Welterbe-Brücken: Alte Brücke in der Altstadt von Mostar (Bosnien, ernannt 2005), Brücken in der Altstadt von Lijiang (China, 1997), Tower Bridge (London, 1988), Menai-Brücke (Wales, 2005).

Würzburger Residenz mit Hofgarten und Residenzplatz
Deutschland – ernannt 1981 / Bauzeit 1720–80

Die originelle Architektur, das engagierte Bauprogramm und der internationale Ruf der Künstler machen die Würzburger Residenz zum einzigartigen Bauwerk, das als eines der einheitlichsten (spät-)barocken Schlösser Europas gilt.

Die Würzburger Fürstbischöfe Johann Philipp Franz (reg. 1719–24) und Friedrich Carl von Schönborn (reg. 1729–46) ließen die mehrhöfige Residenz maßgeblich 1720–44 erbauen. Der Bau umfasste rund 300 Zimmer, wovon etwa 40 erhalten sind, und Säle, darunter der Weiße Saal sowie das Spiegelkabinett (1742–45), ein Höhepunkt der spätbarocken Raumkunst. Die Ausmaße betragen 167×97 m. Baumeister war der damals noch wenig bekannte Balthasar Neumann (1687–1753), dessen stützen- und säulenloses Treppenhaus (31×19 m) zu den bedeutendsten Schöpfungen der Architekturgeschichte gehört. Zur Seite standen Neumann, dessen Bauplan auch nach seiner Entlassung aus dem Amt 1746 Gültigkeit behielt, Architekten ersten Ranges: Gabriel Germain Boffrand (1667–1754), Robert de Cotte (1656–1735), Johann Lucas von Hildebrandt (1668–1745), Johann Maximilian von Welsch (um 1671–1745) u. a. Darüber hinaus schuf Giovanni Battista Tiepolo (1696–1770) im Treppenhaus ein Meisterwerk der Deckenmalerei mit der *Verherrlichung des Fürstbischofs als Mäzen der Künste* (1752/53), mit 600 m² das größte Deckenfresko der Welt. Mit allmählicher Vollendung der Stuckierung in den 1760er Jahren durch Antonio Bossi (gest. 1764; Weißer Saal, Kaisersaal), Johannes Zick (1702–1742; Gartensaal) u. a. – später wurden einige Räume im Louisseize-Stil und frühklassizistisch modifiziert –, begannen ab 1765 die Arbeiten an der Gartenanlage (Abb.), die 1780 abgeschlossen waren. 1801 ging die Bischofsresidenz an Bayern über. Die erheblichen Kriegszerstörungen von 1945 waren 1987, soweit dies überhaupt möglich war, weitgehend behoben.

Deutsche Schlösser mit weitläufigen Gärten im Welterbe: Augustusburg und Falkenlust (1984), Potsdam (1990).

The Royal Crescent, Bath

Bath
Großbritannien – ernannt 1987 / Blütezeit 18. Jh.

In seltener Harmonie bildet das südwestlich von London gelegene Bath, mit seiner römischen Bäderarchitektur sowie dem
mittelalterlichen und nahezu authentisch erhaltenen neoklassi-
zistischen Stadtbild eine Einheit.

Um 54 n. Chr. gründeten die Römer die nach einer britan-
nisch-keltischen Gottheit benannte und der Minerva geweihte
Badeanlage von Aquae Sulis, die sich wegen der natürlichen hei-
ßen Quellen (mit einer tägliche Wassermenge von 1,2 Mio. l;
46,5 °C), der besten ihrer Art in Großbritannien, bereits früh
zum beliebten Kur- und Kultort entwickelte: Mit sieben mosa-
ikverzierten Kalt- bzw. Warmwasserbecken, Saunen, Ruheräu-
men und Heizungsanlagen konnte sich Bath mit den Bädern
von Aachen, Aix-en-Provence, Baden-Baden oder Budapest
messen. Wiederentdeckt wurden die seit dem Mittelalter ver-
nachlässigten Badegebäude Mitte des 18. Jhs., was Anlass war,
die Stadt zu erweitern. Im palladianischen Stil entstanden die
Wohnanlagen »The King's Circus« (1758), »The Royal Crescent« (1767–74) und »Landsdown Crescent« (1789–92), drei
von rund 5000 denkmalgeschützten Bauten, Brücken, Kirchen
in der Stadt. Gerade das Mittelalter, in dem sich ein reger Woll-
handel entwickelte, hinterließ Spuren: Dazu gehören das Non-
nenkloster (Gründung 676), die Bischofskirche (1107) und die
Abteikirche (1499–1616), ein Höhepunkt des Perpendicular-
Stils. Die georgianische Stadtplanung – unter den Königen
George I., II. und III. (reg. 1714–1820) – und deren nur teilweise realisierte Umsetzung lag in den Händen der Architekten
John Wood d. Ä. (1704–1754), Ralph Allen (1694–1763) und
besonders in denen des extravaganten Richard »Beau« Nash
(1674–1762). Nach Wood übernahmen die Baumeister Robert
Adam (1728–1792; Pulteney-Brücke, 1770), Thomas Baldwin
(1728–1792) und John Palmer (1738–1817; *Pump Room*,
1790–1795) die Fortführung der Arbeiten. Nach 1879 begann
man, die römischen Bäder nicht allzu werktreu zu restaurieren.

Wallfahrtskirche Die Wies
Deutschland – ernannt 1983 / Bauzeit 1745–54

Die im süddeutschen Rokoko ausgestaltete Wieskirche (»Die Wies«) gilt als Meisterwerk der Kunst, die sich in die voralpine Natur einfügt, und als Zeugnis einer vergangenen Kultur.

Nahe Steingaden in Oberbayern (›Pfaffenwinkel‹) schien den Gläubigen 1738 eine als unansehnlich geltende, hölzerne Christusfigur, die Pater Magnus Straub 1730 aus Versatzstücken gefertigt hatte, an der Geißelsäule zu weinen. Der Legende nach hatte man die Figur seit drei Jahren nicht mehr bei der Karfreitagsprozession einsetzen wollen; 1740 aber ließ der zunächst skeptische Abt dem neu ins öffentliche Interesse gerückten Gnadenbild eine schlichte Kapelle errichteten. Um die Pilgergruppen aus Deutschland, Österreich, Böhmen und Italien aufnehmen zu können, beschlossen die Prämonstratenser, den Holzbau ab 1745 durch ein splendides, im Grundriss ovales Heiligtum (25×29 m) nach Plänen von Dominikus Zimmermann (1685–1766) zu ersetzen. Gegen Ende der Bauzeit malte Johann Baptist Zimmermann (1680–1758) das Deckenfresko mit der *Versöhnung der Welt durch göttliche Gnade* (1753/54). Weitere beteiligte Künstler waren Balthasar August Albrecht (Altarbild), Anton Sturm (Skulpturen), Abraham Brandtmair und Franziskus Kern (Glocken). 1757 erhielt die spätbarocke Wallfahrtskirche eine Orgel. Dem Zusammenspiel der Wessobrunner Zimmermann-Brüder ist die einzigartige Einheit von Architektur, Plastik und Malerei in Verbindung mit einer grandiosen Lichtregie zu verdanken. Ziel ist weniger die Huldigung des Todes als der Triumph der Erlösung. Infolge der Säkularisierung wurden viele Nebengebäude 1803 abgerissen, auch der Wieskirche drohte die Zerstörung – die Pläne hierzu wurden erst 1846 aufgegeben. Während der Restaurierung 1985–91 wurde die ursprüngliche Farbgebung der Fresken gesichert.

Wallfahrtskirchen im Welterbe: Hl. Johann von Nepomuk, Zdár nad Sazavou (Tschechien, 1720; ernannt 1993); Jesús de Nazareno, Atotonilco (Mexiko, 1740; 2008).

Königliches Schloss in Caserta mit Park, Aquädukt und der Seidenfabrik von San Leucio
Italien – ernannt 1997 / Entstehung 1751–73 (unvollendet)

Dem Geschmack des 18. Jhs. mit seinen konzeptionell aufklärerischen Idealen folgend, besticht das Schloss in Caserta nördlich von Neapel durch seine weiträumige Gestaltung, die Palast und Park, die umgebende Landschaft und eine Planstadt mit Einsiedelei und Seidenfabrik vereint.

Der Juvarra-Schüler Luigi Vanvitelli (1700–1773) baute für den Bourbonenkönig Karl IV., Regent über Neapel und Sizilien (reg. 1735–59) sowie als Karl III. über Spanien (1759–88), den fünfstöckigen Palazzo Reale; er sollte in der Größe (247 × 184 m, Höhe 36 m; vier Höfe; über 1200 Räume mit 1970 Fenstern) mit Versailles und dem Escorial in Konkurrenz treten und beschwor zugleich als Gesamtensemble den Geist des neapolitanischen Spätbarock in einer Zeitenwende herauf. 1759 musste Carlos die italienischen Reiche an den minderjährigen und minderbemittelten Sohn Ferdinand abgeben, was den Bau auf Jahre verzögerte. Ferdinands Frau Maria Karolina richtete andrerseits im Schloss eine bedeutende Bibliothek ein und ließ 1782 den englischen Garten ausbauen. Die Gartenanlagen von 83 ha Größe (Mittelachse 100 m × 3 km) wurden von Carlo Vanvitelli (1739–1821), Giovanni Antonio Graefer u. a. entworfen, berufen sich auf Gärten in Frankreich, Italien und Spanien (Bagnaia, Caprarola, La Granja), fügen sich jedoch ihrer unmittelbaren Umgebung ein. Um die Brunnen und nach 1778 die Seidenfabrik (Francesco Collecini, 1723–1804) zu unterhalten, wurde ein nachrömischer Aquädukt (Höhe 56 m, Länge 529 m) genutzt, dessen hydraulisches System 1769 erneuert worden war. Collecinis Plan, die Arbeiterkolonie von San Leuco zu einem protosozialistischen »Ferdinandopolis« auszubauen, schlug fehl. Als Filmkulisse (etwa für *Star Wars*) wird dagegen gern auf das gut erhaltene Schloss Bezug genommen.

Weitere Seidenfabrik im Welterbe: La Lonja de la Seda in Valencia (Spanien, 1533; ernannt 1996).

Palmenhaus in Kew Gardens, einst das größte Palmenhaus
der Welt

Kew Gardens, London
Großbritannien – ernannt 2003 / Baubeginn 1759

Die Gärten von Kew vereinen bestens Architektur, Technologie, Wissenschaft und Landschaftsdesign, nicht zuletzt durch die Namen und den Einfluss von Gartenkünstlern wie Charles Bridgeman, Lancelot Brown oder William Kent. Die Anlage steht für eine vorbildliche Sammeltätigkeit im Bereich der Botanik, die eng mit Darwins Evolutionstheorie verbunden ist.

Die botanischen Gärten im Südwesten Londons erstrecken sich um den Kew Palace (auch ›Holländisches Haus‹, 1631) über eine Fläche von 132 ha. Zunächst in Konkurrenz mit dem ab 1764 entstehenden Richmond Park von Lancelot »Capability« Brown (1716–1783), baute William Chambers (1723–1796) die bereits Mitte des 18. Jhs. begonnene Anlage von Kew zum Gesamtkunstwerk aus, dessen Kern ein anglo-chinesischer Garten bildete. Vorgeblich türkische und asiatische Bauten, darunter die zehnstöckige Pagode (1761), wurden stilprägend und beeinflussten die Gartenarchitektur in München (Englischer Garten), Potsdam (Sanssouci), Schwetzingen u. a. Nachdem der Botaniker Joseph Banks (1743–1820) die Leitung übernommen hatte, wuchs zwischen 1770 und 1820 der Bestand exotischer Pflanzen auf 11 000 Spezies an. Nach der Zusammenlegung der Kew-Gärten mit Richmond 1841 entstand schließlich die größte Pflanzensammlung der Welt, für die Richard Turner (1798–1881) und Decimus Burton (1800–1881) das riesige Palmenhaus aus Gusseisen, Stahl und Glas (1844–48; 108 × 30 m, Höhe 20 m) sowie das Temperate House (1859–79; Länge 188 m, Höhe 18 m) bauten. Kew Gardens spiegeln die Entwicklung des Landschaftsgartens bis ins 20. Jh. wider.

Parks und Gärten im Welterbe: Gartenreich Dessau-Wörlitz (2000), Park Sanssouci (1990); Muskauer Park (2004); Park Schönbrunn (1996); Gärten von Drottningholm (1991), Waldfriedhof Enskede (Stockholm, 1994); Park Versailles (1979); Park Blenheim (1987); Botanischer Garten von Padua (1997); Gärten des Generalife (Alhambra, 1994), Park Güell (1984) u. a.

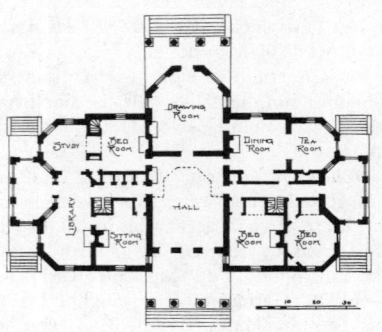

Monticello, der Landsitz Thomas Jeffersons

Monticello / Universität von Virginia, Charlottesville
USA – ernannt 1987 / Bauzeit 1769–1809, 1817–26

Das Herrenhaus Monticello, herausragendes Beispiel neoklassizistischer Architektur, und das stilistisch damit verbundene »akademische Dorf« der Universität von Virginia, einer großen Bildungsinstitution der Aufklärung, sind eng mit den Idealen des Politikers Thomas Jefferson verbunden.

Der Universalgelehrte Thomas Jefferson (1743–1826), Verfasser der Unabhängigkeitserklärung (4. Juli 1776) und später dritter Präsident der USA (1801–09), erbaute als Architekt 1769–1809 seinen Landsitz Monticello im palladianischen Stil, unterbrochen während seiner Diplomatenjahre in Frankreich 1784–89. Er war auch Designer der Einrichtungsgegenstände, einschließlich des Geschirrs. Daneben war er als Staatsphilosoph, Schriftsteller, Physiker, Archäologe, Erfinder und Farmer tätig. Mit dem Herrenhaus wollte er sich betont von der Kolonialarchitektur abheben und war zudem bemüht, es im Einklang mit der Natur zu konzipieren. Die Kuppel dieser Villa rustica war ein Novum im amerikanischen Privathausbau, weshalb Jefferson als Vater der amerikanischen Architektur (»Jeffersonian style«) gilt. Von diesem Prototyp einer ästhetischen Utopie ausgehend (tatsächlich wurde Monticello von Sklaven errichtet), gründete Jefferson 1817 auch die Universität von Virginia, für die er zusammen mit Benjamin Latrobe (1764–1820) und William Thornton (1759–1828), den Erbauern des Kapitols, zehn Pavillons U-förmig um einen pantheon-artigen, dreistöckigen Rundbau anordnete (»Latrobes Rotunda«; 1822–26, Höhe wie Durchmesser 23,5 m), umgeben von Gartenanlagen und Nebengebäuden. Der Rundbau, der eine der größten Bibliotheken der USA enthält, brannte 1895 nieder und wurde bis 1898, ohne die Zusätze von 1851–53, wiederaufgebaut.

Die Unabhängigkeitserklärung der USA im Welterbe: »Independence Hall«, Philadelphia (ehem. kolonialer Regierungssitz von Pennsylvania; ernannt 1979); Freiheitsstatue, vor New York (französisches Geschenk zum 100. Jahrestag 1886; 1984).

Die königliche Saline, Arc-et-Senans
Frankreich – ernannt 1982 / Bauzeit 1775–79

Die Saline von Arc-et-Senans ist die erste, wenn auch unvollendete Industrieanlage im Vorfeld der Entwicklungen im 19. Jh., formal ein zukunftsweisender und visionärer Bau und zudem das bekannteste Beispiel der sogenannten Revolutionsarchitektur am Vorabend der Aufklärung.

Der von dem Klassizisten Jacques-Ange Gabriel (1698–1782) beeinflusste Claude-Nicolas Ledoux (1736–1806) war Hofarchitekt Ludwigs XVI. (reg. 1774–92), für den er rund 60 Zollhäuser in Paris entwarf, und schon seit 1771 Inspekteur der Salinen von Franche-Comté. In dieser Funktion fasste er in den Jahren 1773/74 Pläne für eine Architektur über dem Salzbergwerk bei Arc-et-Senans nahe Besançon. Zwischen 1775 und 1779 entstand die halbkreisförmige Salinenanlage, in deren Mitte das im Grundriss quadratische Direktorengebäude (Abb.) mit einer angebauten Kapelle im Treppenhaus steht, symmetrisch flankiert von zwei Salzlagern. Die auf kreisrundem Gelände konzipierte ideale Industriestadt Chaux, die diese Kerngebäude umschließen sollte, wurde auf Grund fehlender Finanzmittel nicht über den Halbkreis hinaus realisiert. Sie vermittelt aber dennoch einen Eindruck von dem Festungscharakter, das damals kaum bezahlbare Salz erforderte für die Produktionsstätten wehrhafte Wallanlagen, und von den Idealen der Revolutionsarchitektur, die meist nicht über ein utopisches Entwurfsstadium hinauskam (wie bei Etienne-Louis Boullée, 1728–1799). Das Direktionsgebäude, das mit sechs markanten Kolonnaden aus kubischen und zylindrischen Säulentrommeln und einem klassisch-griechischen Giebel mit dem von sechs dorischen Säulen bestimmten Portikus korrespondiert, steht in Kontrast zu den massigen Sandsteingebäuden zur Salzherstellung, deren Mansarddächer den Eindruck der Schwere noch unterstreichen. Dekorative Elemente wie die steinernen Urnenmotive, aus denen das Solenwasser (aus Stein) ›fließt‹, lockern die Fassaden auf. 1895 wurde der Salzabbau in Arc-et-Senans eingestellt.

Mühlenanlage von New Lanark

Industriesiedlung New Lanark
Großbritannien – ernannt 2001 / Entstehung 1785–1817

Die auf Arbeiterbedürfnisse zugeschnittene Mustersiedlung New Lanark in Schottland ist ein Meilenstein der Industrie- und Sozialgeschichte, der bis ins 20. Jh. Einflüsse zeigte. Der Sozialreformer und Unternehmer Robert Owen förderte ein Gemeinwesen mit Kinderkrippe, Schule, Freizeiteinrichtungen und einem kostenlosen Gesundheitsdienst.

1785 gründeten der Textilkaufmann David Dale (1739–1806) und Richard Arkwright (1732–1792) rund 40 km südlich von Glasgow die Industriesiedlung der einst größten Baumwollspinnerei Großbritanniens mit etlichen Mühlen. Dales Schwiegersohn Robert Owen (1771–1858) führte das Unternehmen ab 1800 weiter und ließ die Arbeitermustersiedlung bauen, u. a. mit einer Hebammenschule (1809) und der ersten Schule für Arbeiterkinder überhaupt (1816/17). Außerdem reduzierte er die Arbeitszeit auf knapp zehn Stunden, schränkte die Kinderarbeit drastisch ein und ließ eine Gewerkschaft zu. Der Sohn eines Sattlers wurde damit zum Begründer des Genossenschaftswesens. Da sich auch die Produktivität der Fabrik steigerte, fand er Anerkennung bis in Adelskreise; so besuchte u. a. Zar Nikolaus I. (reg. 1826–55) den Musterbetrieb. 1825 scheiterte allerdings Owens Versuch, die reformerischen Utopien in den USA fortzuführen, konnte aber den innovativen Sozialreformer Jeremy Bentham (1748–1832), Mitbegründer des Utilitarismus, als Teilhaber an Lanark gewinnen. Nachdem die Textilindustrie in New Lanark 1968 aufgegeben wurde, formierte sich der »New Lanark Conservation Trust«, der seit 1974 die Spinnerei instand setzte und restaurierte. Die sanierten Bauten sind zum Teil bis heute bewohnt. Das gesamte Ensemble ist Station des Netzwerks der »Europäischen Route der Industriekultur« – zu dem auch u. a. die Weltkulturerbestätten Ironbridge, das Besucherbergwerk Rammelsberg, das Industriedorf Saltaire, die Völklinger Hütte oder die Zeche Zollverein gehören.

Arbeitersiedlung im Welterbe: Crespi d'Adda (ernannt 1995).

Das neue Schloss im Park von Bad Muskau

Fürst-Pückler-Park, Bad Muskau
Polen/Deutschland – ernannt 2004 / Entstehung 1815– 44

Der Muskauer Park ist ein idealtypisches Gartenkunstwerk von Weltgeltung, das die Entwicklung der Landschaftsarchitektur als Disziplin theoretisch und praktisch förderte.

Der reisefreudige Hermann Graf Pückler (1785–1871, in den Fürstenstand erhoben 1822) ließ nach ersten Plänen von 1811 die Muskauer Landschaft in der Oberlausitz nach Vorbild des englischen Stourhead Garden in einen regelrecht malerischen Park (etwa 750 ha) umwandeln. Bestehende Bauten waren neben dem frühklassizistischen Schloss Wörlitz (1769–73, Umbau 1863– 66) das sogenannte Gotische Haus, das Nymphäum, das Schloss Georgium, ein Pantheon und ein Venustempel (zwischen 1773 und 1797). Neu kamen hinzu: das Englische Haus (1820), zahlreiche Brücken, »Pleasure Ground« (1822– 25), die Orangerie über dem Alten Brauhaus (1844; Pläne nach Gottfried Semper) und eine Baumschule. 1834 erschienen Pücklers *Andeutungen über Landschaftsgärtnerei*, die jedoch die Geldnöte des Fürsten nicht lösen konnten: 1846 musste er seinen Besitz an Wilhelm Friedrich Carl Prinz der Niederlande verkaufen, für den seine Gärtner Jacob Heinrich Rehder (1790–1852) und Carl Eduard Adolph Petzold (1815–91) den Park vollendeten. 100 Jahre später wurde der Park Opfer der neuen Grenzziehung: Die Grenze zu Polen zieht sich mitten durch die Gartenanlage (560 ha) und die Nachbarorte Bad Muskau und Łęknica. Seit 1988 gab es Bemühungen um ein zweistaatliches Denkmal, dessen sich ab 1993 eine Stiftung angenommen hat. 1999 erhielt der Park eine »ehrenvolle Anerkennung« des Melina-Mercouri-Preises für die Bewahrung von Kulturlandschaften, 2002 folgte der Europäische Garten-Kultur-Preis (Pro Europe European Foundation for Culture).

Länderübergreifendes Welterbe: der römische Grenzwall in Großbritannien und Deutschland, d.h. der Hadrianswall und der Limes (ernannt 1987, 2005, 2008); der Jakobsweg mit seinen spanischen und französischen Abschnitten (1993, 1998).

Der ›Meridianstein‹ von Hammerfest in Norwegen

Der Struve-Bogen
Estland, Finnland, Lettland, Litauen, Moldavien, Norwegen,
Russland, Schweden, Ukraine, Weißrussland – ernannt 2005 /
Entstehung 1816–55

Der geodätische, d. h. der Landesvermessung dienende Struve-
Bogen ist das außergewöhnliche Beispiel eines technologischen
Ensembles und steht für die erste akkurate Messung eines langen Meridiansegments, d. h. der Erde, deren ungenaue Form
und Größe die wissenschaftliche Neugier beflügelt hat.

Der deutsche Astronom Friedrich Georg Wilhelm von Struve
(1793–1864) und der russische Offizier Carl F. Tenner
(1783–1859) initiierten dieses Netzwerk von Messstationen
über zehn Länder hinweg, die es ermöglichten, Form und Größe der Erde zu bestimmen: Eine repräsentative Auswahl von 34
der insgesamt 265 Vermessungspunkte, die als Obelisk, Eisen-
kreuz, Steinhügel, gebohrtes Felsloch o. Ä. auf sich aufmerksam
machen, wurden von der UNESCO auf die Liste des Weltkulturerbes gesetzt. Der Bogen reicht von Fuglenes bei Hammerfest
(Nordkap), wo seit 1854 eine Meridiansäule an die erste fun-
dierte Erdvermessung erinnert, bis nach Staro-Nekrassowka bei
Ismajil am Schwarzen Meer. Zwei Messpunkte befinden sich innerhalb eines Baukomplexes: als Zentralpunkt im Observatorium von Tartu (Estland), in dem ein Struve-Museum geplant ist,
sowie im Turm der finnischen Kirche Alatornios (1794–97),
den Struve 1842 zum Messpunkt bestimmte. Mit einer Länge
von 2821 km ist der Struve-Bogen (auch Struve Geodetic Arc)
die, wenn auch nur gedachte, längste Welterbestätte (die Haupt-
mauer der insgesamt natürlich größeren, da verzweigten Chinesischen Mauer ist 2400 km lang). Beachtlich ist die für die
damalige Zeit einzigartige internationale Zusammenarbeit der
Wissenschaftler.

Technisches Welterbe: die Funkstation in Varberg, 1925, zum
Zweck der drahtlosen globalen Kommunikation (Schweden, ernannt 2004); das Observatorium Ulugbek in Samarkand,
1428/29 (Usbekistan, ernannt 2001).

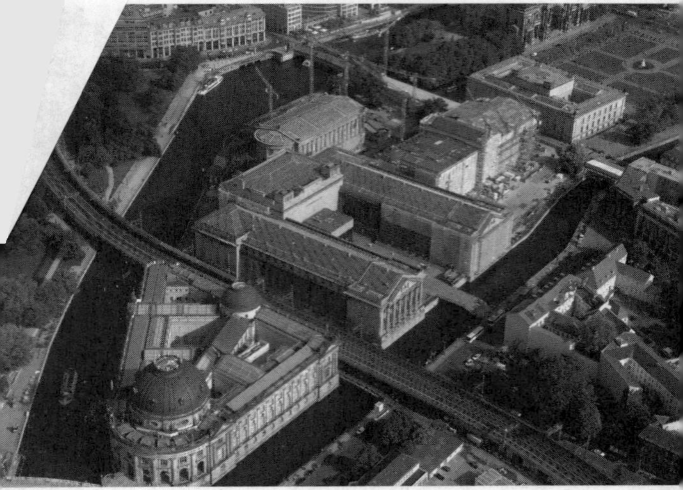

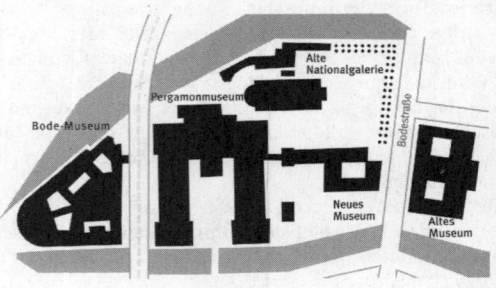

Bode-Museum · Pergamonmuseum · Alte Nationalgalerie · Bodestraße · Neues Museum · Altes Museum

Museumsinsel in Berlin
Deutschland – ernannt 1999 / Bauzeit 1824–1930

Die Berliner Museumsinsel (1 km²), die ihre Wurzeln in der Zeit der bürgerlich-selbstbewussten Aufklärung hat, dokumentiert wie kein anderes Bauensemble die über 100 Jahre währende Entwicklung der modernen Museumsarchitektur.

Das nach dem Masterplan (1996) von David Chipperfield (geb. 1953) generalsanierte und durch eine unterirdische Promenade vernetzte Spree-Insel-Ensemble besteht aus folgenden Bauten: (1) dem symmetrisch-kubischen, tempelähnlichen *Alten Museum* mit Säulenvorhalle (ehemals Königliches Museum; Karl Friedrich Schinkel, 1824–30), dessen zentrale Obergeschossrotunde unter einer dem Pantheon nachempfundenen Kuppel (von außen nicht sichtbar) antike Skulpturen zieren. Rekonstruktion 1958–66; Sanierung 1998–2014 durch das Büro Hilmer & Sattler und Albrecht. (2) König Friedrich Wilhelm IV. beauftragte den Architekten Friedrich August Stüler 1841 mit einem »Masterplan« für die Insel und mit dem Bau des *Neuen Museums* (1843–59) unter Verwendung von Eisenguss und Leichtbauziegeln. 1997–2009 Wiederaufbau mit gesondertem Eingangsgebäude (2007–2013) durch Chipperfield. (3) Nach einer Gemäldeschenkung wurde die von Stüler geplante [Alte] *Nationalgalerie* (Carl Busse, Johann Heinrich Strack, 1866–76) als römisch-korinthischer Tempel mit Säulenhalle und Freitreppe errichtet (›Alt‹ seit dem Bau von Mies van der Rohes *Neuer* Nationalgalerie, 1968). 1998–2001 fand die Sanierung durch das Büro HG Merz statt. (4) Das wilhelminische *Bodemuseum* (ehemals Kaiser-Friedrich-Museum; Ernst von Ihne, Max Hasak, 1897–1904) wurde 1997–2006 saniert von Heinz Tesar und Christoph Fischer. (5) Das *Pergamonmuseum* (August Messel, Ludwig Hoffmann, 1906–30), 1980/81 und 1989–2015 unter gravierenden Eingriffen in den Bestand nach Plänen von O. M. Ungers umgebaut, enthält den berühmten Pergamonaltar.

Welterbe in Berlin: Schlösser und Parks, Potsdam/Berlin (ernannt 1990, erw. 1992, 1999); Wohnsiedlungen (2008).

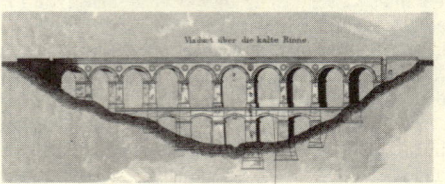

Viadukt über die ›Kalte Rinne‹

Semmeringbahn
Österreich, Steiermark – ernannt 1998 / Bauzeit 1848–54

Die Semmeringbahn löste ein geologisches Problem zur Zeit der frühen Eisenbahngeschichte und erschloss eine reizvolle Kulturlandschaft samt einem vornehmen Kurort.

Die Semmeringbahn von Gloggnitz (439 m) nach Mürzzuschlag (681 m) ist die erste vollspurige Bergbahn der Welt. Den höchsten Punkt erreicht die 41,7 km lange Strecke mit 14 Tunnels (zusammen 4,526 km), 16, teilweise zweigeschossigen Viadukten (zusammen 1,607 km) und 100 gemauerten Bogenbrücken bei 899 m Höhe im 1,434 km langen Semmeringtunnel. Erzherzog Johann (1782–1859) hatte 1841 die Idee zur Bahnlinie Wien–Triest, doch konnte das Zwischenstück über den Semmering erst 1848 angegangen werden, als der Architekt Carl von Ghega (1802–1860) die Bauleitung übernahm. Für den Bau waren 20 000 Arbeiter notwendig, von denen Hunderte starben. Die technische Kühnheit ermisst sich an den einst einzigartig geringen Radien der Bahnkurven und einer maximalen Steigung von 25 Prozent; eine bergtaugliche Lokomotive konnte erst 1851 gebaut werden. Die monumentalen Tunnelportale sind in einem schlichten, ornamental aufgelockerten Stil gehalten. Ermöglicht wurde der Bau durch die Verwendung neuer Materialien (neben Ziegeln kamen Zement und Beton zum Einsatz), die früh als harmonische Einheit von Technologie und Natur aufgefasst wurde. Mit der Eröffnung der Semmeringbahn 1854 wuchs die Attraktivität der Region. Es entstand eine typische Sommerarchitektur im Stil der englischen »Country houses«, wie sie der amerikanische Baumeister und Landschaftsarchitekt Andrew Jackson Downing (1815–1852) pflegte, als Refugium der Wiener Gesellschaft, die erste künstlich angelegte alpine Erholungsregion. 1952 musste der Semmeringtunnel erneuert werden, 1957–59 wurde die Bahn modernisiert.

Eisenbahnbau im Welterbe: Himalaya-Gebirgsbahn nach Darjeeling (1879–81) mit einem Höhenunterschied von 2050 m.

Blick auf die Straßenzüge von La Chaux-de-Fonds

Uhrenindustrie La Chaux-de-Fonds und Le Locle
Schweiz – ernannt 2009 / Blütezeit: um 1870

Die Stadtlandschaft von La Chaux-de-Fonds und Le Locle, die von der regionalen Uhrenindustrie geprägt ist, hat ein herausragendes Bauensemble hervorgebracht, dessen Planung mit den Bedürfnissen zur rationalen Organisation verschmilzt – eine Symbiose zwischen Architektur und Technikgeschichte.

Mitte des 18. Jhs. blühte die Uhrenindustrie in La Chaux-de-Fonds auf; fast 70 Pendeluhrmacher neben einem Dutzend Kunstschreiner und Bronzegießer beherbergte das Dorf im Jura, das 1794 niederbrannte. Der Wiederaufbau folgte dem aufklärerischen Ideal, klar strukturiert im amerikanischen Schachbrettmuster, nach einem Plan des Brücken- und Straßeningenieurs Charles-Henri Junod (1834/35). Zudem nahm die Uhrenproduktion im 19. Jh. (mit Kleinuhren) einen weiteren Aufschwung. Mit Le Locle, wo Daniel JeanRichard (1665–1741) um 1705 die erste Uhr in der Region gebaut hatte, und Neuchâtel bot Chaux 1670/80 nahezu der halben Bevölkerung Arbeit im Uhrenbau, sodass Karl Marx in *Das Kapital* schreiben konnte, der Ort sei »eine einzige Uhrenmanufaktur«. Auch kam die Bautätigkeit in Schwung: 1853 die deutsche Kirche (Turm 1881), 1896 die große Synagoge im neubyzantinischen Stil für die jüdischen Zuwanderer aus dem Elsass, 1920/21 Erneuerung des 1919 niedergebrannten Grand Temple (1757; 1794–96) der reformierten Kirche, die katholische Kirche Sacré-Cœur (1927). Die zur Kunstgewerbeschule erweiterte Uhrmacherschule stammt von 1865. Hier unterrichteten der Jugendstil-Künstler Charles L'Eplattenier (1874–1946), der den Entwurf für das Kunstmuseum schuf (1926, mit René Chapallaz: Beispiel des lokalen »Tannenbaumstils«), und sein Schüler, der in Chaux geborene Le Corbusier (1887–1965), dessen Frühwerk hier entstand (Maison Blanche, 1912; Türkische Villa, 1916/17).

Idealstädte im Welterbe: Ferrara und Sabbioneta (Italien, ernannt 1995/99 und 2008), Königliche Salinen in Arc-en-Senans (Frankreich, 1982), Alcalá de Henares (Spanien, 1998).

Die Freiheitsstatue in New York City
USA – ernannt 1984 / Entstehung: 1875–86

Die Konstruktion von »Miss Liberty« ist eine der kühnsten technischen Leistungen des 19. Jhs. Als Empfangsdame für Millionen von Einwanderern steht sie am Tor zur neuen Welt für den charakteristischen Schmelztiegel einer multikulturell geprägten amerikanischen Bevölkerung.

Der amerikabegeisterte französische Bildhauer Frédéric-Auguste Bartholdi (1834–1904) entwarf ab 1875 die antikisierende Statue, betitelt *Die Freiheit erleuchtet die Welt* – als ein von den Franzosen gestiftetes Geschenk für die USA zum 100. Jahrestag der Unabhängigkeitserklärung am 4. Juli 1776. In mehreren Stufen wuchs sie vom Tonmodell bis zur kupferhautüberzogenen Plastik in Originalgröße (Höhe 46 m; 300 Kupferplatten: 2 mm dick, 225 t), die 1885 – wieder zerlegt – nach Amerika verschifft wurde. Aufgebaut wurde sie auf Bedloe's (seit 1956 Liberty) Island vor dem New Yorker Hafen über einem um 1800 errichteten sternförmigen Festungsbau auf einem granitverkleideten Sockel des Architekten Richard Morris Hunt (1827–1895; 1875 weltweit der größte Betonbau) im Stil der französischen Neurenaissance. Der Ingenieur Gustave Eiffel (1832–1923) übernahm die diagonal versteifte Stützkonstruktion des frei im Wind stehenden Hohlkörpers, ein bautechnisches Novum, zudem der erste Stahlskelettbau in New York (Gesamtgewicht rund 250 t), dessen Einweihung am 28. Oktober 1886 stattfand. Von den Eingriffen vor der Grundsanierung 1983–86 mit erneuertem Beleuchtungs-, Belüftungs- und Aufzugsystem sticht die Veränderung der Fackel hervor: Der Bildhauer Gutzon Borglum (1867–1941), Schöpfer der Mount-Rushmore-Skulptur, ersetzte 1916 die vergoldete Kupferflamme durch eine stellenweise verglaste Variante (beide sind heute im Museum zu sehen, das sich im Unterbau befindet). Weitere sinnfällige Attribute sind eine siebenstrahlige Krone über dem Aussichtsplateau, ein Buch zum Tag der Unabhängigkeit (mit Datum) sowie zu Füßen liegende gesprengte Ketten.

Kraftwerk von Crespi d'Adda

Crespi d'Adda
Italien – ernannt 1995 / Gründungsjahr 1878

Crespi d'Adda ist aufgrund seiner unveränderten Architektur ein seltenes Beispiel eines Arbeiterdorfes, das Zeugnis ablegt von der entscheidenden Phase in der Entwicklung der modernen Gesellschaft, der industriellen Revolution.

Der Name der Siedlung geht auf den Baumwollfabrikanten Cristoforo Benigno Crespi (1833–1920) zurück, der den in seiner Fabrik tätigen Arbeitern mit ihren Familien ein autonomes Dorf in der Lombardei (Prov. Bergamo) mit Schule, Kirche (1891–93; Kopie von Bramantes Renaissancebau in Crespis Heimatort Busto Arsizio), Friedhof, Krankenhaus, Kaufhaus u. a. m. – errichten ließ. Die beteiligten Architekten und Künstler hießen Ernesto Pirovano (1866–1934), der für den Gesamtplan verantwortlich war, Luigi Cavenaghi (1844–1917), der die Kirche entwarf, und Gaetano Moretti (1860–1930), Erbauer des Mausoleums. Gegründet 1878, wuchs die Siedlung bis in die 1920er Jahre zur heutigen Größe an. Zur »gelebten« Utopie, die sich an der Gartenstadtidee des englischen Sozialreformers Robert Owen (1771–1858) orientierte, gehörten geometrisch angeordnete Wohnungen im englischen Stil mit Grünanlagen bzw. Gemüsegärten. Den Arbeitern stand eine intakte Infrastruktur zur Verfügung (Warmwasserversorgung); der Schulbesuch samt Unterrichtsmittel war für die Kinder kostenlos (die Lehrer hatten zudem freie Unterkunft), genauso wie auch der Besuch des zur Siedlung gehörenden Hallenbades. Den Betriebsmitarbeitern und -leitern standen Villen zur Verfügung. Crespi d'Adda gilt als der erste Ort in Italien mit einer öffentlichen elektrischen Beleuchtung nach Edisons System. Der Firmenchef trat als eine Art Herbergsvater auf, der von seinem Schloss aus über das Wohl seiner rund 3200 Angestellten (1928) wachte; symbolisch waren Schloss und Kirche so zueinander konzipiert, dass der Blick vom Schlossturm aus durchs geöffnete Kirchenportal bis zum Altar reichte. So mischten sich Arbeitsleben und Alltag in der Gemeinde.

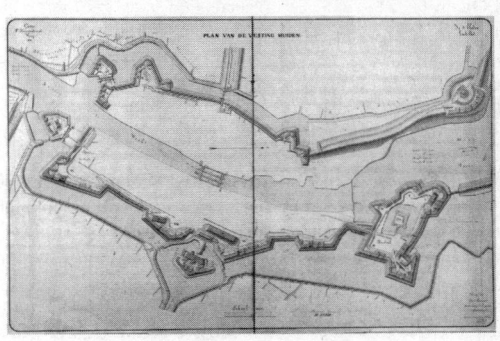

Die Festungsstadt Naarden gehört zur ›Holländischen Wasserlinie‹, größtes Nationaldenkmal der Niederlande; unten ein
Plan der Festung von Muiden

Verteidigungslinie der Stadt Amsterdam
Niederlande – ernannt 1996 / Bauzeit 1880–1920

Das Amsterdamer Befestigungssystem ist von einzigartigem Wert, zumal es seit seinen ersten Bauabschnitten Ende des 19. Jhs. als Verteidigungslinie intakt geblieben ist. Die Auszeichnung ehrt die Niederländer auch für den Wasserbau, der in das Wehrsystem um die Metropole einbezogen ist.

Die »Stelling van Amsterdam« ist der größte Befestigungsring um eine Stadt: Auf einer Strecke von 135 km legt sich ein Verteidigungsgürtel mit Wehranlagen im Abstand von 10–15 km um Amsterdam, vom Nordseekanal in Zaandam über Beverwijk, Busch und Dam nach Krommeniedijk. 1874 im Parlament verabschiedet als Reaktion auf den deutsch-französischen Krieg 1870/71, begann man in den 1880er Jahren mit dem Bau von 42 Forts der Neuen Holländischen Wasserlinie (verstärkt zwischen 1897 und 1914, gebaut für rund 300 Soldaten) zum Schutz der Zugänge sowie eines Netzes von Deichen, Kanälen und Schleusen. Mit ihrer Hilfe war die Stadt in der Lage, in kurzer Zeit ihr Vorland unter Wasser zu setzen (eine Taktik, die bereits im 17. Jh. praktiziert wurde). Im Ersten Weltkrieg war die Anlage noch weitgehend funktionstüchtig (es konnten rund 10 000 Soldaten eingesetzt werden); sie wurde allerdings wegen der Neutralität des Landes nicht benötigt, wenn auch das um 1917 veraltete Befestigungssystem in die ›Vesting Holland‹ (mit insgesamt zehn »Stellingen«) eingegliedert wurde. Nach 1945 dienten ein paar Forts als Magazin oder Gefängnis. Mit der Erhebung zum Weltkulturerbe 1996 nahm sich eine Stiftung des Erhalts der Anlage an. Heute zählt das Befestigungssystem 20 Reichs- und 125 regionale Monumente von beachtlicher Variationsbreite: die Forts, teils monumental (Ijmuiden, Het Pampus), teils kleine Küstenbatterien, präsentieren sich in drei Grundtypen, die jeweils kaum identische Bauvarianten enthalten.

Niederländischer Wasserbau im Welterbe: Mühlenanlagen in Kinderdijk-Elshout, 1738–40, zur Entwässerung der Polder (ernannt 1997).

Das ›Herz‹ der Völklinger Hütte

Eisenhütte in Völklingen
Deutschland – ernannt 1994 / Entstehung 1882–1930

Die Völklinger Hütte – erstes von der UNESCO ausgezeichnete Industriedenkmal im Kulturerbe – führte weltweit maßstabsetzende Neuerungen in der Roheisenproduktion ein, die die Hüttenindustrie des 19. und 20. Jhs. prägten.

Das als »Kathedrale des Industriezeitalters« bezeichnete Eisenwerk (Fläche 6 ha) ist das einzige Beispiel einer vollständigen Verhüttungsanlage im 19. Jh. in Westeuropa und Nordamerika, das intakt und authentisch erhalten geblieben ist. Gegründet wurde das Unternehmen 1873 von Julius Buch, der das unrentable Stahlwerk 1879 wieder schließen musste; 1881 übernahm Karl Röchling das Werk (ab 1896 in ›Röchling'sche Eisen- und Stahlwerke GmbH‹ umbenannt) und nahm zwei Jahre später den ersten von sechs Hochöfen in Betrieb. 1897 folgten die Koksbatterie mit 104 Koksöfen, 1900 eine erste Gasgebläsemaschine. Pionierleistungen waren die große Sinteranlage (1928–1930), der Wasserturm (1918) und der Erzschrägaufzug. Über Jahrzehnte war Völklingen die größte Verhüttungsstätte, die zwischen 4000 und über 17 000 (1965) Arbeiter beschäftigte. In der Kriegswirtschaft 1914–18 und 1939–44 pofitierte das Unternehmen von der Stahlhelm- und Granantenproduktion, aber auch während des Baubooms nach 1945 war der Stahlbedarf enorm. 1975–81 übernahm ARBED-Saarstahl schrittweise die Eisenhütte, die 1986 schließlich stillgelegt und im Folgejahr unter Denkmalschutz gestellt wurde. Seit 1993 sind Teile der Anlage, die 2007 als ›Historisches Wahrzeichen der Ingenieurbaukunst in Deutschland‹ ausgezeichnet wurden, öffentlich zugänglich. Begehbar sind seit 2006 rund 3 km Wegstrecke auf 5000 m², darunter unterhalb einer Aussichtsplattform (Höhe 45 m) die sogenannte Gichtbühne (Höhe 27 m, Länge 240 m) am Hochofen. Die Möllerhalle (10 000 m²) in der Tiefe wird seit 2004 für Kulturevents genutzt, seit 2006 sind die Sinteranlage und eine Windmaschine zu besichtigen. Die Völklinger Hütte ist ein Ankerpunkt der ›European Route of Industrial Heritage‹.

Das architektonische Werk Antoni Gaudís
Spanien – ernannt 1984, erw. 2005 / 1880er Jahre – 1926

Das Werk Antoni Gaudís (1852–1926) stellt im Profan- und Sakralbau einen herausragenden Beitrag für die Entwicklung der katalanischen Architektur an der Wende vom 19. zum 20. Jh. mit großem Einfluss auf die Moderne dar.

Als Sohn eines Kupferschmieds kam Antoni Gaudí früh mit dem Metallhandwerk in Berührung, dem Ausgangspunkt seiner Kunst: schmiedeeiserne Tore, Gitter, Straßenlaternen. Unter dem Einfluss maurischer und gotischer Elemente übertrug er seine irrational-ornamentale Systematik mit naturnahen Formen auf die Architektur, die sich durch parabolische Fassadenlandschaften, einen regen Austausch des Innen- und Außenraums sowie durch überbordende Dachaufbauten auszeichnet. Sein Werk schwankt zwischen Eklektizismus, Jugendstil und Expressionismus und ist vorwiegend auf Barcelona beschränkt. Es umfasst den Sakralbau, insbesondere mit dem plastischen Gesamtkunstwerk der fünfschiffigen, über einem kreuzförmigen Grundriss angelegten Sagrada Familia (1883 ff.; Abb.), sowie Privathäuser (Casa Vicens, 1883–85) und Parkanlagen, hauptsächlich für seinen Förderer, den Industriellen Eusebio Güell i Bacigalupi (seit 1884; Palais 1886–89, Park 1900–14). Darüber hinaus baute Gaudí luxuriöse Wohnblocks wie die Casa Battló (1904–06) und die Casa Milà (1906–10). Sein Lebenswerk bleibt jedoch die Sagrada Familia, deren Vollendung für das Jahr 2026 geplant ist: Hier befindet sich sein Arbeitsplatz für 43 Jahre und seine Grabstätte – beides mit Kultstatus (ein Seligsprechungsverfahren für Gaudí läuft seit 2000). Bei aller Singularität ist Gaudís Werk eingebettet in den katalanischen ›Modernisme‹, eine radikale Spielart des europäischen Jugendstils, der einen schwachen Nachhall im architekturplastischen Werk Friedensreich Hundertwassers (1928–2000) fand.

Modernismus im Welterbe: Jugendstilbauten Victor Hortas, Brüssel, 1894–1901 (ernannt 2000); Bauten von Lluis Domènech i Montaner, Barcelona, 1902–30 (1997, erw. 2008).

Die Gradbstätten der Bugandi-Könige ähneln einfachen Hütten

Grabstätten der Buganda-Könige in Kasubi
Uganda – ernannt 2001 / Gründung 1884

Die königlichen Buganda-Gräber haben sich in unvergleichlichen strohgedeckten Rundbauten von beeindruckenden Größen und Details erhalten, die Zeugnis über eine lebendige kulturelle Tradition der 52 (Ba-)Ganda-Clans und ihrer spirituellen Werte ablegen. Sie stellen die besterhaltenen Beispiele der althergebrachten Ganda-Architektur dar, die in ein bis heute intaktes Glaubenssystem eingebunden ist.

Das Königreich Buganda nahm vom 18. bis ins 20. Jh. hinein in Zentralafrika, zwischen Victoriasee und Kafu-Fluss, eine wichtige Stelle ein. Heute ist es ein Teilstaat in Uganda (Kampala-Distrikt), dessen Bezeichnung sich vom Namen des alten Reiches und des einzelnen Einwohners (*Muganda*, Plural: [*Ba-*] *Ganda*) ableitet. Nilotische Hirtenstämme begründeten im 13. Jh. das Reich der Könige, die sich Kabaka nannten: Von dem legendären Kintu aus dem späten 14. Jh. bis zu Mutesa II., reg. 1939–66, sind es knapp 40 Könige). Ssuuna II. (reg. 1836–56) ließ auf dem Kasubi-Hügel einen Palast errichten, der unter seinem Sohn Mutesi I. ab 1882 ausgebaut und schließlich 1884 zur Grablege der letzten Regenten bis 1966 sowie zum religiösen Kultzentrum (30 ha) über die Landesgrenzen hinweg wurde: Neben Mutesi zählen dazu Mwanga II., Daudi Chwa II. und Mutesa II. sowie die angehörigen Prinzessinnen und Prinzen. Nachdem Mutesa II. 1962 zugleich Präsident der neuen Republik Uganda geworden war, konnte sich die Dynastie noch bis zum Sturz 1966 durch Milton Obote (gest. 2005) halten – der Bugunda-König starb 1969 im Exil, sein Leichnam wurde 1971 nach Kasubi überführt. Das Hauptgrab befindet sich in einem domähnlichen, strohgedeckten und mit Schilfflechtereien geschmückten Holzbau (Durchmesser 31 m; Höhe 7,5 m), der nicht öffentlich zugänglich ist. Erst 1993 kehrte als erneut ausgerufener Kabaka Muwenda Mutebi II. nach Uganda zurück.

Afrikanische Königsstätte im Welterbe: Königshügel von Ambohimanga (Madagaskar, ernannt 2001).

Wohnhaus und Atelier Victor Hortas (Museé Horta)

Jugendstilbauten von Victor Horta in Brüssel
Belgien – ernannt 2000 / Bauzeit 1894–1901

Die vier von der UNESCO gelisteten Stadthäuser Victor Hortas zeugen von großer Phantasie und prägten in ihrer Radikalität die Architektur ihrer Zeit: Als Initialbauten des Art Nouveau stehen sie für den gesellschaftlich-philosophischen, künstlerischen Wandel vom 19. zum 20. Jh.

Die ins Welterbe aufgenommene Baugruppe des Genter Architekturpioniers Victor Horta (1861–1947) besteht aus den Brüsseler Stadthäusern Hôtel Tassel, dem Hôtel Solvay, Hôtel Van Eetvelde und dem Maison & Atelier Horta. Ein Schlüsselwerk der modernen Architektur ist das Hôtel Tassel (1893/94; Breite 7,79 m, Tiefe 39 m), für das Horta erstmals seine Bauideen realisieren konnte und das bis zur Innenausstattung seine Handschrift trägt. 1895–98 folgte das Hôtel Solvay, dessen Vollendung zu Beginn des 20. Jhs. jedoch in anderen Händen lag, während sich Horta dem Zweiflügelbau Van Eetvelde (1897–1901) und dem Bau eines eigenen Wohnhauses (1898–1901) widmete: Zunächst hatte es nur ein Atelier im Anbau, bis 1911 erweiterte Horta es um Garage und Garten (12,5×6,7 m bzw. 5,8 m). Das Solvay-Haus, das durch das Engagement des Architekten Jean Delhaye (geb. 1916) vor dem Abriss gerettet werden konnte – er hat sich auch der anderen Gebäude von Horta angenommen –, ist heute das am besten erhaltene des in den 1980er Jahren restaurierten Horta-Komplexes. In der Bewertung steht die Architektur auf einer Höhe mit Lluis Domenechs Palau de la Musica und Antoní Gaudís Parc Güell und Casa Mila (alle auch als Weltkulturerbestätten in Barcelona). Hauptmerkmale von Victor Hortas Stil sind der offene Grundriss, die auffallende Lichtregie sowie die jugendstilhaft geschwungene Dekoration in Verbindung mit neuen Materialien (Eisen, Stahl, Glas).

Welterbe in Brüssel: der brabantgotische Grote Markt / Grand-Place mit einem nach seiner Zerstörung 1695 im Barockstil entstandenen, homogenen Architekturensemble aus den Jahren um 1700 (ernannt 1998).

Jahrhunderthalle Wrocław/Breslau
Polen – ernannt 2006 / Bauzeit 1911–13

Die Jahrhunderthalle von Wrocław ist als Pionierleistung in der Kombination von Beton, Metall und Glas ein schöpferisch-innovatives Beispiel in der Entwicklung großer Stahlbetonkonstruktionen. Darüber hinaus ist die Halle das herausragende Beispiel eines modernen Kulturzentrums.

Der einflussreiche Pionierbau der Technik und Stahlbetonarchitektur wurde 1911–13 von dem Breslauer Stadtbaurat Max Berg (1870–1947) errichtet. Die Jahrhunderthalle (seit 1945 *Hala Ludowa*) mit Platz für 6000 Personen, auf dem Messegelände gelegen, ist ein Zentralbau mit der seinerzeit größten Massivkuppel, die Berg zusammen mit Willy Gehler (1876–1953) entwickelte und die von einer kleineren Kuppel aus Stahl und Glas bekrönt wird: Der überkuppelte Raum misst 65 m, bei einem Hallendurchmesser von gesamt 95 m (Kuppelhöhe 42 m). In der Innenkonstruktion korrespondieren die vier Unterbaubögen (Höhe 19 m) mit einem Ring- und Rippensystem, das die Kräfte abfließen lässt. Als Kontrast zum neueren Material zeigen die Fensterrahmen exotisches Hartholz, dem Beton der inneren Isolierschicht ist zur besseren Akustik Holz bzw. Kork beigemischt. Dem äußerlich schlichten Monumentalbau fügte Berg ein antikisierendes Forum mit Säulengang an (1924; zerstört), ein nördlich gelegener Pavillon von Hans Poelzig (1869–1936) kam 1912 hinzu sowie ein 1937 entstandener Verwaltungstrakt von Richard Konwiarz (1883–1960). Eingeweiht wurde die Mehrzweckhalle 1913 anlässlich der Säkularfeier zur Befreiung von Napoleons Herrschaft mit Gerhart Hauptmanns *Festspiel in deutschen Reimen*, das der Premierengast Kaiser Wilhelm II. kurz darauf als »unpatriotisch« absetzen ließ. 1995–97 wurde diese Ikone der Moderne restauriert.

Polnische Nominierungen deutscher Stätten als »gemeinsames Erbe«: Marienburg (ernannt 1997); schlesische Friedenkirchen in Schweidnitz, Jauer, Glogau (2001); Muskauer Park (federführend, gemeinsam mit Deutschland, 2004).

Großsiedlung Britz (›Hufeisensiedlung‹)

Siedlungen der Berliner Moderne
Deutschland – ernannt 2008 / Entstehung 1913–34

Die sechs ernannten Berliner Siedlungen mit ihren sozialen, technischen und gestalterisch-ästhetischen Lösungen stellen einen neuen Typus des sozialen Wohnungsbaus dar, der über die Landesgrenzen hinweg Maßstäbe setzte.

Exemplarisch wählte die UNESCO folgende Siedlungen von insgesamt über 70 Stätten aus: (1) Als größtes Bauensemble gilt die *Großsiedlung Britz* bzw. Hufeisensiedlung von Bruno Taut (1880–1938) und Martin Wagner (1885–1957) in Neukölln, 1925–31, mit 2000 Wohnungen; die freie Anlage gestalteten Leberecht Migge und Ottokar Wagler. (2) Tauts farbenfrohe *Gartenstadt Falkenberg* entstand in Treptow, 1913–15; für die freie Anlage war Ludwig Lesser verantwortlich. (3) Die vier- bis fünfgeschossige kompakte Pirelli-*Wohnstadt Carl Legien* schufen Taut und Franz Hillinger (1895–1973) am Prenzlauer Berg, 1928–30. (4) Die Backstein-*Siedlung Schillerpark* in Wedding, 1924–30, stammt von Taut und Franz Hoffmann (1884–1951), den Wiederaufbau 1951 besorgte Max Taut (1884–1967), Erweiterungen 1953–57 fügte Hans Hoffmann (1904–1975) hinzu. (5) An der *Großsiedlung Siemensstadt* bzw. Ringsiedlung in Charlottenburg, Spandau, 1929–31, waren Otto Bartning, Fred Forbat, Walter Gropius, Hugo Häring, Paul R. Henning und Hans Scharoun beteiligt, die freie Anlage ist von L. Migge. (5) Die *Weiße Stadt* in Reinickendorf, 1929–31, erbauten Bruno Ahrends, Wilhelm Büning und Otto Rudolf Salvisberg, die freie Anlage L. Lesser. Die Wohnungsnot der späten Kaiserzeit – in Berlin fehlten 130 000 Wohnungen – und in der Weimarer Republik erforderte städtebauliche Lösungen. Der Wohnraum sollte erschwinglich und ansehnlich sein. Statt der Trostlosigkeit bisheriger Mietskasernen vereinten die z. T. dem »Ring« oder dem Bauhaus angehörenden Architekten in ihren Bauten Ästhetik und soziale Utopie für ein würdevolles Leben. Die ab den 1990er Jahren sanierten Anlagen waren nicht nur mit Balkon und Loggia, sondern auch mit Zentralheizung ausgestattet.

Das Schulgebäude des Bauhauses in Dessau

Das Bauhaus und seine Stätten in Weimar und Dessau
Deutschland – ernannt 1996 / Tätigkeit 1919–33

Das Bauhaus in Weimar und Dessau ist von universellem Wert, da ihre Architektur schulbildend wirkte, das (bau-)künstlerische Denken im 20. Jh. revolutionierte und das Bewusstsein für das Erbe dieses Jahrhunderts schärfte.

Die Gründung des Staatlichen Bauhauses Weimar 1919 durch Walter Gropius (1883–1969) war von kaum zu überschätzender Tragweite für die Baugestaltung und die Stadtplanung, später auch für Design und Fotografie. Im Vorfeld, 1904–1911, war in Weimar bereits das Van-de-Velde-Haus errichtet worden, 1923 folgte Georg Muches »Haus am Horn«. Mit der Übersiedlung des Bauhauses aus Thüringen ins sachsen-anhaltische Dessau 1925 wuchs der Ruhm. Es entstanden die berühmten »Meisterhäuser« (restauriert 1995–2000) sowie Siedlungen (Törten, 1926–28; Laubenganghäuser, 1930), deren Folgebauten weltweit mit den Begriffen »Bauhausstil«, »Internationaler Stil«, »Neues Bauen« verbunden sind. Kennzeichen sind kubische Grundeinheit, vertikal-horizontale Ausrichtung, Raumökonomie, Funktionalität, bevorzugt weißer oder auf Grundfarben beschränkter Außenanstrich. Als Lehrer wurde die damalige Avantgarde gewonnen: neben den Architekten Gropius und Ludwig Mies van der Rohe (1886–1969) sind insbesondere Lyonel Feininger, Johannes Itten, Wassily Kandinsky, Paul Klee, Laszlo Moholy Nagy und Oskar Schlemmer zu nennen. Auf Betreiben der Nazis musste das Bauhaus 1932 als Privatinstitut nach Berlin umziehen, wo es 1933 geschlossen wurde. Nach dem Exil wurde es 1986 in Dessau als Zentrum für Gestaltung wiedereröffnet.

Weimar und Bauhaus im Welterbe: das klassische Weimar (ernannt 1998), Wirkungsstätte von Wieland, Herder über Goethe und Schiller bis zu Liszt. Die aufklärerische Freie Zeichen- (1775) und Freie Gewerkeschule (1829), ab 1859/60 großherzoglich-sächsische Institutionen und spätere staatliche Kunsthochschule (1910), wurden mit Mies van der Rohes Kunstgewerbeschule (1907) 1919 ins Bauhaus eingegliedert.

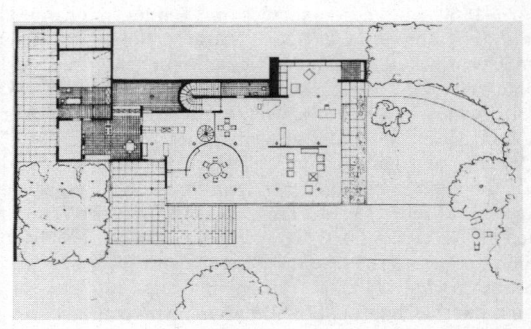

Villa Tugendhat, Brno/Brünn

Tschechien – ernannt 2001 / Bauzeit 1928–30

Die Villa Tugendhat am nördlichen Rand von Brno ist ein Meisterwerk des »Internationalen Stils«, dessen radikal neues Konzept Ludwig Mies van der Rohe auf den Wohnungsbau übertrug; sie spielt weltweit eine zentrale Rolle.

Der jüdische Industrielle Fritz Tugendhat beauftragte Ludwig Mies van der Rohe (1886–1969), eine Villa für ihn zu bauen. Der 1928–30 entstandene Hangbau ist mit dem Barcelona-Pavillon eines der letzten großen europäischen Werke des Architekten und angehenden Direktors des Dessauer Bauhauses. Das Besondere daran sind ein frei gehaltener Grundriss mittels Stahlskelettstützen, versenkbare Glaswände und die Verwendung edler Steine (Travertin, onyxähnliches Sedimentgestein) und Tropenhölzer im Innenbereich. Das Hauptgeschoss besteht aus einem einzigen Raum (Wohnbereich 280 m²; Gesamtfläche des Grundstücks etwa 2000 m²). Zunächst gefeiert als radikale Umsetzung des Funktionalismus und der Vergeistigung, vereinnahmten die Nationalsozialisten 1938 das Haus und verschleuderten das Inventar; der Bauherr und Mies waren bereits zuvor in die Emigration getrieben worden. Bis Kriegsende diente die Villa als Büro des Flugzeugkonstrukteurs Willy Messerschmidt (1898–1978). Danach wurde das sich denkmalpflegerisch in schlechtem Zustand befindliche Haus weiterhin zweckfremd benutzt: als Gymnastikabteilung der Kinderklinik, städtische Repräsentationsräume u. Ä., bis die Stadt das Gebäude zum nationalen Denkmal erklärte und 1994 ein Museum einrichtete. 1999 begann eine Expertengruppe, das stellenweise verwahrloste Gebäude zu sanieren.

Einzelbauten des 20. Jhs. im Welterbe: Bauhausstätten in Weimar von Walter Gropius, 1904–11, 1923, und in Dessau von Henry van de Velde, 1925–28 (ernannt 1996); Rietveld-Schröder-Haus in Utrecht von Gerrit Thomas Rietveld, 1923–1924 (2000); Haus und Studio von Luis Barragán in Mexiko-Stadt, 1946 (2004); Oper von Sydney von Jørn Utzon, 1973 (2007).

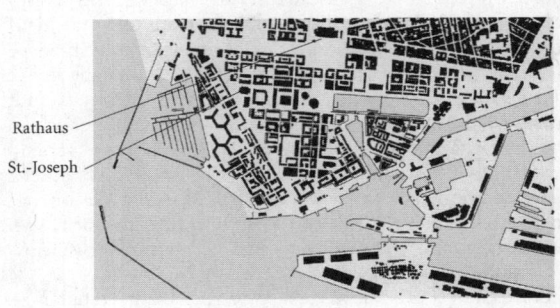

Blick über den Rathausplatz

Die Neugründung von Le Havre
Frankreich – ernannt 2005 / Wiederaufbau 1945–64

Der Wiederaufbauplan für das kriegszerstörte Le Havre verbindet traditionelle Stadtkonzeption mit den modernen Entwicklungen von Architektur, Technologie und Stadtplanung; das neue Le Havre zeichnet sich zudem durch sein Rastersystem und die innovative Nutzung des Betons aus.

Die Unterstadt von Le Havre in der Normandie, eine Gründung aus dem 16. Jh. mit einem Vauban'schen Befestigungssystem unter Ludwig XIV., wurde während des Zweiten Weltkriegs weitgehend zerstört. Nach 1945 wurde Auguste Perret (1874–1954) mit dem Wiederaufbau der Hafenstadt beauftragt, der in dem Mammutprojekt sein geistiges Vermächtnis sah – 133 ha waren zu bebauen. Zu seinen Mitarbeitern gehörten André Le Donné, Roger Gilbert, André Hermant, José Imbert, Pierre-Edouard Lambert, Guy Lagneau, Paul Nelson, Jacques Poirrier, Robert Royon, Charles Sébillotee, Jacques Tournant; sogar Oscar Niemeyer (geb. 1907) steuerte 1972 ein Kulturzentrum bei. Perret verstand es, die erhaltenen urbanen Reste (Straßen, Plätze, Teile des Hafens) in ein innovatives Rasternetz zu integrieren, freie Formen und strenge Axialität zu vereinen. Hier zeigt sich eine Nähe zu den Idealen seines Schülers Le Corbusier. Die enormen Bauaufgaben reichten vom Rathaus über die Kirche St-Joseph (beide 1950–54) bis hin zu Wohnbauten, die nicht über sieben Etagen haben sollten und über schmale Balkonelemente durchrhythmisiert wurden. Mit einem einheitlichen Grundmaß von 6,21 m war es Perret möglich, mit vorgefertigten Bauelementen zu arbeiten; er achtete jedoch darauf, der drohenden Monotonie entgegenzuwirken. Die Wiederaufbaupläne, die Perret nach Beginn des Le-Havre-Projektes auch für Amiens (1947) und Vieux-Port in Marseille (1951) entwickelte, konnten nicht mehr voll überzeugen und wurden nur teilweise (Bahnhofsplatz von Amiens) umgesetzt.

Moderne Städte im Welterbe: Weiße Stadt von Tel Aviv (1930er – 1950; ernannt 2003); Brasília (1956–60; 1987).

Blick auf den Nationalkongress mit Parlament (Mitte) und
Abgeordnetenhaus (rechts)

Brasília
Brasilien – ernannt 1987 / Bauzeit 1956–60

Brasília, eine in nur vier Jahren gebaute Utopie, wurde als Schöpfung *ex nihilo* und wegen seiner Umsetzung der ›Charta von Athen‹ (1933; Entwürfe zur »funktionellen« Stadt) ins Welterbe aufgenommen.

Der Mythos Brasília bestand schon, bevor er seinen Namen erhielt: 1763 sollte der Verwaltungssitz der Kolonie von Salvador de Bahia ins Landesinnere verlegt werden; die Hauptstadt wurde dann jedoch Rio de Janeiro. Seit 1822/23 wieder im Gespräch, wurde die Gründung 1891 in der Verfassung festgeschrieben. Doch erst unter der Regierung von Juscelino Kubitschek (1902–1976) entwarfen der Städteplaner Lúcio Costa (1902–1998) und der Architekt und spätere Pritzkerpreisträger Oscar Niemeyer (geb. 1907), zusammen mit dem Ingenieur Israel Pinheiro da Silva (1896–1973) sowie dem Gartenarchitekten Roberto Burle Marx (1909–1994) die über 1000 km von Rio entfernte Retortenstadt für eine halbe Million Menschen. Anregende Hilfe kam von Le Corbusiers ehrgeizigstem Projekt für die indische Regierungsstadt Chandigarh (1951–56). Über einem flugzeugähnlichen Grundriss (*plano pilôto*) liegen auf der 5 km langen Hauptachse der »Platz der drei Gewalten« (mit Präsidentenpalast, Oberstem Gerichtshof, Parlament), der Fernsehturm (1967; Höhe 218 m), die monumentale Rundbau der planbestimmenden, großteils unterirdischen Kathedrale und das einem aztekischen Pyramidenbau ähnelnde Theater. Die 13 km lange Querachse enthält ein Raster mit quadratischen Wohnblocks. Das ausgeklügelte Straßenverkehrsnetz erhob das Auto zum Symbol des Fortschritts. Demgegenüber wurde erst 2001 eine bis dahin vernachlässigte U-Bahnlinie eingeweiht – zudem hatten die Auflagen für den denkmalgeschützten *plano* den Bau verzögert. Der Distrikt um die Stadt, die 1950 noch 36 000 Einwohner zählte, hat heute (2008) über 2,5 Millionen Menschen. Trotz vergleichsweise guter Lebensqualität stößt die Beton-Utopie hier an ihre sozialen Grenzen.

Sydney Opera House
Australien – ernannt 2007 / Bauzeit 1959–73

Die Oper und Konzerthalle von Sydney ist ein Meisterwerk der modernen Architektur, das nicht nur Technik und Innovation vereint, sondern auch zur Ikone des 20. Jhs. wurde.

Der Bau des Opera House geht auf einen Wettbewerb 1956/57 zurück. Die Jury, darunter Eero Saarinen (1910–1961), prämierte den Entwurf des wenig bekannten Dänen Jørn Utzon (1918–2008). Auf der Halbinsel des Hafens von Sydney erbaute der Aalto- und Wright-Adept das Opernhaus, dessen muschelförmige Schalendächer, die einem erdfarbenen Granitpodest (1,8 ha) aufsitzen, sich skulptural hintereinander aufschichten (maximal 20-stöckig, Höhe 67 m; Grundrissfläche 118 × 183 m). Die Architektur ruht auf fast 600 Pfeilern, die 25 m in den Grund getrieben wurden. Das Dachgewölbe entstand unter Mitarbeit des Büros Ove Arup & Partners; das Interieur stammt von Peter Hall (geb. 1930), der nach 1966 mit Lionel Todd und David Littlemoore den Bau mit über 1000 Räumen fertigstellte, nachdem Utzon sich im Streit mit den Behörden von dem Projekt zurückgezogen hatte. Die mit über 1 Mio. Fliesen verkleideten weißen Schalen sind Teile imaginärer Kugeln (Durchmesser größtenteils 75 m), die dem Monument eine strukturelle Einheit verleihen – die Assoziationsbreite reicht von Orangenschnitzen (nach Utzon) bis zu Segeln. Hauptträume sind die Konzerthalle für 2700 Personen, die Oper für rund 1500 Menschen, drei Schauspielbühnen und weitere Einrichtungen (Kino, Restaurants, Bars, Läden usw.). Die einzelnen Bauphasen umfassten den Sockelaufbau, der Maya-Tempeln abgeschaut scheint (1958–61), die Dachkonstruktion (1962–67) sowie die Glaswände und die Inneneinrichtung (1967–73). Wachsende Baukosten (52 Mio. Pfund statt 3,5 Mio.), die um sieben Jahre verspätete Einweihung und eine Staatskrise führten zur Entlassung des Architekten. Erst 1999 nahm Utzon, zusammen mit seinem Sohn Jan, wieder an weiterführenden Planungen (Umbau 2004–05) für die Oper teil, die ihm 2003 den Pritzkerpreis einbrachte.

Weltkulturerbeliste (1978–2009)

Die Jahreszahlen beziehen sich auf die Aufnahme in die Liste der UNESCO; Erweiterungen bzw. Modifikationen sind am Objekt selbst vermerkt. Die römischen Ziffern folgen den Kriterien der UNESCO zur Bestimmung des Weltkultur- und Weltnaturerbes (zur Beschreibung der einzelnen Kriterien s. S. 27 f. im Einführungsteil). Ihnen vorangestellt sind die Länderkürzel, die im folgenden aufgelöst sind. Handelt es sich bei einer Kulturerbestätte zusätzlich um ein Naturerbe, folgt hinter dem Länderkürzel ein doppeltes Sternchen. Stätten auf der Roten Liste des gefährdeten Welterbes sind kursiv gesetzt.

AFG	Afghanistan	DEU	Deutschland
ALB	Albanien	DNK	Dänemark
AND	Andorra	DOM	Dominikanische
ARG	Argentinien		Republik
ARM	Armenien	DZA	Algerien
AUS	Australien	ECU	Ecuador
AUT	Österreich	EGY	Ägypten
AZE	Aserbaidschan	ESP	Spanien
BEL	Belgien	EST	Estland
BEN	Benin	ETH	Äthiopien
BFA	Burkina Faso	FIN	Finnland
BGD	Bangladesch	FRA	Frankreich
BGR	Bulgarien	GAB	Gabun
BHR	Bahrein	GBR	Großbritannien
BIH	Bosnien/Herzegowina	GEO	Georgien
BLR	Weißrussland	GHA	Ghana
BOL	Bolivien	GMB	Gambia
BRA	Brasilien	GRC	Griechenland
BWA	Botswana	GTM	Guatemala
CAN	Kanada	HND	Honduras
CHE	Schweiz	HRV	Kroatien
CHL	Chile	HTI	Haiti
CHN	China	HUN	Ungarn
COL	Kolumbien	IDN	Indonesien
CPV	Kap Verde	IND	Indien
CUB	Kuba	IRL	Irland
CYP	Zypern	IRN	Iran
CZE	Tschechien	IRQ	Irak

ISL	Island	PAN	Panama
ISR	Israel	PER	Peru
ITA	Italien	PHL	Philippinen
JOR	Jordanien	PNG	Papua-Neuguinea
JPN	Japan	POL	Polen
KAZ	Kasachstan	PRK	DemokratischeVolks-republik (Nord-)Korea
KEN	Kenia		
KGZ	Kirgisistan	PRT	Portugal
KHM	Kambodscha	PRY	Paraguay
KNA	St. Kitta und Nevis	ROU	Rumänien
KOR	Republik (Süd-)Korea	RUS	Russland
LAO	Laos	SAU	Saudi-Arabien
LBN	Libanon	SDN	Sudan
LBY	Libyen	SEN	Senegal
LKA	Sri Lanka	SLV	El Salvador
LTU	Litauen	SMR	San Marino
LUX	Luxemburg	SRB	Serbien
LVA	Lettland	SUR	Suriname
MAR	Marokko	SVK	Slowakei
MDA	Moldawien/Moldau	SWE	Schweden
MDG	Madagaskar	SYR	Syrien
MEX	Mexiko	TGO	Togo
MKD	Mazedonien	THA	Thailand
MLI	Mali	TKM	Turkmenistan
MLT	Malta	TUN	Tunesien
MNG	Mongolei	TUR	Türkei
MOZ	Mosambik	TZA	Tansania
MRT	Mauretanien	UGA	Uganda
MUS	Mauritius	UKR	Ukraine
MWI	Malawi	URY	Uruguay
MYS	Malaysia	USA	USA
NAM	Namibia	UZB	Usbekistan
NGA	Nigeria	VAT	Vatikanstadt
NIC	Nicaragua	VEN	Venezuela
NLD	Niederlande	VNM	Vietnam
NOR	Norwegen	VUT	Vanuatu
NPL	Nepal	YEM	Jemen
NZL	Neuseeland	ZAF	Südafrika
OMN	Oman	ZWE	Zimbabwe
PAK	Pakistan		

Aachener Dom (DEU – I, II, IV, VI) – **L'Anse aux Meadows** (Neufundland), Wikingersiedlung (CAN – VI) – **Insel Gorée** (SEN – VI) – Altstadt von **Krakau** (POL – IV) – Felskirchen von **Lalibela** (ETH – I, II, III) – **Mesa Verde** (USA – III) – Altstadt von **Quito** (ECU – II, IV) – Salzbergwerk **Wieliczka** (POL – IV)

Abu Mena (Kloster des hl. Menas), frühchristliche Ruinen (EGY – IV) – **Abu Simbel und Philae,** Denkmäler (EGY – I, III, VI) – **Accra,** koloniale Festungen und Schlösser (GHA – VI) – **Antigua** (GTM – II, III, IV) – Konzentrationslager **Auschwitz-Birkenau** (POL – VI) – **Bergen,** Hanseviertel Tyskebryggen (NOR – III) – **Bojana** (Sofia), Kirche (BGR – II, III) – **Chartres,** Kathedrale Notre-Dame (FRA – I, II, IV) – Altstadt von **Damaskus** (SYR – I, II, III, IV, VI) – Altstadt von **Dubrovnik** (HRV – I, III, IV – erw. 1994) – **El-Djem,** Amphitheater (TUN – IV, VI) – **Fasil Ghebbi** (Gondar) (ETH – II, III) – **Isfahan,** Königsplatz Meidan-e-Schah (IRN – I, V, VI) – **Islamisches Kairo** (EGY – I, V, VI) – **Ivanovo,** Felskirchen (BGR – II, III) – **Karthago,** Ruinen (TUN – II, III, VI) – **Kathmandu,** Tal (NPL– III, IV, VI) – Thrakergrab **Kazanlak** (BGR – I, III, IV) – **Memphis,** Pyramiden von Gizeh, Abusir, Sakkara und Dahschur (EGY – I, III, VI) – **Mont-Saint-Michel** mit Bucht (FRA – I, III, VI – modifiziert 2007) – **Ohrid** mit See und Umgebung (MKD** – I, III, IV, VII – erw. 1980) – **Persepolis,** Ruinen (IRN – I, III, VI) – **Philadelphia,** Independence Hall (USA – VI) – Felsrelief **Reiter von Madara** (BGR – I, III) – **Split,** Altstadt und Palast des Diokletian (HRV – II, III, IV) – **Stari Ras** mit Kloster Sopocáni (SRB – I, III) – **Theben** (EGY – I, III, VI) – Nationalpark **Tikal** (GCA** – I, III, IV, IX, X) – Ruinenstadt **Tschoga Zanbil** (IRN – III, IV) – **Tunis,** Medina (TUN – II, III, V) – **Urnes,** Stabkirche (NOR – I, II, III) – **Val Camonica** (Lombardei), Felsenzeichnungen (ITA – III, VI) – Schloss **Versailles** mit Park (FRA – I, II, VI) – **Vézelay,** Kirche und Hügel (FRA – I, VI) – **Vézère-Tal,** Höhlenmalerei (u. a. Grotte von Lascaux) (FRA – I, III)

Aksum, Ruinen (ETH – I, IV) – traditionelle Bauten der **Ashanti** (GHA – V) – Tal am Unterlauf des **Awash** (ETH – II, III, IV) – Bergfestung **Beni Hammad** (DZA – III) – **Bosra,** Altstadt mit Amphitheater (SYR – I, III, VI) – **Copán,** Maya-Ruinen (HND – IV, VI) – **Malta,** Megalithtempel (MLT – IV – erw. 1992) – Hypogeum **Hal Saflieni,** unterirdischer Kultraum (MLT – III) – **Mailand,** Dominikanerkirche Sta. Maria delle Grazie mit Leonardos *Letztem Abendmahl* (ITA – I, II) – Ruinenstadt **Moenjo- daro** (PAK – II, III) – Tal am Unterlauf des **Omo** (ETH – III, IV) – Alt- stadt von **Ouro Preto** (BRA – I, III) – **Palmyra,** Ruinen (SYR – I, II, IV) – **Paphos,** Ruinen (CYP – III, VI) – Forts **Portobelo und San Lorenzo** an der karibischen Küste (PAN – I, IV) – Altstadt von **Rom** und Basilika San Paulo fuori le Mura (ITA/VAT – I, II, III, IV, VI – erw. 1990) – **Røros,** Stadt und Bergwerke (NOR – III, IV, V) – **Takht-i-Bahi,** buddhistische Ruinen (PAK – IV) – Ruinenstadt **Taxila** (PAK – III, VI) – **Tiya,** Relief- stelen (ETH – I, IV) – **Valletta** (MLT – I, VI) – Altstadt von **Warschau** (POL – II, VI)

1981

Amiens, Kathedrale (FRA – I, II) – **Anthony-Insel** (Britisch Kolumbien), Haida-Kultur (CAN – III) – **Arles,** römische und romanische Denkmäler (FRA – II, IV) – **Fès,** Medina (MAR – II, V) – Schloss und Park **Fontaine- bleau** (FRA – II, VI) – Zisterzienserabtei **Fontenay** (FRA – IV – modifi- ziert 2007) – **Head Smashed-in Buffalo Jump** (CAN – VI) – *Jerusalem, Altstadt mit Stadtmauer (ISR – II, III, VI)* – **Kakadu Nationalpark** (AUS** – I, VI, VII, IX, X – erw. 1987, 1992) – *Kilwa Kisiwani und Son- go Mnara, Ruinen (TZA – III)* – *Festung Lahore und Shalimar-Gärten (PAK – I, II, III)* – **Loire-Tal** mit dem Schloss Chambord (FRA – I, II, IV) – **Orange,** Amphitheater und Triumphbogen (FRA – III, VI) – Maya- Ruinen und archäologischer Park **Quiriguá** (GTM – I, II, IV) – **Speyer,** Dom (DEU – II) – **Thatta,** Ruinen und Totenstadt (PAK – III) – **Wil- landra-Seenregion** (AUS** – III, VIII) – **Würzburg,** Residenz mit Hof- garten (DEU – I, IV)

1982

Heilige Stadt **Anuradhapura** (LKA – II, III, VI) – Königliche Salinen **Arc-et-Senans** (FRA – I, II, IV) – historische Stätte **Cahokia Mounds State** (USA – III, IV) – **Djemila,** römische Ruinen (DZA – III, IV) – Alt- stadt von **Florenz** (ITA – I, II, III, IV, VI) – Altstadt von **Havanna** (CUB – IV, V) – **Kyrene,** Ruinen (LBY – II, III) – **Leptis Magna,** Ruinen (LBY – I, II, III) – **M'zab-Tal** (DZA – II, III, V) – Altstadt von **Olinda** (BRA – II, IV) – Ruinenstadt **Polonnaruva** (LKA – I, III, VI) – **Ramiers,** historischer Nationalpark, Schloss Sans Souci mit Ruinen (HTI – IV, VI) – **Sabratha,** Ruinen (LBY – III) – **Shibam,** Altstadt mit Stadtmauer (YEM – III, IV, V) – Ruinenstadt **Sigirija** (LKA – II, III, IV) – **Tassili n'Ajjer,** Felsmalereien (DZA** – I, III, VII, VIII) – **Timgad,** römische

Ruinen (DZA – II, III, IV) – Ruinenstadt **Tipasa** (DZA – III, IV) – Nationalpark **West-Tasmanien** (AUS** – III, IV, VI, VII, VIII, IX, X – erw. 1989)

1983

Rotes Fort bei **Agra** (IND – III) – Taj Mahal bei **Agra** (IND – I) – Felsentempel **Ajanta** (IND – I, II, III, VI) – Stadtzentrum **Angra do Heroísmo** (Azoren-Insel Terceira) (PRT – IV, VI) – Kloster **Batalha** (PRT – I, II) – Altstadt von **Bern** (CHE – III) – **Cuzco** (PER – III, IV) – Höhlentempel **Ellora** (IND – I, III, VI) – **Guaraní**, Jesuitenmissionen (ARG/BRA – IV – erw. 1984) – Historische Stätten **La Fortaleza und San Juan** (Puerto Rico) (USA – VI) – **Lissabon,** Hieronymuskloster und Turm von Belém (PRT – III, IV) – Inka-Bergfestung **Machu Picchu** (PER** – I, II, III, VII, IX) – **Müstair,** Benediktinerkloster St. Johann (CHE – III) – **Nancy,** die Plätze Stanislas, de la Carrière, d'Alliance (FRA – I, IV) – Altstadt von **Nessebar** (BGR – III, IV) – Kloster **Rila** (BGR – VI) – **St-Savin-sur-Gartempe** (FRA – I, III) – Stiftsbezirk mit Stiftsbibliothek **St. Gallen** (CHE – II, IV) – Christuskloster **Tomar** (PRT – I, VI) – Wallfahrtskirche **»Die Wies«** (DEU – I, III)

1984

Anjar, Ruinen der Omeyaden (LBN – III, IV) – **Baalbek,** Ruinen (LBN – I, IV) – **Barcelona,** Gesamtwerk von Antonio Gaudí (ESP – I, II, IV – erw. 2005) – **Brühl,** Schlösser Augustusburg und Falkenlust (DEU – II, IV) – **Burgos,** Kathedrale (ESP – II, IV, VI) – **Byblos,** Ruinen (LBN – III, IV, VI) – **Cartagena,** Hafenbefestigungen und Baudenkmäler (COL – IV, VI) – Altstadt von **Córdoba** (ESP – I, II, III, IV – erw. 1994) – **El Escorial** (ESP – I, II, VI) – **Freiheitsstatue** (USA – I, VI) – **Granada,** Alhambra, Generalife und Albayzin (ESP – I, III, IV – erw. 1994) – Sonnentempel **Konarak** (IND – I, III, VI) – **Tyros,** Ruinen (LBN – III, VI) – **Vatikanstadt** (VAT – I, II, IV, VI)

1985

Königspaläste **Abomay** (BEN – III, IV) – **Alta,** Steinzeichnungen (NOR – III) – **Altamira** (ESP – I, III) – Kirchen des Königreiches **Asturien** (ESP – I, II, IV – erw. 1998) – **Ávila,** Altstadt und Kirchen (ESP – III, IV) – Historische Moscheenstadt **Bagerhat** (BGD – IV) – Heiligtum **Chavin** (PER – III) – **Congonhas,** Wallfahrtskirche »Guter Jesus« (BRA – I, IV) – **Divrigi,** Moschee und Krankenhaus (TUR – I, IV) – **Göreme,** Nationalpark und Felsendenkmäler von Kappadokien (TUR** – I,

III, V, VII) – Ruinen der Partherstadt **Hatra** (IRQ – II, III, IV, VI) – **Hildesheim,** Dom St. Mariae und Michaeliskirche (DEU – I, II, III) – Altstadt von **Istanbul** (TUR – I, II, III, IV) – **Kerkuan,** Stadt und Totenstadt (TUN – III – erw. 1986) – Tempelbezirk **Mahabalipuram** (IND – I, II, III, VI) – **Marrakesch,** Medina (MAR – I, II, IV, V) – Ruinen des buddhistischen Klosters **Paharpur** (BGD – I, II, VI) – Ruinenstätte **Petra** (JOR – I, III, IV) – Römischer Aquädukt **Pont du Gard** (FRA – I, III, IV) –Altstadt von **Québec** (CAN – IV, VI) – Wüstenburg **Quseir Amra** (JOR – I, III, IV) – Altstadt von **Salvador de Bahia** (BRA – IV, VI) – Altstadt von **Santiago de Compostela** (ESP – I, II, VI) – **Segovia,** Altstadt und Aquädukt (ESP – I, III, IV) – Thrakergrab **Sweschtari** (BGR – I, III) – **Tadrart Acacus,** Felsmalereien (LBY – III) – **Tróodos-Gebirge,** bemalte Kirchen (CYP – II, III, IV – erw. 2001)

1986

Aragón, Mudéjar-Architektur (ESP – IV – erw. 2001) – **Avebury und Stonehenge,** Steinkreise (GBR – I, II, III) – **Bassae,** Apollontempel (GRC – I, II, III) – Altstadt von **Cáceres** (ESP – III, IV) – **Durham,** Burg und Kathedrale (GBR – II, IV, VI) – Moghulstadt **Fatehpur Sikri** (IND – II, III, IV) – **Ghadames,** Altstadt (LBY – V) – **Goa,** Kirchen und Klöster (IND – II, IV, VI) – Burgen und befestigte Städte der Grafschaft **Gwynedd** (Wales) (GBR – I, III, IV) – Tempelbezirk **Hampi** (IND – I, III, IV) – **Hattusa,** Ruinen (TUR – I, II, III, IV) – **Ironbridge,** Industriedenkmäler im Severntal (GBR – I, II, IV, VI) – Tempelbezirk **Khajuraho** (IND – I, III) – **Studentica,** Kloster (SRB – I, II, IV, VI) – **Studley,** Königlicher Park und Ruinen von Fountains Abbey (GBR – I, IV) –Altstadt von **Toledo** (ESP – I, II, III, IV) – **Trier,** römische Denkmale, Dom St. Peter und Liebfrauenkirche (DEU – I, III, IV, VI)

1987

Befestigte Stadt **Aït-Ben-Haddou** (MAR – IV, V) – **Athen,** Akropolis (GRC – I, II, III, IV, VI) – Festung **Bahla** (OMN – IV) – **Bath** (GBR – I, II, IV) – Schloss **Blenheim** (GBR – II, IV) – **Brasília** (BRA – I, IV) – **Budapest,** Uferbereich der Donau und Burg Buda (HUN – II, IV – erw. 2002) – Historischer Nationalpark **Chaco Culture** (USA – III) – **Monticello** und Universität von Virginia (USA – I, IV, VI) – **Delphi,** Apollonheiligtum (GRC – I, II, III, IV, VI) – **Elephanta,** Höhlen (IND – I, III) – **Grabmal des ersten Kaisers von China** Qin Shi Huangdi (CHN – I, III, IV, VI) – **Große Mauer** (CHN – I, II, III, IV, VI) – **Hadrianswall** (GBR – II, III, IV – erw. 2005, 2008) – historisches Dorf **Hollókő** (HUN – V) –

London, Westminster Abbey und Palast, Margaretenkirche (GBR – I, II, IV) – **Lübeck,** Hansestadt mit Holstentor (DEU – IV) – Altstadt von **Mexiko-Stadt und Xochimilco** (MEX – II, III, IV, V) – **Mogao,** Höhlen (CHN – I, II, III, IV, V, VI) – Grabstätte **Nemrut Dag** (TUR – I, III, IV) – **Oaxaca,** Altstadt und die Ruinen von Monte Alban (MEX – I, II, III, IV) – präkolumbische Stadt und Nationalpark **Palenque** (MEX – I, II, III, IV) – Tempelanlage **Pattadakal** (IND – III, IV) – **Peking,** Kaiserpalast und Grabstätten der Ming- und Qingdynastie (CHN – I, II, III, IV, V, VI – erw. 2004) – **Pisa,** Domplatz (ITA – I, II, IV, VI – modifiziert 2007) – **Potosi,** Stadt und Silberminen (BOL – II, IV, VI) – Altstadt von **Puebla** (MEX – II, IV) – **Sevilla,** Kathedrale, Alcazar und Archivo de Indias (ESP – I, II, III, VI) – Bergregion **Taishan** (CHN** – I, II, III, IV, V, VI, VII) – **Teotihuacán,** präkolumbische Stadt (MEX – I, II, III, IV, VI) – Große Tempel der **Chola-Dynastie** (IND – I, II, III, IV – erw. 2004) – **Uluru und Kata Tjuta Nationalpark** / Ayers Rock (AUS** – V, VI, VII, VIII – erw. 1994) – **Venedig** mit Lagune (ITA – I, II, III, IV, V, VI) – **Zhoukoudian,** Fundstätte des Peking-Menschen (CHN – III, VI)

1988

Altstadt von **Aleppo** (SYR – III, IV) – Berg **Athos** (GRC** – I, II, IV, V, VI, VII) – Festung **Bat** mit der Siedlung Al-Khutm und der Totenstadt Al-Ayn (OMN – III, IV) – **Canterbury,** Kathedrale, Abtei St. Augustin und St. Martins-Kirche (GBR – I, II, VI) – *Ruinenstadt Chan Chan (PER – I, III)* – **Chichen-Itza,** Ruinen (MEX – I, II, III) – (vor)islamische Stadt **Djenné** (MLI – III, IV) – antike Stadt **Epidauros** (GRC – I, II, III, IV, VI) – Altstadt von **Evora** (PRT – II, IV) – Altstadt und Festung **Gallé** (LKA – IV) – Ruinenstadt **Groß-Zimbabwe,** (ZWE – I, III, VI) – Altstadt von **Guanajuato** und Bergwerksanlagen (MEX – I, II, IV, VI) – **Hierapolis-Pamukkale** (TUR** – III, IV, VII) – **Kairouan,** Medina (TUN – I, II, III, V, VI) – Heilige Stadt **Kandy** (LKA – IV, VI) – **Khami,** Ruinen (ZWE – III, IV) – **Lima,** Altstadt mit Franziskanerkloster (PER – IV – erw. 1991) – **Meteora-Klöster** (GRC** – I, II, IV, V, VII) – **Olympia,** Ruinen (GRC – I, II, III, IV, VI) – **Rhodos,** mittelalterliche Stadt (GRC – II, IV, V) – Altstadt von **Salamanca,** (ESP – I, II, IV) – Altstadt **Sana'a,** (YEM – IV, V, VI) – **Sousse,** Medina (TUN – III, IV, V) – Altstadt von **Straßburg** (FRA – I, II, IV) – **Thessaloniki,** frühchristliche und byzantinische Denkmäler (GRC – I, II, IV) – **Timbuktu,** historische Stadt (MLI – II, IV, V) – London, **Tower** (GBR – II, IV) – **Trinidad,** Zuckerfabriken im Valle de los Ingenios (CUB – IV, V) – **Xanthos,** Ruinen mit dem Heiligtum der Latona (TUR – II, III)

1989

Kloster **Alcobaça** (PRT – I, IV) – **Bandiagara-Felsen** (Land der Dogon) (RMN** – V, VII) – **Mystrás** (GRC – II, III, IV) – **Sanchim,** buddhistisches Heiligtum (IND – I, II, III, IV, VI)

1990

Jesuitenmissionen der **Chiquitos** (BOL – IV, V) – **Delos,** Insel (GRC – II, III, IV, VI) – Altstadt von **Ditchan-Kala,** (UZB – III, IV, V) – Gebirgslandschaft **Huangshan** (CHN** – II, VII, X) – **Kiew,** Sophienkathedrale und Höhlenkloster Lawra Petschersk (UKR – I, II, III, IV) – **Kishi Pogost,** Kirchen auf Kishi im Onegasee (RUS – I, IV, V) – **Klöster Daphní, Hósios Lukás, Néa Moni** (Athen, Delphi, Insel Chios) (GRC – I, IV) – **Moskau,** Kreml und Roter Platz (RUS – I, II, IV, VI) – **Potsdam und Berlin,** Schlösser und Gärten (DEU – I, II, IV – erw. 1992, 1999) – **Rio Abiseo Nationalpark** mit archäologischem Park (PER** – III, VII, IX, X – erw. 1992) – Altstadt von **San Gimignano** (ITA – I, III, IV) – Altstadt von **Sankt Petersburg** (RUS – I, II, IV, VI) – Kolonialzeitliche Altstadt von **Santo Domingo** (DOM – II, IV, VI) – Nationalpark **Tongariro** (NZL** – VI, VII, VIII – erw. 1993)

1991

Ruinenstadt und Park **Ayutthaya** (THA – III) – **Borobudur,** buddhistische Tempelanlage (IDN – I, II, VI) – **Dambulla,** Felsentempel (LKA – I, VI) – Schloss **Drottningholm** (SWE – IV) – **Lorsch,** Abtei und Altenmünster mit Lorscher Codex (DEU – III, IV) – Insel **Moçambique** (MOZ – IV, VI) – Altstadt von **Morelia,** (MEX – II, IV, VI) – **Paris,** Ufer der Seine (FRA – I, II, IV) – **Poblet,** Zisterzienserkloster (ESP – I, IV) – Hindutempel **Prambanan** (IDN – I, IV) – **Rauma,** Holzhäuser (FIN – IV, V) – **Reims,** Kathedrale Notre Dame, Basilika Saint-Remi und Palais du Tau (FRA – I, II, VI) – Nationalpark **Serra da Capivara** mit Felszeichnungen (BR** – III) – **Sucre,** Altstadt (BOL – IV) – Ruinenstadt und Park **Sukhothai** (THA – I, III) – Festung **Suomenlinna** (FIN – IV)

1992

Altstadt von **Algier** (DZA – II, V) – Ruinen von **Angkor** (KHM – I, II, III, IV) – Ausgrabungsstätte **Ban Chiang** (THA – III) – **Bourges,** Kathedrale (FRA – I, IV) – Ruinen von **Butrint** (ALB – III – erw. 1999) – Altstadt von **Český Krumlov** (CZE – IV) – präkolumbische Stadt **El Tajin** (MEX – III, IV) – **Goslar,** Bergwerk Rammelsberg und Altstadt (DEU – I, IV) – Baudenkmale von **Nowgorod** (RUS – II, IV, VI) – Altstadt von **Prag** (CZE –

I, IV, VI) – **Sámos,** Pythagoreion und Heraion (GRC – II, III) – Kulturdenkmale auf den **Solowetzky-Inseln** (RUS – IV) – **Susdal und Kidek-
sha,** Kathedrale von Wladimir, Kirchen und Klöster (RUS – I, II,
IV) – Pueblo **Taos** (USA – IV) – Altstadt von **Telč** (CZE – I, IV) – Altstadt
von **Zamosc** (POL – IV)

1993

Altstadt von **Bamberg,** (DEU – II, IV) – Bergbaustadt **Banska Stiavnica**
(SVK – IV, V) – archäologische Stätte **Bend of the Boyne** (IRL – I, III,
IV) – Wikingersiedlungen **Birka und Hovgården** (SWE – III, IV) – Alt-
stadt von **Buchara,** (UZB – II, IV, VI) – *Altstadt von Coro, (VEN – IV,
V)* – **Delhi,** Grabmal des Kaisers Humayun (IND – II, IV) – **Delhi,** Kutub
Minar mit Moscheen und Grabbauten (IND – IV) – Eisenhütte **Engelsberg** (SWE – IV) – Adelssitz **Himeji-jo** (JPN – I, IV) – Kloster **Horezu**
(ROU – II) – **Horyu-ji,** buddhistische Heiligtümer (JPN – I, II, IV, VI) –
Kaiserstadt **Hué** (VNM – III, IV) – **Jakobsweg** (ESP – II, IV, VI – erw.
1998) – **Joya de Cerén,** Ruinen (SLV – III, IV) – **La Santisima** Trinidad
de Paraná, Jesuitenmission (PRY – IV) – **Manila,** Paoay und Miagao, Ba-
rockkirchen (PHL – II, IV) – Kloster **Maulbronn** (DEU – II, IV) – **Méri-
da,** archäologische Stätten (ESP – III, IV) – **Moldau,** bemalte Kirchen
(ROU – I, IV) – Kloster **Santa María de Guadelupe** (ESP – IV, VI) –
Höhlenwohnungen **Sassi di Matera** (ITA – III, IV, V) – befestigtes Kloster **Sergiev Posad** (RUS – II, IV) – **Sierra de San Francisco,** Felszeichnungen (MEX – I, III) – **Spišský Hrad** (Zipser Burg) und Umgebung
(SVK – IV) – **Transsilvanien,** Dörfer und Wehrkirchen (ROU – IV – erw.
1999) – Bauerndorf **Vlkolinec,** (SVK – IV, V) – *Zabid, Medina (YEM –
II, IV, VI)* – Altstadt von **Zacatecas** (MEX – II, IV)

1994

Chengde, Sommerresidenz und Tempel (CHN – II, IV) – **Jelling,** Grab-
hügel, Ruinen und Kirche (DNK – III) – Auferstehungskirche **Kolo-
menskoe** (RUS – II) – **Kutaissi,** Bagrati-Kathedrale und Kloster Gelati
(GEO – IV) – **Kyōto, Uji, Otsu,** Baudenkmale und Gärten (JPN – II,
IV) – **Lhasa,** Potala-Palast, Jokhang-Tempel und Norbulingka-Palast
(CHN – I, IV, VI – erw. 2000, 2001) – **Luxemburg,** Altstadt mit Festung
(LUX – IV) – **Mzcheta,** historische Kirchen (GEO – III, IV) – **Nasca und
Pampas de Jumana,** Linien und Bodenzeichnungen (PER – I, III, IV) –
Petäjävesi, Kirche (FIN – IV) – **Popocatepetl,** Klöster (MEX – II, IV) –
Quedlinburg, Stiftskirche, Burg und Altstadt (DEU – IV) – **Qufu,** Kon-
fuziustempel, Friedhof und Residenz der Familie Kong (CHN – I, IV,

VI) – Altstadt von **Safranbolu** (TUR – II, IV, V) – **Skogskyrkogården** bei Stockholm, Friedhof (SWE – II, IV) – **Tanum,** Felszeichnungen (SWE – I, III, IV) – **Vicenza** und die Villen Palladios des Veneto (ITA – I, II) – Altstadt von **Vilnius** (LTU – II, IV) – **Völklinger Hütte** (DEU – II, IV) – **Wudang,** Taoistische Bergheiligtümer (CHN – I, II, VI) – **Zelená Hora,** Wallfahrtskirche hl. Johannes Nepomuk (CZE – IV)

1995

Avignon, Altstadt mit Papstpalast (FRA – I, II, IV) – **Colonia del Sacramento,** historisches Viertel (URY – IV) – Modellsiedlung **Crespi d'Adda** (ITA – IV, V) – **Edinburgh** (GBR – II, IV) – Renaissancestadt **Ferrara** (ITA – II, III, IV, V, VI – erw. 1999) – **Haeinsa Changgyong P'ango,** Tempel (KOR – IV, VI) – *Ifugao, Reisterrassen im Bergland (PHL – III, IV, V)* – Altstadt von **Kutná Hora** (CZE – II, IV) – **Luang Prabang,** Königspalast und buddhistische Klöster (LAO – II, IV, V) – Altstadt von **Lunenburg** (CAN – IV, V) – Altstadt von **Neapel** (ITA – II, IV) – **Rapa Nui** Nationalpark (Osterinseln) (CHL – I, III, V) – **Roskilde,** Kathedrale (DNK – II, IV) – Archäologischer Park **San Agustín** (COL – III) – Altstadt von **Santa Cruz de Mompox** (COL – IV, V) – Polderlandschaft **Schokland** (NLD – III, V) – **Seoul,** Chongmyo-Schrein (KOR – IV) – **Shirakawa-go und Gokayama,** historische Dörfer (JPN – IV, V) – Altstadt von **Siena** (ITA – I, III, IV) – **Sintra,** Kulturlandschaft (PRT – II, IV, V) – **Sokkuran,** Grottentempel und Tempel von Pulguksa (KOR – I, IV) – Archäologischer Park **Tierradentro** (COL – III) – Hansestadt **Visby** / Gotland (SWE – IV, V)

1996

Alberobello, »Trulli« (ITA – III, IV, V) – Verteidigungslinie von **Amsterdam** (NLD – II, IV, V) – **Canal du Midi** (FRA – I, II, IV, VI) – **Castel del Monte** (ITA – I, III) – Altstadt von **Cuenca** (ESP – II, V) – **Dessau und Weimar,** Bauhaus (DEU – II, IV, VI) – Luther-Stätten **Eisleben und Wittenberg** (DEU – IV, VI) – **Haghpat und Sanahin,** Klöster (ARM – II, IV – erw. 2000) – **Hiroshima,** »Atombombenkuppel«, die Ruine der Industrie- und Handelskammer (JPN – VI) – **Itsukushima** (Insel Miyajima), Shinto-Schrein (JPN – I, II, IV, VI) – **Kölner Dom** (DEU – I, II, IV) –Arktische Kulturlandschaft von **Lappland** (SWE** – III, V, VII, VIII, IX) – **Lednice-Valtice,** Kulturlandschaft (CZE – I, II, IV) – **Luleå,** Kirchenbezirk Gammelstad (SWE – II, IV, V) – **Lushan,** Nationalpark (CHN** – II, III, IV, VI) – **Meknès,** Medina (MAR – IV) – Karawanenstädte **Ouadane, Chinguetti, Tichitt, Oualata** (MRT – III, IV, V) – Benediktinerabtei **Pannonhalma** (HUN – IV, VI) – Altstadt von **Pienza** (ITA – I, II, IV) – Altstadt von **Porto** (PRT – IV) – **Querétaro,** Denkmäler (MEX – II, IV) – **Ravenna,** frühchristliche Bauten und Mosaike (ITA – I, II, III, IV) – Altstadt von **Salzburg** (AUT – II, IV, VI) – paläontologische S:ätte **Sangiran** (IDN – III, VI) – **Schönbrunn,** Schloss und Garten (AUT – I, IV) – Berglandschaft **Shan Emai** mit »Großem Buddha von Leshan« (CHN** – IV, VI, X) – Felseninsel und Klostersiedlung **Skellig Michael** (IRL – III, IV) – **Swanetien,** Bergdörfer (GEO – IV, V) – präkolumbische Stadt **Uxmal** (MEX – I, II, III) – **Valencia,** La Lonja de la Seda (Seidenbörse) (ESP – I, IV) – Ausgrabungsstätte **Vergína** (GRC – I, III) – **Verla,** historische Kartonfabrik und Papiermühle (FIN – IV)

1997

Agrigent, archäologische Stätten (ITA – I, II, III, IV) – **Alt-Panama,** archäologische Stätte (PAN – II, IV, VI – erw. 2003) – Küste von **Amalfi,** Kulturlandschaft (ITA – II, IV, V) – **Barcelona,** Palau de la Música Catalana und Krankenhaus de la Santa Creu i Sant Pau (ESP – I, II, IV) – **Barumini** (Sardinien), bronzezeitliche Turmbauten (ITA – I, III, IV) – **Carcassonne,** Altstadt und Stadtmauer (FRA – II, IV) – **Casale,** Römische Villa mit ihren Mosaiken (ITA – I, II, III) – **Caserta,** Königliches Schloss mit Park, Aquädukt und San Leucio (ITA – I, II, III, IV) – **Ch'angdokkung,** Palast (KOR – II, III, IV) – Ruinen von **Dougga** (TUN – II, III) – **Greenwich,** Queen's House, Park und Marineschule (GBR – I, II, IV, VI) – **Guadalajara,** Hospiz Cabañas (MEX – I, II, III, IV) – **Hwasong,** Festung (KOR – II, III) – **Kinderdijk-Elshout,** Mühlenanlagen (NLD – I, II, IV) – **Las Médulas,** einschließlich Goldminen (ESP – I, II, III, IV) – Altstadt von **Lijiang** (CHN – II, IV, V) – **Lumbini** (Geburtsort Buddhas) (NPL – III, VI) – **Malbork/Marienburg,** Burg des Deutschen Ordens (POL – II, III, IV) – **Modena,** Kathedrale, Torre Civica und Piazza Grande (ITA – I, II, III, IV) – Berglandschaft **Mont Perdu** in den Pyrenäen (ESP/FRA** – III, IV, V, VII, VIII – erw. 1999) – **Padua,** botanischer Garten (ITA – II, III) – Altstadt von **Ping Yao** (CHN – II, III, IV) – **Pompeji,** Herculaneum, Torre Annunziata, archäologische Stätten (ITA – III, IV, V) – **Porec,** Bischofsgebäude der euphrasischen Basilika in der Altstadt (HRV – II, III, IV) – **Portovenere und Cinque Terre,** Kulturlandschaft (ITA – II, IV, V) – Altstadt von **Riga** (LVA – I, II) – Festung **Rohtas** (PAK – II, IV) – **Salzkammergut,** Kulturlandschaft Hallstatt-Dachstein (AUT – III, IV) – Kloster **San Millán, Yuso und Suso** (ESP – II, IV, VI) – **Santiago de Cuba,** Burg San Pedro de la Roca (CUB – IV, V) – **São Luís do Maranhão,** Altstadtkern (BRA – III, IV, V) – **Suzhou,** Klassische Gärten (CHN – I, II, III, IV,

V – erw. 2000) – Altstadt von **Tallinn** (Reval) (EST – II, IV) – **Tetuan,** Medina (MAR – II, IV, V) – **Torun/Thorn,** mittelalterliche Stadt (POL – II, IV) – Altstadt von **Trogir** (HRV – II, IV) – **Turin,** Residenzen der Savoyen (ITA – I, II, IV, V) – **Volubilis,** Ausgrabungsstätte (MAR – II, III, IV, VI) – **Willemstad** (Curaçao), Hafen und Stadtzentrum (NLD – II, IV, V)

1998

Alcalá de Henares, Universität und historischer Bezirk (ESP – II, IV, VI) – **Aquileia,** archäologische Stätten und Basilika (ITA – III, IV, VI) – **Brüssel,** Großer Platz (BEL – II, IV) – **Canal du Centre,** vier Schiffshebewerke (BEL – III, IV) – **Chirokoitia,** Ausgrabungen (CYP – II, III, IV) – Nationalpark **Cilento** und Vallo di Diano mit Paestum, Velia und der Kartause von Padula (ITA – III, IV) – **Côa-Tal,** prähistorische Felszeichnungen (PRT – I, III) – **Flämische Beginenhöfe** (BEL – II, III, IV) – **Holašovice,** historisches Dorf (CZE – II, IV) – **Jakobsweg** nach Santiago de Compostela, französischer Teil (FRA – II, IV, VI) – **Karlskrona,** Marinehafen (SWE – II, IV) – **Kroměříž,** Schloss und angeschlossener Park (CZE – II, IV) – **Lwiw/Lemberg,** Altstadt (UKR – II, V) – **Lyon,** historische Stätten (FRA – II, IV) – **Nara,** Bauten und Gärten der Kaiserstadt (JPN – II, III, IV, VI) – **Paquimé,** archäologische Stätten (MEX – III, IV) – **Peking,** Himmelstempel mit kaiserlichem Opferaltar (CHN – I, II, III) – **Peking,** kaiserlicher Garten, Sommerpalast (CHN – I, II, III) – **Samaipata,** vorkolumbische Festung (BOL – II, III) – **Semmeringbahn** (AUT – II, IV) – **Steinkunst des Mittelmeerbeckens** der iberischen Halbinsel (ESP – III) – **Tlacotalpan,** Denkmäler (MEX – II, IV) – **Troia,** historische Ausgrabungen (TUR – II, III, VI) – Altstadt von **Urbino** (ITA – II, IV) – **Wadi Qadisha,** Heiliges Tal (LBN – III, IV) – Klassikerstadt **Weimar** (DEU – III, VI) – **Wouda in Friesland,** Dampfpumpwerk (NLD – I, II, IV)

1999

Beemster-Polder (NLD – I, II, IV) – **Berlin,** Museumsinsel (DEU – II, IV) – **Brimstone Hill,** Nationalpark und Fort (KNA – III, IV) – historische Festung **Campeche** (MEX – II, IV) – **Dazu,** Felsbilder (CHN – I, II, III) – **Diamantina,** Altstadtkern (BRA – II, IV) – **Flandern und Wallonien,** mittelalterliche Glockentürme (BEL/FRA – II, IV – erw. 2005) – Altstadt von **Graz** (AUT – II, IV) – **Darjeeling,** Himalaya-Gebirgsbahn (IND – II, IV) – Altstadt von **Hoi An,** (VNM – II, V) – **Hortobágy,** Nationalpark (HUN – IV, V) – **Ibiza,** Artenvielfalt und Kultur (ESP** – II, III, IV, IX, X) – **Kalwaria Zebrzydowska / Kalvarienberg,** Architektur und

Parklandschaft (POL – II, IV) – **Litomyšl,** Schloss (CZE – II, IV) – **Ma-ramures,** Holzkirchen (ROU – IV) – **Merw,** Ruinen (TKM – II, III) – **Mount Wuyi** (CHN** – III, VI, VII, X) – **My Son,** Tempelstadt (VNM – II, III) – **Mykene und Tiryns,** archäologische Stätten (GRC – I, II, III, IV, VI) – **Nikko,** Tempel und Schreine (JPN – I, IV, VI) – **Orastie-Berge,** Festungsanlagen der Daker (ROU – II, III, IV) – **Orkney-Inseln,** jung-steinzeitliche Monumente (GBR – I, II, III, IV) – **Patmos,** Insel, Altstadt mit dem Kloster des hl. Johannes und der **Höhle der Apokalypse** (GRC – III, IV, VI) – **Rio Pinturas,** Höhlenmalerei der Cueva de las Manos (ARG – III) – **Robben Island** (ZAF – III, VI) – **Saint-Emilion,** Weinan-baugebiet (FRA – III, IV) – **Sammallahdenmäki,** Friedhof mit Grabstät-ten aus der Bronzezeit (FIN – III, IV) – **Teneriffa,** San Cristóbal de La Laguna (ESP – II, IV) – Altstadt von **Santa Ana de los Rios de Cuenca** (ECU – II, IV, V) – Altstadt von **Sighisoara** (ROU – III, V) – **Sterkfon-tein, Swartkrans, Kromdraai,** Fundstätten fossiler Hominiden (ZAF – III, VI) – **Sukur,** Kulturlandschaft (NGA – III, V, VI) – **Tivoli,** Hadrians-villa (ITA – I, II, III) – **Vigan,** historische Stadt (PHL – II, IV) – **Viñales,** Kulturlandschaft (CUB – IV) – **Wartburg bei Eisenach** (DEU – III, VI) – **Xochicalco,** archäologische Stätte (MEX – III, IV)

2000

Archäologische Landschaft der ersten Kaffeeplantage (CUB – III, IV) – Altstadt von **Arequipa** (PER – I, IV) – **Assisi,** Basilika und Gedenkstätten des hl. Franziskus (ITA – I, II, III, IV, VI) – **Atapuerca,** archäologische Stätten (ESP – III, V) – *Ummauerter Teil Baku, (AZE – IV)* – Altstadt von **Bardejov** (SVK – III, IV) – **Bellinzona,** Schlösser, Schutzmauer und Stadtkern (CHE – IV) – **Blaenavon,** Industrielandschaft (GBR – III, IV) – **Brügge,** Altstadt (BEL – II, IV, VI) – **Brüssel,** Jugendstilbauten von Victor Horta (BEL – I, II, IV) – **Caracas** (VEN – I, IV) – **Chiloé,** Holzkir-chen (CHL – II, III) – **Córdoba,** Baudenkmale der Jesuiten (ARG – II, IV) – **Gartenreich Dessau-Wörlitz** (DEU – II, IV) – **Dhofar,** Frankin-cense Trail / Weihrauchbäume des Wadi Dawkah und Handelsstätten (OMN – III, IV) – Naturpark **Drakensberge** (ZAF** – I, III, VII, X) – **Du-jiangyan,** Berg Qincheng und Bewässerungssystem (CHN – II, IV, VI) – **Elche,** Palmeral (ESP – II, V) – **Etschmiadsin,** Kathedrale und Kirchen und die archäologische Stätte von Zvartnots (ARM – II, III) – Kloster **Ferapontov** (RUS – I, IV) – **Geghard,** Kloster im Oberen Azat-Tal (ARM – II) – **Insel Saint Louis** (SEN – II, IV) – **Kaiserliche Grabstätten der Ming- und Qingdynastie** (CHN – I, II, III, IV, VI – erw. 2003, 2004) – **Kazan,** Kreml (RUS – II, III, IV) – **Koch'ang, Hwasun und**

Kanghwa, Dolmenstätten (KOR – III) – **Kronborg** bei Helsingør, Schloss (DNK – IV) – **Kurische Nehrung** (LTU/RUS – V) – **Kyongju,** historische Stätten (KOR – II, III) – **León Viejo,** Ruinen (NIC – III, IV) – **Loire-Tal** zwischen Sully-sur-Loire und Chalonnes (FRA – I, II, IV) – **Longmen,** Grotten (CHN – I, II, III) – **Lugo,** Römische Mauern (ESP – IV) – **Mir,** Schloss/Burg (BLR – II, IV) – **Olomouc,** Dreifaltigkeitssäule (CZE – I, IV) – **Pécs/Fünfkirchen,** frühchristliche Grabkammer (HUN – III, IV) – **Reichenau,** Klosterinsel im Bodensee (DEU – III, IV, VI) – **Ryūkū,** archäologische Stätten der Inselgruppe (JPN – II, III, VI) – **Shakhrisyabz,** Altstadt (UZB – III, IV) – **Sibenik,** St.-Jakobs-Kathedrale (HRV – I, II, IV) – **Spiennes** (Mons), jungsteinzeitliche Feuersteinminen (BEL – I, III, IV) – **St. George** auf den Bermudas (GBR – IV) – **Süd-Öland,** Agrarlandschaft (SWE – IV, V) – **Tárraco,** archäologisches Ensemble (ESP – II, III) – **Tiahuanaco,** vorkolumbische Ruinen (BOL – III, IV) – **Tournai,** Liebfrauenkathedrale (BEL – II, IV) – **Utrecht,** Rietveld-Schröder-Haus (NLD – I, II) – **Vall de Boí,** katalanische romanische Kirchen (ESP – II, IV) – Altstadt von **Verona** (ITA – II, IV) – **Wachau** (AUT – II, IV) – Dörfer **Xidi und Hongcun** (CHN – III, IV, V) – Altstadt von **Zanzibar City** (Steinerne Stadt) (TZA – II, III, VI)

2001

Altstadt von **Akko** (ISR – II, III, V) – **Alto Douro,** Weinregion (PRT – III, IV, V) – **Ambohimanga,** Königshügel (»Blauer Hügel«) (MDG – III, IV, VI) – **Aranjuez,** kulturelle Landschaft (ESP – II, IV) – **Brno,** Villa Tugendhat von Mies van der Rohe (CZE – II, IV) – **Derwent Valley,** Industrielandschaft (GBR – II, IV) – **Essaouira** (Mogador), Medina (MAR – II, IV) – **Essen,** Zeche und Kokerei »Zollverein« (DEU – II, III) – **Falun,** historische Industrielandschaft (»Großer Kupferberg«) (SWE – II, III, V) – **Goiânia,** Altstadtkern (BRA – II, IV) – Altstadt von **Guimarães** (PRT – II, III, IV) – **Jawor und Swidnica / Jauer und Schweidnitz,** Kirchen (POL – III, IV, VI) – **Kasubi,** Grabstätten der Buganda-Könige (UGA – I, III, IV, VI) – Altstadt von **Lamu** (KEN – II, IV, VI) – **Massada** (ISR – III, IV, VI) – **Neusiedler See / Fertő tó,** Kulturlandschaft (A/H – V) – **New Lanark,** Industriesiedlung in Schottland (GBR – II, IV, VI) – **Provins,** mittelalterliche Handelsstadt (FRA – II, IV) – **Saltaire,** Industriedorf (GBR – II, IV) – **Samarkand** (UZB – I, II, IV) – **Tivoli,** Villa d'Este (ITA – I, II, III, IV, VI) – **Tsodilo-Hügel** mit Felsmalereien (BWA – I, III, VI) – **Wat Phou,** Tempelbezirk und Kulturlandschaft Champasak (LAO – III, IV, VI) – Altstadt von **Wien** (AUT – II, IV, VI) – **Yungang-Grotten** (»Wolkengrat-Grotten«) (CHN – I, II, III, IV)

Bodh Gaya, Mahabodhi-Tempel (IND – I, II, III, IV, VI) – **Calakmul** (Campeche), Maya-Stadt (MEX – I, II, III, IV) – *Jam, Minarett und archäologische Funde (AFG – II, III, IV)* – **Katharinenkloster** (EGY – I, III, IV, VI) – **Kulturlandschaft Mittelrhein** zwischen Koblenz und Bingen (DEU – II, IV, V) – Altstadt von **Paramaribo** (SUR – II, IV) – Altstätte von **Stralsund und Wismar** (DEU – II, IV) – **Tokajer Weinregion** (HUN – III, V) – **Val di Noto** (Sizilien), barocke Städte (ITA – I, II, IV, V)

Assur (IRQ – III, IV) – *Bamian-Tal, Kulturlandschaft und archäologische Stätten (AFG – I, II, III, IV, VI)* – **Bhimbetka,** Felshöhlen (IND – III, V) – **Altstadt von Derbent,** Festung und Zitadelle (RUS – III, IV) – **James Island** (GMB – III, VI) – London, Königliche Botanische Gärten von **Kew** (GBR – II, III, IV) – **Mapungubwe,** Kulturlandschaft (ZAF – II, III, IV, V) – **Matopo-Gebirge,** Nationalpark (ZWE – III, V, VI) – **Mausoleum von Khoja Ahmed Yasawi** (KAZ – I, III, IV) – **Napata-Region,** Heiliger Berg Dschebel Barkal (SDN – I, II, III, IV, VI) – **Piemont und Lombardei,** »Heilige Berge« (ITA – II, IV) – **Quebrada de Humahuaca** (ARG – II, IV, V) – **Querétaro,** Franziskanermission in der Sierra Gorda (MEX – II, III) – Holzkirchen von **Südpolen** (POL – III, IV) – **Takht-e Sulaiman,** archäologische Stätte (IRN – I, II, III, IV, VI) – **Tel Aviv,** »Weiße Stadt« (ISR – II, IV) – **Třebíč,** Basilika und jüdisches Viertel (CZE – II, III) – **Úbeda und Baeza,** Renaissance-Bauten (ESP – II, IV) – **Valparaíso,** historisches Viertel der Hafenstadt (CHL – III)

Askia, Grabmal (MLI – II, III, IV) – *Bam, Zitadelle (IRN – II, III, IV, V)* – **Bremen,** Rathaus und Roland-Statue (DEU – III, IV, VI) – **Carlton-Gärten,** königliches Ausstellungsgebäude (AUS – II) – **Cerveteri und Tarquinia,** etruskische Totenstädte (ITA – I, III, IV) – **Champaner-Pavagadh,** archäologischer Park (IND – III, IV, V, VI) – *Kosovo, Decani und andere mittelalterliche Klöster (SRB – II, IV – erw. 2006)* – *Dresden, Kulturlandschaft Elbtal (DEU – II, III, IV, V),* aus der Welterbeliste gestrichen 2009 – **Huanren County,** Ji'an, Ruinen und Gräber des antiken Koguryo-Reiches (CHN – I, II, III, IV, V) – **Mexico City,** Haus und Studio von Luís Barragán (MEX – I, II) – **Mumbai,** Bahnhof Chhatrapati Shivaji (Bombay) (IND – II, IV) – **Muskauer / Fürst-Pückler-Park** (D/PL – I, IV) – **Kernave,** archäologische Stätte (LTU – III, IV) – **Kii-Berge,** heilige

Stätten und Pilgerstraßen (JPN – II, III, IV, VI) – **Koutammakou,** Kulturlandschaft der Batammariba (TGO – V, VI) – Historische Hafenstadt **Liverpool** (GBR – II, III, IV) – **Mazagan** (El Jadida), die Portugiesische Stadt (MAR – II, IV) – **Moskau,** Novodevichy-Kloster (RUS – I, IV, VI) – **Orchon-Tal,** Kulturlandschaft (MNG – II, III, IV) – **Pasargadae,** antike Stadt (IRN – I, II, III, IV) – **Pico** (Azoren), Weinbaukultur (PRT – III, V) – **Pyongyang,** Nampho, Koguryo-Grabstätten (PRK – I, II, III, IV) – **Tamgaly,** Petroglyphen der archäologische Grabungsstätte (KAZ – III) – **Thingvellir,** Nationalpark (ISL – III, VI) – **Um er-Rasas** (Kastron Mefa'a), archäologische Stätte (JOR – I, IV, VI) – **Val d'Orcia** (ITA – IV, VI) – **Tal des Madriu, Perafita und Clavor** (AND – V) – **Varberg,** Radiostation SAQ (SWE – II, IV) – **Vega-Archipel** (NOR– V)

2005

Antwerpen, Plantin-Moretus-Museum (BEL – II, III, IV, VI) – Altstadt von **Cienfuegos** (CUB – II, V) – Museumsstadt **Gjirokastra** (ALB – III, IV – erw. 2008) – *Iquique, Salpeterwerke Sta. Laura, Humberstone (CHL – II, III, IV)* – Altstadt von **Jaroslawl** (RUS – II, IV) – **Kunja-Urgentsch** (TKM – II, III) – **Le Havre** (FRA – II, IV) – Altstadt von **Macao** (CHN – II, III, IV, VI) – **Megiddo,** Hazor Beer Sheba, biblische Siedlungen (ISR – II, III, IV, VI) – **Mostar,** Brücke und Altstadt (BIH – VI) – **Negev-Wüste,** Städte der »Weihrauchstraße« (ISR – III, V) – **Nieswiez** (Minsk), architektonisch-kulturelles Erbe der Familie Radziwill (BLR – II, IV, VI) – **Oshogbo,** Heiliger Hain der Göttin Oshun (NGA – II, III, VI) – **Qal'at al-Bahrain** (BHR – II, III, IV) – **Soltaniyeh,** ehem. Mongolenhauptstadt (IRN – II, III, IV) – **Struve-Bogen** (BLR/EST/FIN/LVA/ LTU/MDA/NOR/RUS/SWE/UKR – II, III, VI) – **Syracus** und die Felsnekropole Pantalica (ITA – II, III, IV, VI)

2006

Aflaj-Bewässerungssystem (OMN– V) – **Bisotun,** Felsenrelief (IRN – II, III) – **Breslau,** Jahrhunderthalle (POL – I, II, IV) – **Chongoni,** Felsmalereien (MWI – III, VI) – **Cornwall und Devon,** Minen (GBR – II, III, IV) – **Crac des Chevaliers** und Qal'at Salah El-Din (SYR – II, IV) – **Genua,** Strade Nuove, Palazzi dei Rolli (ITA – II, IV) – Altstadt von **Harar Jugol** (ETH – II, III, IV, V) – **Kondoa,** Felsenmalereien (TZA – III, VI) – **Port Louis,** historisches Lager Aapravasi Ghat (MUS – VI) – **Portugalete,** Schwebefähre/Biscaya-Brücke (ESP – I, II) – Altstadt von **Regensburg** (DEU – II, III, IV) – **Senegambia,** megalithische Steinkreise (WAG, SEN – I, III) – Kupferminenstadt **Sewell** (CHL – II) – **Tequila / Rio Gran-**

d₂, Agavenlandschaft, historische Tequila-Produktionsstätten (MEX – II, IV, V, VI) – **Yin Xu,** archäologische Stätte (CHN – II, III, IV, VI)

2007

Altstadt von **Bordeaux** (FRA – II, IV) – **Delhi,** Rotes Fort (IND – II, III, VI) – **Gamzigrad,** Galerius-Palast (SRB – III, IV) – **Gobustan,** Felsbilder, Kulturlandschaft (AZE – III) – **Kaiping,** Dialolou-Türme und Dörfer der Region (CHN – II, III, IV) – **Karas,** Kulturlandschaft Richtersveld (ZAF – IV, V) – Altstadt von **Korfu** (GRC – IV) – **Lavaux,** Weinberg-Terrassen (CHE – III, IV, V) – **Lopé-Okanda,** Ökosystem und Reste der Kulturlandschaft (GAB** – III, IV, IX, X) – **Mexiko-City,** Universitätscampus der Universidad Nacional Autónoma de México (MEX – I, II, IV) – **Nisa,** Parther-Festungen (TKM – II, III) – **Oda** (Präf. Shimane), Iwami-Gnzan-Silbermine und Kulturlandschaft (JPN – II, III, V) – **Rideau-Kanal** (CAN – I, IV) – *Samarra, archäologische Stadt (IRQ – II, III, IV)* – Opernhaus **Sidney** (AUS – I) – **Twyfelfontein,** Felsschnitzereien (NAM – III, V) – **Visegrad,** Mehmed-Pasa-Sokolovic-Brücke (BIH – II, IV)

2008

Albula/Bernina, Rhätische Bahn, Kulturlandschaft (CHE/ITA – II, IV) – **Al-Hijr** (Madâin Sâlih), archäologische Stätte (SAU – II, III) – **Armenische Klosteranlagen** (IRN – II, III, VI) – **Atotonilco,** Wallfahrtskirche Jesús de Nazareno, Festung San Miguel de Allende (MEX – II, IV) – **Berlin,** Siedlungen der Moderne (DEU – II, IV) – **Camagüey,** historische Stätten (CUB – IV, V) – »**Chief Roi Mata's Domain**«, Kulturlandschaft (VUT – III, V, VI) – **Vaubans Festungsanlagen** (FRA – I, II, IV) – **Fujian,** Tulou-Lehmrundbauten (CHN – III, IV, V) – **Haifa,** West-Galiläa, heilige Stätten der Baha'i (ISR – III, VI) – **Karpaten,** Holzkirchen (SVK – III, IV) – **Kayas des Mijikenda-Stammes,** Waldgebiete mit Dörfern (KEN – III, V, VI) – **Kuk,** historische Agrarlandschaft (PNG – IV) – **Le Morne,** Kulturlandschaft (MUS – III, VI) – Renaissancestädte **Mantua und Sabbioneta** (ITA – II, III) – Altstädte von **Melaka und George** (MYS – II, III, IV) – **Preah Vihear,** Tempel (KHM – I) – Altstadt von **San Marino** (SMR – III) – **Stari Grad,** Kulturlandschaft (HRV – II, III, V)

2009

A Coruña, Herkulesturm (ESP – III) – **Brüssel,** Palais Stoclet (BEL – I, II) – **Caral-Supe,** Heilige Stadt (PER – II, III, IV) – **Cidade Velha,** Altstadt von Ribeira Grande (CPV – II, III, VI) – **Königsgräber der Choson-Dynastie** (KOR – III, IV, VI) – **La Chaux-de-Fonds, Le Locle,** Stadtlandschaft der Uhrenindustrie (CHE – IV) – **Loropéni,** Ruinen (BFA – III) – **Pontcysylite-Aquädukt** und Kanal, River Dee (GBR – I, II, IV) – **Shusht-ar,** historisches Hydraulik-System (IRN – I, II, V) – **Sulamain-Too,** Heiliger Berg (KGZ – III, VI) – **Berg Wutai** (CHN – II, III, IV, VI)

Literaturhinweise

Eine vollständige Dokumentation der UNESCO-Nominierung steht im Internet unter http://whc.unesco.org. Eine deutschsprachige Auswahl findet sich auf den Seiten http://www.unesco-welterbe.de/de/index.html, http://www.weltkulturerbe-online.de sowie unter http://www.schaetze-der-welt.de, die an die gleichnamige Fernsehreihe des Südwestrundfunks anschließt und Grundlage für die Bände *Schätze der Welt* und *Die Natur- und Kulturwunder der Welt* (siehe unten) darstellt.

Adam, Hubertus / Jochen Paul (Hrsg.): Höhepunkte der Weltarchitektur. Köln 2001.

Albrecht, Thorsten / Gerd Giese / Hans-Joachim Hacker: Weltkulturerbestädte Lübeck, Wismar, Stralsund. Rostock 2004.

Atlas der Weltwunder. Faszinierende Bauwerke und Monumente vom Kolosseum zum Tadsch Mahal. Übers. von Brigitte Lederer. Wien 1992.

Atlas of World Heritage. China. Beijing 2004.

Bahn, Paul G. (Hrsg.): Der neue Bildatlas der Hochkulturen. Geschichte der Menschheit, Versunkene Kulturen, Archäologie. Gütersloh/München 2003.

Die berühmtesten Sehenswürdigkeiten der Welt. Von Hans Joachim Völse [u.a.]. Starnberg 2004.

Capodiferro, Alessandro (Hrsg.): Monumente der Menschheit. Übers. von Katharina Schmidt. Köln 2004.

Cattaneo, Marco / Jasmina Trifoni: UNESCO Weltkulturerbe. Die Kulturmonumente. Übers. von Karin Hofmann. Köln 2003.

Deutschlands Weltkulturerbe. Eine Reise zu allen UNESCO-Stätten. Von Ernst Wrba, Edda und Michael Neumann-Adrian. München 2007.

Ekschmitt, Werner: Die Sieben Weltwunder. Ihre Erbauung, Zerstörung und Wiederentdeckung. Mainz [10]1996.

Das Erbe der Welt. Die faszinierenden Kultur- und Naturmonumente der Erde. Nach der Konvention der UNESCO. Von Michael Kaiser (Red.) [u.a.]. München 2006.

Fagan, Brian M.: Die 70 großen Geheimnisse der alten Kulturen. Übers. von Manfred Mothes [u.a.]. München 2005.

Flon, Christine (Hrsg.): Der große Bildatlas der Architektur. Übers. von Almut Carstens und Birger Ollrogge. München 1990.

Guatoli, Maria Teresa / Simone Rambaldi (Hrsg.): Glanzvolle Städte der Vergangenheit. Übers. von Marion Pausch. München 2003.

Haspel, Jörg [u. a.] (Hrsg.): Welterbestätten des 20. Jahrhunderts. Beiträge zur Denkmalpflege in Berlin. Petersberg 2008.

Hawkes, Nigel: Wunderwerke. Die großen Konstruktionen. Vom Amun-Tempel zum Astro-Dome. München 1998.

Hoffmann, Hans Christian [u. a.] (Hrsg.): Unser Weltkulturerbe. Kunst in Deutschland unter dem Schutz der UNESCO. Köln 2003.

Howells, Trevor (Hrsg.): Die großen Bauwerke der Menschheit. Übers. von Berthold Bartel. Erfstadt 2006.

Manferto De Fabianis, Valeria / Fabio Bourbon (Hrsg.): Archäologica. Die große Enzyklopädie der untergegangenen Kulturen. Augsburg 2004.

Matthias Vogt: Weltwunder. Köln 2007.

Mazzoni, Ira Diana: Gärten und Parks. Gartenkunst von der Antike bis heute. Hildesheim 2005.

Meyers Großes Länderlexikon. Alle Länder der Erde kennen – erleben – verstehen. Redaktionelle Leitung: Ulrike Emrich. Mannheim 2005.

Die Natur- und Kulturwunder der Welt. Alle Natur- und Kulturerbestätten der UNESCO-Welterbeliste. Die Denkmäler aus der UNESCO-Liste des Welterbes. Unter Leitung von Christina Langner. München/Gütersloh 2006.

Parkyn, Neil (Hrsg.): Siebzig Wunderwerke der Architektur. Die kühnsten Werke der Baugeschichte und wie sie realisiert wurden. Übers. von Michael und Ulrike Bischoff. Frankfurt a. M.: Zweitausendeins, 2002.

Reichold, Klaus / Bernhard Graf: Bauwerke, die die Welt bewegten. München: Prestel, 1999.

Scarre, Chris (Hrsg.): Die siebzig Weltwunder. Die geheimnisvollsten Bauwerke der Menschheit und wie sie errichtet wurden. Übers. von Petra Post und Andrea von Struve. Frankfurt a. M. 2000.

Scarre, Chris (Hrsg.): Weltatlas der Archäologie. Übers. von Susanne Lücke. München 1988.

Schätze der Welt. Erbe der Menschheit. Die Denkmäler aus der UNESCO-Liste des Welterbes. Unter Leitung von Ferdinand Dupuis-Panther. München/Gütersloh 1999.

Starke, Thomas: Welterbe. Deutschland, Österreich, Schweiz. Regensburg [2001].

Taschenatlas Welterbe. Weltkulturerbe, Weltnaturerbe, Weltdokumentenerbe. Stuttgart 2007.

Trümpler, Charlotte (Hrsg.): Flug in die Vergangenheit. Archäologische Stätten in Flugbildern von Georg Gerster. München [3]2005.

UNESCO-Handbuch. Hrsg. von Klaus Hüfner und Wolfgang Renther. Bonn: UNO-Verlag, 2005.

Weltkulturdenkmäler in Deutschland. Deutsche Denkmäler in der Liste des Kultur- und Naturerbes der Welt. München [2]1994.

Verzeichnis der Weltkulturerbestätten
nach Ländern

Die Jahreszahlen beziehen sich auf die Aufnahme in die Welterbeliste der UNESCO

Abbildungsnachweis

Daniel Philippe / Air Print: S. 166, 194, 222, 268 – aisa, Archivo Icono-grafico, Barcelona: S. 50, 68, 72, 82, 86, 100, 120, 122, 144, 190, 202, 238, 256 – © Avenue Images GmbH, Hamburg: S. 118 – Bastin & Evrard, Brüssel: S. 316 – Gerhard Baumann, Gerlingen: S. 138 – Günter Baumann, Gerlingen: S. 38, 46, 56, 58, 60, 66, 80, 102, 124, 128, 132, 136, 170, 182, 192, 200, 206, 208, 210, 212, 220, 232, 244, 252, 266, 270, 278, 282, 308, 318 – Bayerisches Landesamt für Denkmalpflege, München: S. 154 – Achim Bednorz, Köln: S. 130, 134, 280, 290 – © Berlin Partner GmbH/FTB-Werbefotografie: S. 320 – © Bildagentur online, Burgkunstadt: S. 254 – Martin Butschek, Schorndorf: S. 78, 114, 216, 242 – Chronos: S. 302 – © Danny Lehmann/Corbis: S. 110 – Georg Gerster, Zumikon: S. 42, 52, 88, 90, 108, 156, 186 – Walter Hahn, Dresden: S. 174 – Jason Hawkes: S. 36 – Hans Hinz, Basel: S. 174 – IFA-Bilderteam, Ottobrunn / Diaf: S. 248 – imago/blickwinkel: S. 204 – imago/euroluftbild.de: S. 298 – imago/Herb Hardt: S. 198 – imago/imagebroker: S. 214, 218, 228, 250, 322 – imago/imagebroker/bail: S. 310 – imago/imagebroker/Nitzschke: S. 294 – imago/imagebroker/siepmann: S. 152 – imago/Jochen Tack: S. 292 – imago/McPHOTO: S. 172 – imago/Peter Sandbiller: S. 184 – Tim Insoll: S. 236 – Waltraut Klammet: S. 146 – Kroatische Zentrale für Tourismus, Frankfurt/M.: S. 92 – Anders Blomqvist/Lonely Planet Images: S. 226 – A. Perceval: S. 264 – Vanni / Picture Press: S. 98 – DEA / C. Pozzoni: S. 160 – Rosi Radecke, Hannover: S. 150 – © Robert Harding World Imagery: S. 276, 304 – Reinhard Roseneck, Wolfenbüttel: S. 140 – Christian Sarramon, Paris: S. 272 – © Herbert Schlemmer, Berlin: S. 240 – Theodor Schwarz, Urbach: S. 54 u. – SIME/huber-images, München: S. 224 – Spectrum Colour Library: S. 116 – Transglobe Agency, Hamburg: S. 168 – UNESCO: S. 296, 314 – Emmanuel de Vocht, Schilde: S. 258 – Michael Weber, Stuttgart: S. 62 – Werner Forman Archive, London: S. 274 – Marcello Bertinetti / Archivio White Star: S. 40 – Massimo Borchi / White Star: S. 158 – Livio Bourbon / Archivio White Star: S. 176 – Anne Conway / Archivio White Star: S. 284 – Giulio Veggi / Archivio White Star: S. 112.

Der Verlag Philipp Reclam jun. dankt den Rechteinhabern für die Reproduktionsgenehmigung. Nicht nachgewiesene Abbildungen entstammen dem Archiv des Verlags. In einigen Fällen konnten die Rechteinhaber nicht ermittelt werden. Hier ist der Verlag bereit, nach Anforderung rechtmäßige Ansprüche abzugelten.

Zum Autor

GÜNTER BAUMANN, Jahrgang 1962, Studium der Germanistik, Kunstgeschichte und Philosophie in Stuttgart, München und Leiden/Amsterdam. Promotion mit einer Arbeit zum George-Kreis. Tätig als Verlagsredakteur, Autor (*Meisterwerke der Architektur*, 3., aktual. und erw. Aufl. 2007) und Herausgeber (Stefan George, *Gedichte*, 2004; *Schnitzler zum Vergnügen*, 2002; *Ringelnatz zum Vergnügen*, 2005; *Karl Kraus zum Vergnügen*, 2007). Als Mitarbeiter schrieb er Beiträge zu *Reclams Romanlexikon* (2000), *Reclams neuem Schauspielführer*, (2005), für das *Killy Literaturlexikon* (2., vollst. überarb. Aufl. 2008 ff.) sowie für *Reclams Literaturkalender*. Zahlreiche Katalog- und Feuilletonbeiträge zur Kunst, insbesondere des 20. und 21. Jahrhunderts.